人文地理学译丛

周尚意◎主编

[英] 彼得·阿迪
Peter Adey 著

戴特奇 译

移动性

北京师范大学出版集团
BEIJING NORMAL UNIVERSITY PUBLISHING GROUP
北京师范大学出版社

译丛总序

引介：学术交流之必须

人文地理学为何？由于当代中学地理教育的普及，中国人普遍知道地理学分为自然地理学和人文地理学。但是许多人并不了解，现代意义上的人文地理学发展历史并不长，它是在 19 世纪近代地理学出现之后，方出现的一个学科领域或学科分支。人文地理学主要分析地球上人类活动的空间特征、空间过程及其规律性。例如，分析某个地方可以发展何种农业类型，哪里的村庄可以变为大城市，历史文化保护区范围要划多大，一些国家为何要建立联盟等。世界上不只是地理学家关注空间和区域问题。例如，著名历史学家 I. 沃勒斯坦在其巨著《现代世界体系》中，就提到了不同时期区域发展的空间格局；著名社会学家 A 吉登斯也强调空间和地理这两个概念的重要性。

早期，一批中国学者将西方人文地理学引入中国。在国家图书馆藏书目录中能查到的最早的、汉语的人文地理学著作是张其昀先生编写的《人生地理教科书》，由商务印书馆在 1926 年出版；最早的汉译人文地理学著作大概是法国 Jean Brunhes 的《人生地理学》。Jean

Brunhes 最早有多种译法，如白吕纳、布留诺、白菱汉，今天中国学者多采用第一种译法。白吕纳是法国维达尔学派的核心人物。《人生地理学》由世界书局在 1933 年出版，译者是国立北平师范大学（北京师范大学前身）地理系的谌亚达先生。

20 世纪前半叶，人文地理学的研究中心在欧洲大陆，德国和法国是重要的学术基地。自第二次世界大战后，人文地理学的研究中心逐渐转移到英美。西方人文地理学在质疑和自我反思中不断前行，发展出丰富的学术概念和彼此补充的学术流派。不过，自 20 世纪 50 年代初到 20 世纪 70 年代末，中国大陆的人文地理学发展只有"经济地理学一花独放"。这是因为有些学者意识到，世界上没有客观的人文地理学知识和理论，而西方人文地理学大多是为帝国主义殖民扩张服务的，因此不必学习之。中国大陆当时的意识形态也没有为人文地理学提供相应的发展空间。许多留学归来的人文地理学者不是转行，就是缄默。感谢改革开放，它给了人文地理学新的发展机遇。李旭旦先生 1978 年率先倡导复兴人文地理学，使其在中国大陆获得了为社会主义中国，为人类命运共同体服务的机会。多年后人们发现，李旭旦先生在"文化大革命"时期默默关注着国外人文地理学的进展。1976 年人文主义地理学的开山之篇《人文主义地理学》（*Humanistic Geography*）在美国发表后，李旭旦先生就积极学习并把它翻译了出来。2005 年，南京师范大学的汤茂林教授整理、补译了李旭旦先生的译稿，并加以发表。

人文主义地理学与经验—实证主义地理学、结构主义地理学等，同属于人文地理学的流派。人文主义地理学的观点是：尽管人们为了不同的目的，各持立场，但是人文地理学研究者可以把握的是，人类作为一个群体具有相互理解和沟通的共同本性。

启动"人文地理学译丛"是北京师范大学出版社对中国大陆地理学

发展的重要贡献。国内目前尚未有相似的译丛，只有商务印书馆的"汉译世界学术名著丛书""当代地理科学译丛"包含一些人文地理学译作。其中一些译作对中国人文地理学的发展起到了极大的推动作用。2014年的春天，北师大出版社的胡廷兰编辑找到我，商议启动这套译丛。她为了节省我的时间，约好在我上课的教八楼门口见面。教八楼前有北师大校园中最精巧的花园。那天早上，她从东边步入花园，青春的身影映在逆光中，格外美丽。一年后，她因病去世。我对她生病的事情竟毫不知情，以致没能与她最后告别。后来，出版社的谭徐锋先生、宋旭景女士、尹卫霞女士先后接替此译丛的工作。本套丛书的译者多为我的同仁、学生，他们认真的工作态度，令我敬佩。

译丛最早的名字是"人文主义地理学译丛"，仅仅囊括人文主义地理学代表人物的代表性著作。当初，我联系了国际上人文主义地理学的代表人物段义孚（Yi-Fu Tuan）、布蒂默（Anne Buttimer）、莱（David Ley）、赛明思（Marwyn S. Samuels）、雷尔夫（Edward C. Relph）、西蒙（David Seamon）等，这些学者都推荐了自己的代表作。后来，为了能持续出版，译丛更名为"人文地理学译丛"。本译丛包括的著作观点纷呈，读者可以细细品读，从中感受人文地理学观点的碰撞。人文地理学正是在这样的学术碰撞中，不断发展着。

周尚意

2019 年深秋

前 言

　　这是一本关于移动性的书，还是一本关于移动性思想的书？实际上都是。这本书将阐述各个学科对于移动性的不同理解，包括研究移动性的不同方法，同时也会 14 解释移动性是如何运作的，以及它对当代社会问题的意义——从全球化到残疾政治。

　　在进一步深入探讨之前，我将基于一个不可避免的移动性真理：出于最抽象的理解，在移动性的多种假象、定义、方法中，至少对于我来说，移动性是一种联系。实际上，通过借鉴洛伊斯·麦克尼（Lois McNay，2005：3-4），我认为移动性是一种动态的联系；它是对自己、对他人、对世界的一种定位。正如奈杰尔·思里夫特（Nigel Thrift，1996）提出的移动性作为一种普遍的"感觉结构"，一些事物在空间中的移动似乎提供了一种非常特定的位置、立场或联系方式——称呼人、物、事和地点的方式。移动性是一种沟通含义和意义的方式，同时也是一种抵制专制政权的方式。它是人们与现代世界交往的主要手段。它是一种与朋友建立联系的方式，同时也是一种威胁边界的方式。从某种特定的意义上看，移动性很像其他概念，如空间和时间。移动性是独特的，也是无处不在的。它可能出现在任一事物中。但是重要的是，它经常发生在与某些事情和某些人的联系中。

移动性是一种通过分析与世界建立联系、参与和理解世界的方式。移动性并不仅仅是为了让学者、学生、研究者检验距离而存在的，它还存在于书本、期刊和报道中；它还表现在思想和想象中。移动性是一种见解，它被理解为一个概念。显然这些想象力对移动性所涉及的很多关系都是很重要的，但是移动性也对这一学科的学者、学生和研究者有所帮助。它有助于我们研究诸如全球化、迁移、旅游、无家可归者、安全与运输的过程，包括从国际上纵横交错的航空流动的规模到跳舞的人或者到井边提水的微小身体动作。这些方法的基础是对世界及其运作方式的特定价值观。

致　谢

　　这本书源于我与多位激励我的朋友和学者的上千次 15 谈话。我很感激阿伯里斯特威斯地理系的支持，它为本书提供了灵感。在我大二时，蒂姆·克雷斯维尔（Tim Cresswell）的《美国西方地理学》（*Geographies of the American West*）使我第一次了解到移动性。在我读博以及之后的时间里，蒂姆也给予了我持续的鼓励和建议。感谢曾经的同事保罗·贝文（Paul Bevan）、苏西·沃特金（Suzie Watkin），以及阿伟尔咖啡馆的同事皮特·梅里曼（Pete Merriman）、乔恩·安德森（Jon Anderson）、克里斯·约曼斯（Chris Yeomans）、加勒思·霍斯金斯（Gareth Hoskins）、乔·马登（Jo Maddern）、黛博拉·狄克逊（Deborah Dixon）、莱斯·琼斯（Rhys Jones）、马克·怀特海（Mark Whitehead），还有我的博士后导师马丁·琼斯（Martin Jones）。在他们的帮助和启发下，我把我在研究生和博士后研究过程中产生的很多想法都融入了该文本。在基尔大学，与彼得·奈特（Peter Knight）、贝丝·格林霍夫（Beth Greenhough）、迪尔德丽·麦凯（Deirdre McKay）、路易斯·洛博格雷罗（Luis Lobo-Guerrero）、史蒂夫·奎利（Steve Quilley）和安迪·齐莱尼茨（Andy Zieleniec）的讨论帮助我完善了最初的提议和后来的想法。托尼·菲利普斯（Tony Phillips）为我安排了写作时间，里奇·沃勒（Rich Waller）、佐伊·罗宾逊（Zoe Robinson）和罗布·沃斯尔（Rob Wassell）则在我需要的时候为我提供了住宿！感谢詹姆斯·科尼尔（James Kneale），伦敦大学学院（UCL）的地理部门给了我一个学期来做最后的润色。艾伦·莱瑟姆（Alan Latham）的评论使我在修改手稿时受益匪浅。其他我应予以感谢的同事，还包括本·安德森（Ben Anderson）、大卫·比塞尔（David Bissell）、露西·巴德（Lucy Budd）、史蒂夫·格雷厄姆（Steve Graham）、约翰·霍顿（John Horton）、菲尔·哈伯德（Phil Hubbard）、皮特·克拉夫塔（Pete Kraftl）、马克·索尔特（Mark Salter）、咪咪·谢勒（Mimi Sheller）和约翰·厄里（John Urry）。我的移动地理模块的学生也为我提供了很有价值的思想实验和案例研究。

　　我还要感谢吉尔·瓦伦丁（Gill Valentine）和萨拉·霍洛韦（Sarah Holloway），他们建议我先写最初的读书计划。劳特利奇的安德鲁·莫尔德（Andrew Mould）和迈克尔·P.琼斯（Michael P. Jones）无比耐心地提供了大量的编辑支持。在这个过程中，还有四位读者进一步帮我完善了文本。马修·泰森（Matthew Tiessen）慷慨地允许我在这本书的封面上使用他丰富而充满活力的形象，为我提供了大量灵感。

　　几位作者允许我复制他们的照片和图片，对此我非常感激。他们是索罗·克沃纳（Saulo Cwerner）、迪尔德丽·麦凯和史蒂夫·萨维尔（Steve Saville）。我非常感激塞奇出版公司（SAGE），CORBIS，以及图 3-5、图 5-1、图 5-2 中的提供者。图 3-4 则原载于交通部的出版物《包容移动性》（*Inclusive Mobility*，2005）。

　　感谢我的父母从来没有鼓动我去找到一份"合适的"工作！最后，我要感谢海莉（Hayley）一直和我在一起。

目 录 Contents

第一章

引 言

世界是向量的移动。

（Alliez，2004：2）

一、引 言

我们不能忽视世界是移动的，也许和之前相比，现在的世界有所移 动。我们甚至可以说移动性无处不在：几乎在所有时间，我们所做的和所经历的一切都是移动的。奈杰尔·思里夫特（Nigel Thrift，2006）认为，空间本身就是由流动性和移动性来定义的。他写道："每个空间都处在恒定运动之中。"也许移动并非像安东尼·吉登斯（Anthony Giddens）关于全球化的评述一样是"非常新"的事物，然而世界上肯定有什么"新"的事情正在发生。埃娃·翁（Aiwah Ong，2006）指出了移动如何成为便于理解全球的一个新代码词和我们新的扩展型生活方式。没有移动，我们就无法生活。没有移动，我们就不能工作并获得最近的食物源，也不能保持健康和活力。我们不能建立和维持社会关系，也不能去遥远或邻近的地方旅行。

大量统计数据和令人瞩目的总结都会令你相信这个观点。例如，我们知道现在世界上大约有两亿国际移民，这种现象被联合国前秘书长安南描述为一个"新的移动纪元"。旅游业被普遍认为是世界上最大的产业。2005 年，国际旅游业收入已经超过 7500 亿美元，在我写这本书的时候，它已经超过了 9000 亿美元。该行业一年可以产出 8 万亿美元或 5.2 万亿欧元，同时解决 2.4 亿人的就业 [世界旅游及旅行理事会（Word Travel and Tourism Council）]。2007 年，欧洲接待游客 4.5 亿人次 [欧洲旅行委员会（European Traved Commission）]。移动和旅游当然依赖交通运输（一种移动的方式）。2008 年，美国大约有 6.75 亿客流量。而且，通勤在地理上已变得越来越分散。同样是在美国，通勤者每年乘车上班花费的时间远超于 100 小时 [美国人口统计局（United States Census Bureau），2005]。

我们当中的许多人并不需要通过这些材料来印证移动是无处不在的，因为我们可以想到日常生活中无处不在的移动性。以早上起床为例（我喜欢以一个中产阶级白人男性为例），一个人起身下床，包括各种各样的肢体运动和从床到盥洗室的物理位移。略过一些步骤，作为大学讲师，我必须去上班，这包括一些其他类型的移动。我必须下楼梯，走出楼房，可能在晚上返回时乘坐电梯（一种垂直方向的移动）。我不得不步行穿过利物浦市中心的沃克美术馆、中央图书馆和博物馆，这些宏伟的建筑令我想到在移动性背后它们是如何被建起来的。利物浦早期利用18 这个城市著名的港口运输奴隶、货物和移民，以此来积累财富。穿过拥挤的交通路段，我到达了莱姆街火车站，然后换乘另一种移动工具：火车。正如穿过利物浦的朗克恩桥，我离开利物浦的旅程也十分有趣。这条火车路线与繁忙的通勤者和其他人行走的道路平行。天空中有架飞机，可能要飞往或飞离利物浦约翰·列侬机场。当火车上处于相对静止的状态时，我可以工作、接收信息和编辑这份文稿。而在其他时候，我只是坐着放松。我在克鲁郡车站下车，然后换乘另一种交通工具（公交）到达几英里外的基尔大学。

让我们就此打住吧，因为我可以一直这样说下去，而且我最近到这个乡村另一个区域的移动已经令上述旅途过期了。这就是我的观点。在平常一天的几小时里，我一直在移动。我已经行进了大约 60 英里[①]。我的身体完成了各种各样的移动任务，包括体内的和体外的。我忘记提到食物和空气在我体内的摄入与排放。而且两年里，我在这个空间中移动了 5 次。简言之，为了生活、工作，我必须移动。我的身体必须移动，并且我周围的事物也要移动。从公寓用的水，到被连接和使用的公共交通，到手机发出和接收的信号，到之后将会与其见面的学生，我可以预料到一些将会与我同步发生的运动。

就从我说起吧。我的生活——我的日常习惯——好像基本上都依赖于移动性。为了履行我作为地理学者的职责，维持我和我未婚妻的关系，与零散分布在这个国家和其他国家的朋友保持联系，我必须移动着完成这些社会联系。这些联系构成了我的日常生活和其他方面。当然，其他人的生活可能由大不相同的移动组成，一些更丰富，另一些则更有限；一些需要更多的艰辛和努力，另一些则更顺利和容易。在此意义上，虽然我们可能一直都在移动，但我们也一直处于不同的移动方式中。

当我们自身移动时，事物也必定为我们移动。人们需要服务、信息、资金或商品。我们有多依赖移动性？我们有多依赖基础物资的移动，如天然气、电，尤其是用于能源、农业和个人家庭需求的水？大约 2300 万加利福尼亚人依赖世界上最大的水利运输系统之一。它是一个包含巨大水泵、水渠、隧道和管道的基础设施，用于拦截、储存、移动水资源。该系统由州水利工程项目（Worster，1992）交付实施。在中国，水力

---

① 1 英里大概等于 1609.3 米。——译者注

发电大概占国家电力总产出的 16%。建设大坝通常迫使人们迁移（参见第四章）。当然，当今，一个导致最令人绝望的疾病、饥饿和死亡的重要原因就是供应和运送干净的水资源的困难。

19 从各种流体到不能移动的石头，我们在这个世界上见到的大量事物和符号，全部建立在移动性的基础之上。摩天大楼只有在人们可以在楼层间有效地移动时才有可能建成。伊莱沙·奥的斯（Elisha Otis）1853年发明了可靠的制动系统，之后人们才可以无需艰辛和恐惧地在楼层间移动（Goetz，2003）。没有垂直移动的能力，就没有纽约、芝加哥、上海和香港的天际线。实际上，如果没有移动性，世界上大量的固定物体便不可能被建造出来。具体而言，移动的劳动力创造了极为坚固的、经久不衰的埃及金字塔。以迪拜为例，为了将其经济从石油开采业转移出来，数以亿计的美元投资流向旅游业和商业。当前，世界最高建筑迪拜塔便是在大量劳动力移动的基础上建成的。大约 120 万移民工人从印度、孟加拉国和南亚被运送到迪拜，成为临时建筑工人。为了获得比国内更好的待遇，他们必须忍受恶劣的工作条件。随后，这些工人会将工资寄回故乡。

总之，移动性至关重要。

正是这些事实和经历令很多领域和学科的学者认为，生活基于移动性（Cresswell，2006a），并且越发普遍。既然移动性对于一些地方而言是必不可少的，比如一个城市、一栋楼房，那么它对于居住在这个移动世界中的人们的社会生活意味着什么？对社会学家约翰·厄里而言，社会似乎是移动的。在《社会背后的社会学》（*Sociology beyond Societies*，2000）一书中，厄里解释了"物质转换"是怎样"重新定义'社会'"的。他认为，通过旅行的移动、图像尤其是信息的移动，这些转换正在将"社会性的社会"重塑为"移动性的社会"（Urry，2000：2；

Urry，2007）。换言之，移动性构成了社会。一个人不能脱离自己甚至其他人来移动。正如我曾经说过的，这个世界也必须是移动的。我们生活的世界为我们移动，和我们一起移动，并且有时反向移动。

本书是在对移动性的高涨兴趣的鼓舞和引领下完成的，对移动性的兴趣已经使汉纳姆（Hannam）、谢勒和厄里（2006）提出了"新的移动范例"或者"移动拐点"（Urry，2007；Canzler et al.，2008）。旅游业和观光业的学者最近力图将"移动性置于我们理解旅游业的核心地位"（Michael Hall，2005：134；Hannam，2008）。在犯罪学中，移动性的问题同样被当作一个固定的基础研究问题。凯蒂娅·弗兰·奥斯（Katja Franko Aas）写道："犯罪学的世界处于移动当中。"（2007：284）很明显，移动性是社会的和文化的，但同时也是政治的和经济的。诸如在政治领域，克里斯·拉姆福德（Chris Rumford）已经解释了一种"新的政治空间性"如何由"流量、流体和过多的移动性构成（Urry，1999）"（Rumford，2006：160）。确实，当政策和法规促成并塑造 *20* 移动性时，政策本身就在移动，并且被共享和复制。正如杰米·佩克（Jamie Peck，2003）所说，政策是"移动的"（McCann，2008）。今天，我们也许比以前任何时候都更加意识到金融市场之间的互连性。移动性这个词的广泛应用，和全球化一样，也许是"它所描述的变化的证据"（Giddens and Hutton，2000：1），而本书旨在通过分析其伴随的争论，对移动性是世界演化的一个关键因素进行更加全面的理解。正因如此，我们也许会获得对移动性的演化和筹划更加全面的理解。

本书试图阐明移动性是如何参与当今世界的主要工作进程的。但是，首先，我们要考虑移动性是怎样被理解的，以及为何直到现在才能以这种方式获得认可。

二、无所不在的移动性

21　　亨利·柏格森（Henri Bergson，1911/1950）可能是移动研究领域最著名的哲学家。他反对通过一种快照视图的方式探索移动性、感知和思想之间的关系。根据柏格森的观点，移动性和所有关于世界进程的思想都依赖于个人对现实的理解能力。柏格森认为，感知就像一种瞬态快照，从一种移动的环境中被捕捉，并被锁定在固定的照片里。

　　对柏格森和其他人而言，思考、书写和描述移动性是一个揭示的过程。柏格森在展示世界上的一种潜在的现实，这是普通经验难以察觉的。该工作的基本要素是越来越多的对于时间和空间属性的科学和公众意识（Kern，2003）。正如大卫·哈维（David Harvey）在《后现代环境》（*The Condition of Post-modernity*）中所示，对移动性知识的追求会在艺术陈述和科学探索的运动中被定期展示。诸如未来主义的艺术运动注意到其领袖马里内蒂（Marinetti）致力于描述一种小尺度——急躁、活泼的世界中的微小事物。马里内蒂寻求"我们周围的无限渺小的事物"，他主要研究"难以察觉的，无形的，原子运动，布朗运动，所有通过高倍显微镜研究获得的激动人心的假设和主流的发现"（Jormakka，2002：6）。时间、空间和表征的方程被保罗·克利（Paul Klee）在别处进行了详尽阐述。他写道："空间在某种程度上也是一种时间的概念。"（Jormakka，2002：6）将空间和时间放在一起研究，意味着用一种此前未曾目睹的方式来研究空间。

　　根据柏格森的观点，静止的感觉是一种虚幻，一种假象。在现实中，一个人或者一个物体始终是移动并变化着的。他否定可能存在静止的事物，如一种形式，甚至一个物体。他说："不存在移动的惰性或恒定的物体：运动并不一定意味着移动。”他解释说：“表面上看是静止的，但是实际上是运动的。”（Bergson，1911：302）在柏格森提出这个观点很久以后，又有人提出了相同的观点，其代表是地理学家多丽·马西（Doreen Massey）。像柏格森一样，马西（2005）的观点提示了关于我们如何描绘一个短暂世界的局限性。正如马西所表述的，其特性是“稳定”，生活好像在流动中失去了活力。这种问题已经被重复很多遍了，尤其是早期的地理学者，如沃尔特·克里斯托尔（Walter Christaller）。他叹息道：“所谓片刻，即持续变化的现存世界的一个瞬态快照。”如柏格森和其他人所言，静止是某种谎言的再次呈现，“静止的状态只是一种假象，移动才是现实”（Christaller，1966：84）。

（一）小的移动性

令人惊奇的是，那些可以处理这些问题的好奇者也得出了类似的结 *22* 论：静止或者不运动被解释为一种实际上不存在的事。不变性通常被视为一种假象，而移动性才是事实。而且，要发现移动性，似乎需要在人类可以洞察的尺度以下进行挖掘——马里内蒂提到的显微镜的尺度。我们可以通过这种小微尺度感受通常难以察觉的移动性。

希腊伊壁鸠鲁派思想家卢克莱修（Lucretius）也许是一个不被承认的“移动性之父”，他认为几乎所有事都包含移动性。在《宇宙的本质》（*On the Nature of the Universe*）一书中，卢克莱修（1951）用一种机械化或原子化的方式观察，或者更确切地说，想象这个世界。世界处于一种持续运动的状态——一种运动物体的涡流状态。如果有些事物看起来是静止的，那几乎肯定是假象。甚至一个看起来静止的物体，其实也是由成百上千持续震荡的小物体组成的。卢克莱修提出世界像一个填满塑料球的游乐屋，数百、数千、数百万、数十亿的球形物相互围绕着旋转，像我们一样四处移动和变换位置。然而，我们几乎意识不到这些移动。

对卢克莱修而言，它们的不可见性依赖于其中一个相对于其他而言如何被放置。以在某个遥远的山坡上观察羊为例，他认为从这个角度而言，动物的运动经常变为一种固定和静止的状态。再以观察战争中的士兵为例，这些骑兵"疾驰穿越平原上的薄雾，士气高昂，天体震动"，但从遥远的地形有利的高山上看，他们的剧烈运动也是静止的，就像平原上一道静止的白光（1951：70）。他描述的这些人的身体被认为和他们周围的世界一起移动。这些军队和骑兵不仅在他们的整个身体作为整体穿过这个世界的意义上是移动的，而且他们的身体也是由许多运动的部分组成的。再往前推述几百年，我们也许会发现来自生态界和哲学界的一系列有影响的思想家也得出了非常相似的结论。

乔治·齐普夫（George Zipf）的作品涵盖了物理学、自然学和社会科学，并且和能量守恒、生态学、人类行为学的观点一起对地理学者产生了极大的影响。把人类想象成路径（一种修辞手法，对后续章节中移动的隐喻分析非常有利），齐普夫把人类描述为穿过身体的物质和能量的暂时集聚。想象着一个虚拟的人物约翰，齐普夫论证了他怎样成为"一系列路径"，同时也是产生路径的"一个单元"（Zipf，1949：10-11）。如果约翰是一个独立存在的单元，"在这个瞬间存在的物质和能量中就没有事物可以被永久地称作'约翰'，因此约翰也就不存在"（1949：12）。这是因为组成约翰的事物是一直移动的。

从这个角度来看，约翰是一系列路径。约翰是穿越物质能量的移动
23 系统。这个系统唯一的稳定性来自组成约翰路径的稳定性。这些路径描绘了一个移动的模式——物质的移动不是随机的而是衔尾相随的。这些

路径也运动。齐普夫写道，我们知道"一个老年男性的特定路径系统远远不同于他胚胎时期的路径系统"（1949：12）。此外，齐普夫还关注约翰是怎样实现自己与外界的联系的。把约翰当作一个路径的集合，很容易使约翰成为仅仅通过物质能量移动的系统的一部分。哲学家利奥塔（Lyotard）从齐普夫的讨论中总结出"没有人是一座孤岛"（1984）。存在于他所说的"关系网"中的移动更加灵活："年轻人或者老人，男人或者女人，富人或者穷人，一个人一直处于特殊交际圈里的'节点'上，无论这个交际圈多么小。"（Lyotard，1984：15；Urry，2000）

在一个更微小的生物层面，尼古拉斯·罗斯（Nikolas Rose）描述了一具身体如何通过与外界交换来实现自己与外界的联系。罗斯说："器官、肌肉、神经、神经束本身就是群集的细胞在不断地相互交换。"它们在"连接和分离、死亡、重新组织、连接和组合"（1996：185）。随着它们合为一体，它们也开始在内部或外部衰竭。而且，"大脑、荷尔蒙、连接和转换的化学分子"通过把"外部"和"内部"——幻觉、声音、气味、触觉和其他元素——连接在一起来虚化身体边界（Rose，1996：185）。通过连接"外部"和"内部"，"大脑、荷尔蒙、连接和转换的化学分子"腐蚀了身体边界——幻觉、声音、气味、触觉和其他元素的收集（Rose，1996：185）。

内部和外部、连接和组合，哲学家吉尔·德勒兹（Gilles Deleuze）和费利克斯·瓜塔里（Felix Guattari）描述物理实体以不同的速度运动，然后彼此结合，组成新的身体（Deleuze，1988；Deleuze and Guattari，1988）。也许用我们食用的微小食物来形容这种移动最为妥当。

（二）大的移动性

最近人们提出的"食物里程"，解释说食物到达我们的餐盘需穿过漫长的距离和复杂的商品链。很明显，生活当中的小事物是移动的，甚至是以非常醒目的方式移动的。在英国，环境、渔业和食品部 2005 年宣布，25% 的重质货物移动源于食品运输（www.defra.gov.uk）。2002年，仅英国的食物运输就产生了大约 1900 万吨碳排放。和食谱中的原料一样，食物的小运动会把不同的空间联系并融合到一起。因此，餐盘里的食物仅仅是食物流的轨道之旅中的一个节点，它们来自各种各样的地方，有些离得很近，有些则远隔千里，如田野、农场和葡萄园。城市

24 和乡村就像烤蛋糕一样结合起来，因为移动性还可以通过其他形式形成更大的事物和空间结构。卡洛琳·斯特尔（Caroline Steel，2008）在其最近的著作中指出，前工业社会城市是如何通过食物的交通运输——牲畜、河边的谷物和其他食材移动到城镇的路径——形成的。今天的移动更加无形，因为它们从城市外的超市、商店、分销中心分发出去，从根本上改变了城市及其腹地的结构。

换言之，食物的移动表示并建立了更大的运动或者空间的不变性，而且它们证明了城市和乡村的经济转换和社会重组。因此，在考虑小的移动性时，我们必须同时思考更大的事情。移动性和更大的主题（如社会）之间有什么样的关系？

社会学家约翰·厄里对这一争论最有发言权，他试图利用由复杂移动性组成的社会取代一个静止的固定社会，从而重新定义社会。在厄里的计划中，几乎每一个活动都需要某种移动形式。借助十一个关于观光、旅游以及交通和通信学的大的研究领域，厄里（2000，2007）和文森特·考夫曼（Vincent Kaufmann，2002）说明，如果没有这些移动性，

我们所知的社会就不会运转，面对面的商业活动将不会实现。没有服务和产品，或者将其带给我们的运送方式，消费也几乎不可能存在。没有地域上的邻近或电话、邮件等通信方式，友谊也难以维系。没有到达一个目的地的交通方式，比如从阿尔加维到泰国，休闲活动也难以进行。从骑车到骑马、划船、滑雪等，一些休闲活动本身就是移动的形式。没有移动性，这些活动将不再存在。很明显，如果没有移动性，迁移就不会发生（Blunt，2007）。没有移动至某地的能力，一个人便不能搬家或者更换住所。在《反思移动性》（*Rethinking Mobility*，2002）一书中，文森特·考夫曼提出："运用基于移动的方法取代社会现有定义，摆脱社会的概念。"

以这种方式思考，社会自然是由当代日常活动的移动形成的，比如全球化就是一个广泛移动的过程。正如凯文·罗宾斯（Kevin Robins）所指出的："全球化是国家间不断增长的移动性——货物和商品的移动、信息与通信产品和服务的移动以及人口的移动。"（Robins，2000：195）对罗宾斯而言，"移动性在不断显现的新全球秩序中已经变得十分普遍"（2000：196）。甚至相对稳定的社团、朋友关系、工作和休闲，也只是最初看起来逆流动性，就像阿尔让·阿帕杜莱（Arjun Appadurai）所说："到处都贯穿着人类运动的基本元素：随着越来越多的个人和团体面对不得不移动的现实，或者想要移动的幻想。"我们的管理方式也确实越来越顺着移动流展开。国家和超国家组织的运行超越了国家领土的范畴。詹森（Jensen）和理查森（Richardson）认 *25* 为，移动性是欧洲空间版图新核心（Jensen and Richardson，2004；Rumford，2008）。

这些大的移动性允许社会扩展、增长和存在，同时也拉近了彼此的距离。移动性意味着社会问题的相互连接，如污染物。作为一个全球性问题，污染物的国际转移加强了我们对彼此以及遥远地方的意识（Yearley，1995）。此外，"污染源使世界变得更小"（2000：147）。空气污染和环境灾难给我们带来压迫感，如 1986 年的切尔诺贝利核电站事故。"世界比以往都要小，其他人产生的污染聚集在我们身边。"（Yearley，2000：147）污染物已经成为一种商品。由于污染物是可以移动的，西方和发达国家便通过交换，让贫困国家为他们的浪费和污染买单（2000：375）。众所周知的"废物贸易路线"已经见证了数亿吨污水、化学元素和肥料从西方欧洲国家和美国流向亚洲和非洲，导致了象牙海岸的污染。旨在叫停这些贸易的《巴塞尔公约》（1989）及其修正案亦由此产生。电子垃圾（废电脑和其他电子消耗品）现在每年有数亿吨的交易量。

从这个角度看，"连接"和"相关性"是描述以复杂多样的方式连接到一起的全球化社会的关键词。城市社会学家曼纽尔·卡斯特（Manuel Castell，1996，1997，2000）叙述了他对这些连接的调查，这个正在由"流空间"取代"位置空间"的"网络社会"并不平等（参见第五章）。毫不奇怪，这些复杂的连接需要用不同的方式来理解，比如用随机方式组合和相互作用，用大而广阔的方式延伸和交叉（Urry，2003）。

这里有一些非常简明的例子来说明移动性作为一种基本的人工（和非人工）程序是怎样发挥作用的。这些程序使世界以它的方式运转，无论大小。尽管不够完美，但从旅游到移民，从交通到通信，在多尺度和多层面上，它们都依赖于移动性。

本章接下来主要侧重两件事。首先，在为每一章提供详细的指导方针、核心观点、案例研究和贯穿整章的方法论说明之前，将概述本书所使用的一般方法。其次，简略叙述几个关于移动性的重要声明，这些声

明将作为关键主题贯穿于接下来的四个章节。这些也将展示我们围绕
着把移动性作为一种关系来说明的几个观点。这个提纲很重要，因为它 　26
不仅提前展示了你将会遇到的一些移动性的特征，同时也帮助设想采用
不同想法和概念的方法，以及对我们所处的移动的世界所采取的研究
方法。

三、方　法

　　再次重申，本书是关于移动性的。它主要说明移动性是当今世界的 　27
一个关键组成部分，同时也叙述了人们试图将移动性作为一个思想和实
证物体来进行研究和调查的各种方法。因此，尽管本书试图通过所有的
工作绘制一条路径，但是争论方式有其自身的移动性（移动的方式），
为我们的调查增加了深度。在后续部分，我们将会考虑移动性是怎样包
含在它所发生的环境和空间中的。正如本书会调查有关移动性的许多思
想、概念和方法，我们也将在移动性的学科争论和猜想当中探寻这些思
想、概念和方法的影响。因此，在试图发现更多移动性的真相以及移动
性怎样被认识的同时，本书也会阐明这些争论发生和转变的特定环境。

　　话虽如此，我们对移动性的探索是没有边界的。我已经描述过对于
我们理解极其广泛的过程而言，移动性是必不可少的。因此，我们不得
不问：我们应该在哪里停止？哪里是终点？对于本书方法的范围和限
制，让我们考虑如下三点。

　　第一，在后续章节，我们会看到一些学术研究在对待运动和移动时
颇有差异。同样，移民和流放明显不同，旅游则意味着发动战争之外的

其他东西。然而，我认为，移动性的思想支撑着许多概念和研究实体。很明显，有这样一种论证，即将移动性运用在任何事上都会使移动性毫无意义（Adey，2006b）。但是，我认为该看法没有抓住要领。本书试图阐明移动性是怎样在这些程序当中作为一个完整的和基础的概念被理解的。在此基础上，本书不是为了无止境地阐明研究怎样在这些程序中将移动性作为一个完整的和基础的概念来理解，而且为了了解移动性于什么时候、什么情况下被予以重视。更为根本的是，它揭示移动性作为一个关键构造单元的概念是怎样运行的。移动性是和"空间""城市""自然""家园"一样的基本概念，但却不像它们那样富有争议（Castree，2005；Blunt and Dowling，2006；Hubbard，2006）。就此而论，移动性使得多样的研究主题并列和比较成为可能。

第二，本书属于"地理学核心观点"系列丛书。这样的话，需要注意的一点是：本书仅仅探讨空间或地理学意义上的移动性。本书假设移动性是穿过、越过和通过空间的一个替换物，而全书是关于移动性的社会、政治、文化和经济特征的。然而作为其核心，我们仍把移动性看作空间置换——无论是实质的、电子的还是潜在的（Canzler et al.，2008）。

28　　第三，从这个观点来看，一个人可能会倾向于简单地停留在地理学者的分析上，但是很难知道地理学研究在哪里结束以及另一学科从哪里开始。许多人认为，一门如地理学的学科，它的要点是没有限定边界，也不应该有限定边界。影响和专业知识应该从其他地方寻找，讨论和争论会通过很多学科的分水岭向前后渗透。因此，尽管本书基于地理学的视角，但仍然不失为一种前景展望。它试图将地理学作为一个起点而非终点。地理学形成了一个向外看的窗口，为我们观察移动性提供了一种广度上的而非深度上的限制。

那么，本书是如何编排的呢？

本书基于移动性的特性设定主题，并通过四个章节展开叙述。尽管我们可以深入研究每一个章节，但是不能分别独立来看。

尽管每个章节主要围绕标题所描述的主题展开，但这并不意味着这些主题彼此之间没有关系。相反，它们关系紧密并相互依赖。将主题分为几个章节，可以让我们关注移动性的某一特定方面。因此，你完全有理由问："好吧，既然一定有政治意义，那要怎样调解移动性的实施？"每个章节的目的都不是将移动性的一个维度与另外一个分开。事实上，我们很容易发现，移动性一直是有意义、与政治相关、可实践和有调解中介的。每个章节所讨论的主题和问题都穿插着其他章节的例子和主题。我并没有明确地说出这些联系，读者应当自己找出它们之间的相关性。

本书具体包含以下章节。

（一）第二章：含义

本章探索移动性，以及对移动性的研究和理解是怎样被特殊的意识形态和离散的意义巩固的。该研究在学术中和现实世界中均无边界限制。本章追溯早期移动性的研究方法，从政治地理学理论化开始，努力消除 20 世纪 70 年代空间科学的意义，之后更多倾向于体验、象征和演说。通过检验流动人口赖以为生的基础数据、隐喻和意义（Lakoff and Johnson，1980），本章比较并对比了怎样对待移动性研究及其意义，其研究怎样被不同的价值和意义影响，这些意义与运动的、固定性的主流社会意识形态有怎样的差异。我会在争论中探讨巴黎流浪者和游牧民等的关键数据。

（二）第三章：政治

如上所述，移动性经常被赋予意义。确实，这些意义可以产生不同的对待它们的方式。第三章探讨政治和移动性的关系，探索与移动性政治有关的意识形态、权力关系、政治主张和暴力等一系列问题。之所以采用多种案例，是为了说明移动性复杂的政治维度。本章通过展示移动性政治的几个维度，拟定意识形态、公众参与以及组成它的差别，从多丽·马西和埃娃·翁的思想中挖掘移动性的关键理论开始相关叙述。这些问题将经过一系列例子的检验，包括移动性公民身份、调节和控制移动性、移动性资产化、弱势学科接触和包含移动性的不平等待遇。本章的后半部分思考移动性怎样成为争论和政治暴力的基础，并梳理战争、罢工和抗议的移动性。

（三）第四章：实践

本章致力于解决这个问题：在移动性的描述和展示中，什么留了下来？通过借鉴实践、表现和非再现性的概念，本章探讨移动性如何以这种方式突破具体描述、分析、解释的限制，并首先研究作为习惯和无意识日常行为的各种身体实践和运动理论。本章讨论梅洛-庞蒂（Merleau-Ponty）的现象学、皮埃尔·布尔迪厄（Pierre Bourdieu）的著作和表现理论家的研究。通过这些讨论，本章继续探讨移动性的视觉、触觉及其他多种感觉维度，正如它构成了一系列移动体验和过程。这方面的例子包括身体实践型的跑步、骑车以及跳舞。本章最后一部分说明

围绕移动性的更容易被忽视的问题，因为它与感受和情感相关。本章
致力于情绪和情感表达，探索和移动性一起及时出现的感觉和集体情
感的重要性，案例研究的范围从俱乐部空间和拥挤的社会延伸到军事
演习。

（四）第五章：中介

移动性如何几乎一直存在？移动性如何始终伴随着其他事情？第四 30
章试图通过各种各样的调解中介活动调查移动性的作用，从而回答这些
问题；本章则探索中介的意义，即传递其他移动性或者传输自身。确实，
人们认为中介可能是最显著的流动属性，因为人们、非人类和事物通常
在不同的地方旅行和出行。本章关注移动中介怎样组成和维持众多不同
的社会、关系和事件。在局促不安的时代，移动的中介甚为关键，如疾
病传播和其他物品、事物的非法运输。本章探讨通过移动中介，人们可
以采取何种措施避免疾病感染以及其他不安全运动中的风险。在其他例
子中，移动中介可以通过调解科技移动性来压缩时空，如飞机和电报，
这意味着调解中介将空间挤压到了一起。同时，根据人和空间之间的移
动性，中介也许意味着缓冲和隔绝关系的距离。

（五）第六章：结论

本书的结论总结了全书的主导思想、案例研究和讨论方法。

每一章都包含各种各样的标题，结尾处还有几个专栏。本书有三种
专栏："核心观点""案例研究""移动方法"。虽然这些均一目了然，但
我仍需简单概述一下它们的内容："核心观点"重点关注某个特殊思想
和概念的特殊细节。在这些专栏中，占重要位置的思想是我和该领域认

可的在移动性研究中最有影响力和最重要的思想。若将这些概念归入对其进行构想的数据、个体和领域，专栏的内容就会减少。作为外延，这些专栏也在解释和思考关键术语的含义。这些专栏的主题包括"游客凝视""流浪汉"和"弹性公民"。

"案例研究"略有不同。该类专栏展示了与移动性的研究有关的各种研究项目，包括一些对我们关于移动性的思想有显著影响的知名案例，以及一些或许在现在的文献中缺乏关注或者处于研究边缘的多样的、原始的和更加不寻常的例子。它们能向学生解释说明移动性的研究是怎样发生的。这些专栏的目的是展示目前该领域中一些最佳的研究。

31　我们希望通过这些专栏激发一些潜在的学术主题和项目论文。

最后，"移动方法"证明关于移动性的方法研究确实存在。考虑到在移动性的研究中对方法主题的关注相对较少，这一点尤为重要（Watts and Urry，2008）。为了向该领域的研究者说明方法工具的有效性，这些专栏展示了为什么对移动性的关注需要新的、旧的、不同的或者经调整的收集和分析数据的方法。根据何时、何地、何种移动性被探索，如考古学对移动性的研究，这些方法在效用和合适程度上可能具有差别。学生应该掌握这些可能存在于他们的移动性研究中的千变万化的方法。和实践指南一样，每个专栏中都有分项的总结和建议。

在这些专栏中，读者也许会发现便于深入阅读的参考文献。其中有些是作者在专栏中引用的，有些虽未在文中提到，但因相关主题十分值得阅读，所以也做了推荐。

四、移动关联性

从目前对移动性的讨论中，我们了解到了什么？ *32*

本书极为重要的一部分内容是让读者理解移动性相互关联的重要性。从上述简短示例来看，移动性和某事或某人联系在一起，如政府、有机体、商业或食物。对约翰·劳（John Law，1994）而言，移动性及其对立面——固定性和耐久性——和位置没有关系，而是工作和努力的结果。他解释道："移动性和耐久性（物质性）是其自身的效果。混凝土墙在被维护和巡视时是坚固的。"（1994：102）按照劳的观点，移动性和固定性是一个关系的"特殊属性"，它们是一个结果或者一种成就。某些事情（如顽固）是一种保持或消除不变性（激发）的结果。

我们来看另一个例子。桑福德·克温特（Sanford Kwinter，2001）描述了一个攀岩者在山的正面寻找出路。通过克温特在山坡上移动，我们反而看到山坡正面的流最为复杂。山坡正面包括隆起、上升、下沉和侵蚀等一系列地质过程，处在一种令人难以置信的规模流中。我们也应当注意到，克温特绝非第一个提出该现象的人。曼纽尔·德兰达（Manuel De Landa，1997a）探讨了海洋地壳一直处在创造和破坏的过程中。然而对攀岩运动员而言，"从肌肉和神经的电解和新陈代谢的过程持续的尺度来看"，攀岩运动深不可测。

对克温特而言，山坡和攀岩者的两股流在关系支撑中相互支持。山峰提供足够的宽度使攀岩者能用手抓牢足够坚固的裂纹，支持着攀岩者的运动。但是山峰和攀岩者互相依赖对方的运动是偶然的。上文提到的裂纹完全是临时的。例如，"只能承受八十磅体重的压力三秒，之后便无法承受"。如果需要坚持比这更长的时间，这个受风雨侵蚀的风化表面的不稳定流便无法支撑攀岩者的抓握和他们的体重。

在上述示例中，移动性和非移动性被看作一种关系、一个位置以及努力和压力的属性或结果。在这里，在继续深入观察本书将会提到的不同关系或关联之前，存在两种关于这种关系的思考方式。

第一，移动性相互关联。

所谓移动性，实际上是指多种移动性。一种移动性似乎总会与另外一种移动性相关。移动性从未以单数形式存在过，一直以复数形式存在。33 它从来不是一个而是多个。换言之，移动性实际上是同时移动。[①] 移动性和非移动性的某种关系似乎已经被提及。

第二，移动性互不相关。

移动性通常与我们怎样理解世界有关。它们包括我们怎样和他人形成关系以及我们怎样认识这种关系。从这种方式来看，移动性也许意味着与地形的结合。它也可以作为一个标签，帮助我们理解犯罪行为。移动性也许可以被当作一种管理方式，或者我们可以把移动性用作一种分析概念。

以这种方式理解移动性，同时运用了经验主义方法。在接下来的讨论中，我将会概述移动性的几个维度。我把这些维度当作理解移动性怎样被认识以及移动性如何构建社交世界的结构和动力的基本要点。

（一）发生，创造空间

想象一下，在一个炎热的夏天，你正坐在池塘边。水面是完全静止的，你决定把脚伸进水里凉快一下。你的脚会给水带来什么影响？你做的每一个动作都会产生穿过整个水面的波纹，哪怕是脚趾的转动。这些波纹会影响睡莲，小昆虫和其他池塘生物会因此飞走或者改变它们在水

---

① 此概念受到咪咪·谢勒在 2007 年美国地理年会（旧金山）上的评论的启发。

中的路线。换言之，你的腿的移动不能和池塘中的其他实体以及它们的移动分开。再想象一下，你试图踢出水花。你先抬起右腿，然后伸进水里。一旦入水，你的腿的力量和重量便改变了池塘的表面。通过把水踢出去，你暂时让这些水和你的腿分离，而且你的腿占据了这些水原来的位置。随着你的腿向下运动的压力将水向上、向外挤压，池塘里的水也进入空气中。零点几秒后，整个池塘便创造出一个合力，来填满你的腿在池塘里制造的体积空隙。你的腿正是这样碰到水面的，很快就溅起水花——这种水花是专业跳水运动员入水时尽量避免的。

我们可以用上述情景简单类比每次我们运动或移动时发生的事情。空间改变了。由于我们的移动，池塘产生了随后的一系列运动——位置改变、被填充、溅起水花、浮起泡沫。不仅我们周围和穿过的空间被我们扰乱了，而且对别人而言，这个空间也被改变了。对水中的水甲虫来说，穿过这个池塘现在成为一件非常不同的事情。对一些观察这个池塘的平静水面的人而言，我们影响了他们的观察。换言之，我们的移动性扰乱了现状。

在阐述从伦敦到密尔顿凯恩斯的列车旅程时，马西（2005）表达了相似的观点。这个观点较少涉及利用空间或穿过空间的旅行，但是正如她解释的那样，这是因为"空间是社会关系的产物"，我们的移动性有助于产生"改变空间、参与它的持续的产品"。在这个过程中，作为一个"独立的通勤节点"，马西变成了削弱或加固密尔顿凯恩斯断断续续的联系的一部分。去往和到达密尔顿凯恩斯的旅行不只是简单地在表面上穿过空间，相反，"你改变了一些空间"（2005：118）。下面，我们来讨论另外一个例子。马西的父母住在湖区，马西想象她和姐姐的移动所形成的许多路线，同时也由附近的山脉塑造着。这个山脉"仍在增长，仍在损耗（徒步登山鞋，更不用提山地自行车，这是湖区一个明显的侵蚀形式），仍在移动。我的姐姐和我只是来度过一个长周末，但是也被这个事情改变了"。

通过这个线索，我们可以注意到埃娃·翁（1999）对使用"跨国主义"这个词语来描述国际移民和"自由公民"的偏爱。正如翁所解释的："跨同时有通过空间或穿过线和改变事物本质的意思。"（1999：4）而我正是在地理位置和人的移动的背景下，继续讨论几何形变对移动性的影响的。

（二）泊 位

在阅读法国城市哲学家亨利·列斐伏尔（Henri Lefebvre）的著作时，约翰·厄里（2003，2007）假设在移动性和相对静止或持久性之间存在一种互利关系。现在，我们应该有点熟悉这个观点了。社会生活的复杂移动性应该和静止或者其所称的泊位放在一起思考，泊位即坚固的、静止的和不动的。移动生活已经变成由"物质世界包含新的和截然不同的泊位，能够产生、预设新的移动性"（Urry，2003：138）。没有这些固定性或者泊位，就不存在"流动性的线性增长"（Urry，2003：125）。

核心观点1.1 移动性和泊位

最初是在《全球复杂性》（*Global Complexity*，2003）一书中，随后通过后期的著作，厄里说明了复杂的移动性系统是怎样被非移动性或者基础的泊位所支持的。这些也许包括了许多巨大的和沉重的设备和科技，它们很多是固定的，但是允许其他流动性的存在。由广播天线和继电器维持的移动电话技术就是一个明显的

35

例子。GPS 导航系统同样依赖于一个在同步轨道上相对静止的卫星网络（参见第五章）。

　　然而，这些固定并非一定是永久的或与外部静止相关。移动性系统可以被暂时静止储存和固定，如"在车库停留一晚的汽车，或者在机场停留的飞机，或者保留在数据库中的数据，或者某个旅馆里的乘客"（Urry，2003：125）。这些通常需要精细的调控和管理。存储也可以为更多的休息和准备的临时阶段让路，如"公交站、语音邮箱、入境检验、火车站和网站"（Urry，2003：125）。

　　稍后我们将会检验预知的问题，即哪些特定种类的移动性需要其他人固定性的支持。但是，固定和移动的辩证关系无疑是当今世界工作中巩固一些主导程序的基础。

>> 延伸阅读

　　（Cresswell，2001；Adey，2006b；Urry，2007）

　　就此而论，静止或固定是作为推动者存在的。它们或许允许、鼓励和促使其他"移动装置"的固定性；从一个移动电话到一辆汽车，这些固定性可能是任何事，它们被假定为"与时空静止重叠和变化的事物"（Urry，2003：125）。例如，我们能想起在某些地方，如机场，商业喷气飞机的移动装置需要城市机场的静止或者泊位来提供一个暂时的物理场所，使飞机着陆、补充能源、卸载和重装货物（Adey，2006b）。机场的固定性需要数万名工作人员的支持（Urry，2003：125）。

　　这种关系一次又一次地上演。对移动性自身的简单记录而言，这首先是探索移动性的问题。如果在事实上认识到一些移动性的事，我们便会遇到一个问题：固定性是否是一个不可避免的灾祸？休·普林斯

（Hugh Prince，1977）曾追问我们是否需要某种固定的参考点，是否需要通过静止去识别暂时存在的移动性。

36
　　我们也许站在一条河的岸边观察一只鸭子向上游，每一下它都会游入新的水中，但它拨动的水会向相反的方向移动。对水而言，鸭子看起来是在向上游；但是对河岸而言，鸭子似乎是在向下游。返回它的起点来看，鸭子不得不用更快的速度滑动，以战胜当前水的速度。无论怎样，许多不同种类的运动同时发生……从时间的角度来看，所有的地方、位置和区位都在运动。

（Prince，1977：21）

甚至当所有的地点和位置看起来都在运动的时候，这些地点和位置也会为我们带来关于移动性的不同的感觉。正如保罗·克利那样的艺术家需要一把椅子来评价一幅画像，移动性和非移动性组成了我们感受世界和彼此的不同位置。

这些泊位不一定需要完全移动。在所乘电梯到达错误的楼层后，克雷斯维尔（Cresswell，2001）讨论了新加坡樟宜国际机场里的人群的复杂性、不同的移动性及其身份。随着机场服务的电梯门打开，克雷斯维尔描述了何谓"移动性的象征"。他写了电梯是怎样被"在此工作的人——登记手续办理处的工作人员和清理厕所、垃圾桶的人员（他们来自这座城市，每天都处于通勤周期中）"使用的（2001：23）。

这并非指这些员工是静止的；相反，他们一定在移动。重要的是，这些相对移动的人怎样支持和服务穿过樟宜国际机场这一空间的旅客的移动性。因此，我们需要说明移动性不仅和其他移动性共同发生，而且以一种共生依赖的方式发生——相互交织并有共同的轨迹。这并不是一个超越其他移动性的单一移动性，就像物理主义者把观察和结论嵌入大量公共交通模型和预测中，这些我们会在稍后谈论。我们需要意识到的是移动性经常和其他移动性一起发生。移动性是一种人和事一起移动的社会行动。一些人不得不依赖其他人移动，孩子们也许不得不和他们的父母或者其他负责任的成人一起旅行，一个行动不便的人也许需要在朋友或亲人的帮助下四处走动。

（三）空间固定性

我们也许需要通过固定性去发现并认识移动性。固定性提供了一系列使我们区别移动性的背景。然而很多研究者认为，在所有当代资本主义最具移动性和短暂性的过程中，空间固定性是在其逻辑中运作的。大卫·哈维和尼尔·布伦纳（Neil Brenner）等地理学家已经证明，存在 *37* 更多关于资本自由流动的猜想。哈维断定资本的流动实际需要固定建设和解构等阶段。在城市景观中，其"空间固定"作用的张力是明显的。城市是生产和消费的地方，资本可以通过这种方式得到持续积累。这些固定性是一个暂时均衡的状态。为了下一次资本积累的浪潮，危机点会通过重建其创造性的毁灭来满足这个城市。换言之，如果没有可以积累的固定性，资本的永久流动是不会发生的。

这种情况也是循环的。随着移动性被固定性激活，移动性建造和创造了更深的固定性。要实现哈维所描述的"在一个给定空间内的生产和消费的结构一致"，一个固定的空间是必不可少的（1985：146）。通过创造领土或者空间形式和配置，这些活动得以确保。"在这个空间中以及通过这个空间，资本积累可以产生。"通过借鉴怀特海在司法、自然和地理上有所差异的耐久物体的概念，哈维（1996）展示了该过程是如何一直遭遇危机的。在此意义上，资本积累创造的固定性溶解在空气中，就像拉斯维加斯的赌场一样多次被摧毁。在每一次资本积累的循环到达危机点时，这些固定空间就会被一扫而空，然后在其他地方重新配置，为新的积累建造新的基础设施。

正如哈维所描述的，"真实永久性"的建造和城市或者其他社会制度一样，也存在空间尺度内运转的其他种类的固定性。根据布伦纳的观点，正如多种地理尺度为资本积累提供了多等级的和有界限的领地，城市在固定和离散的地理空间中领土化的和聚集的需求在另外一个标度维度上重复着。我们也可以看到，将积累空间联系在一起时，更广泛的系统内固定性与流动性的关系。

类似厄里的泊位，正如"空间安排和运动过程相互纠缠在一起"，我们在这里看到的是穿过物质和社会关系的一个辩证的反馈回路。从物理景观到复杂的社会和经济关系，移动性也许创造了结构和固定性，这些将会进一步影响移动性。

（四）位　置

厄里对空间移动性的泊位和固定性不仅在复杂性和系统理论的文献中引起了共鸣，也在后殖民主义、女性主义和酷儿理论中产生了影响。正是在这些临界值上，研究者强调了主观性和特性的关系以及移动特性。例如，埃尔斯佩思·普罗宾（Elspeth Probyn，1996）强调一个持续离开过程中的特性。一个人在不同的主体位置中移进移出的能力，依赖于他对多种特性的识别以及能够从自己和他人的视角看待问题的能力。就此而论，厄里物质泊位的相对固定性在这些文献中，通过对主体的固定和流动位置的关注得以反映。

在女权主义对男性主体的质疑和帝国主义、殖民主义对欧洲的颠覆的背景下，唐娜·哈拉维（Donna Haraway）和桑德拉·哈丁（Sandra Harding）等思想家对一个固定的单中心的男性化科学角度进行了有力的批判。站在上帝的角度看世界，受这项工作鼓舞的研究者打破了知识产品的学术层次。在崇尚差异化的叙述中，尤其是对于女性生活而言，一个更加移动性的视角是一个人可以迁移、旅行和观察其他边缘群体的立场和经验。一个明显的例子是女性旅行家的作品的出现。这些作品以前是与学术研究的科学知识和男性化的历史研究相隔离的。美国学者弗吉尼亚·斯卡夫（Virginia Scharff）写道：

> 如果我们试图用移动的和行动的妇女的眼光看待历史中的伟大事件，这些事件和它们发生的地方就会有所差别。
>
> ……
>
> 由于历史地图（不同地方的人们有不同的形象和不同的语言表达方式）通常是为了男人书写和被男人书写，因此这些运动难以被认清。
>
> （Scharff，2003：3-4）

从后殖民主义时代文学评论家爱德华·萨义德（Edward Said）的《东方主义》（*Orientalism*，1978）以及《文化和帝国主义》（*Culture and Imperialism*，1993）的研究中可以看出，学院对"帝国主义的破坏"的抵抗和在"形式""领域""家庭""语言"之间的转移一样诞生于"流亡的活力"。当然，对许多后殖民时代的研究者而言，移动是一个重要的环境，它同时反映了"无家可归者"和"离家者"的位置：

> 我认为，先把知识分子选出来，再展现毁坏现代性的窘境——驱
> 逐平民、关押民众、人口迁移、抢占集体财产、暴力驱使移民——是有
> 可能的。
>
> （Said，1993：332）

39　　这迫使一个人更像一个旅行者，更要依赖他们移动的位置以便"理解各种伪装、掩饰和浮夸"。如同萨义德所说："旅行者必须放弃索求日常生活的权利，以便在新的节奏和宗教中生活……旅行者穿过疆域并且一直放弃他们的固定所处。"（Howe，2003）

　　与此同时，这种"致力于移动定位"并非一个简单的任务。发展位置的流动性是它经常被某个人自己的位置推动而固定下来。如同哈拉维所言："一个人不可能是一个细胞或一块肌肉（或者一个妇女、一个移民、一个劳力等），如果一个人试图从这些人的位置出发来批判地看待这些人。"换言之，进入和离开某个人的位置一直不是一件简单的事情，这也是之后我们会针对方法论讨论的一个问题。

（五）轨道和同步性

　　移动性不可避免地会卷入旁边另一个人的运动中并且与之同步。他们相对相似的轨道和他们同时进入相同的稳定配置使他们看起来似乎是不移动的。亨利·列斐伏尔（2004）通过对书桌上的物体的思考清晰地表达了这个观点。在那一刻，列斐伏尔注意到他的桌子、笔和桌子上的其他东西是如此"稳定"。他提出疑问，说这些物体的稳定是否是这些物体和他有相同轨道的结果，另外，并不存在证明它们的活动性的证据。他面前的物体看起来在静止的状态中隐藏了一个历史和社会关系的运动

轨道。正如列斐伏尔所说："在我面前静止的物体是劳动的产品，整个商品链都把自己隐藏在物质和社会中。"（Lefebvre，2004：82）

当我们经常用极其特别的理由揭开这些人和物的历史时，便可以发现隐藏其间的移动性。当然，并非所有事物都可以用相同的方式揭示其流动。有一些相对其他而言更难处理。城市社会学家齐美尔（Simmel）以石头和河流的例子描述自然的"持续"和"流动"更加片面的表现。尽管石头和溪流是更加明显的轨道的事物的象征，"与此同时，人类以及我们所感知的流动的状态也一直是持续的"。

对它而言，不仅仅如此。对列斐伏尔和他桌上的东西的同步性而言，这掩饰了他和他面前的物体的亲近性。它们作为应手之物的特性（Heidegger，1977）隐藏了社会活动和实践发生，以及我们意识到的组成它们的移动性所需的邻近性和连接性。

也许我们过近地卷入了其他人和物体的同时的运动轨道，以至于他们丢失了流动性。通过展示齐美尔发现的石头中的移动性，我们获得了 *40* 一个直观的印象。已经建好的建筑为我们提供了一个非常有用的观点。在《怎样学习建筑》（*How Buildings Learn*，1994）一书中，斯图尔特·布兰德（Stuart Brand）请求我们"查阅这本书，然后发现你从建筑中领略的是什么。从一个窗口向外看，你注意到的主要的事情是其他建筑外的事情，它们看起来是静止的"（1994：2）。相对于建筑而言，我们是移动的主体。我们围绕建筑四处移动并将其填满，虽然该建筑仍保持静止。布兰德告诉我们建筑是如何保持"永恒"的。在更广泛的使用中，"建筑"这个词意味着"不变的基底结构"（1994：2）。对布兰德而言，所有这些都是假象。如果一个人更认真地思考"建筑"这个词的意思，便可得知布兰德所言同时包括动词和名词形式："它意味着建筑这种行为和已经建成的建筑。"因此，尽管建筑物可能看起来是不变的和静止的，但是它们一直处于建造和被建造的状态。这个想法是透明的，这个事实是流动的。法律博士迪尤斯伯里（Dewsbury）同样强调了类似建筑物的空间。我们和这种结构的移动性离得太近，以至于我们未曾意识到它们。迪尤斯伯里写道，当你在的时候，它们正在坍塌，只是发生得十分缓慢。因此，在一个空间或世界中发现我们自己的过程，是不断地"在它许多不同部分的运动中分离与产生共鸣，我们的主体化是一直发生着的"。

对亲近性和应手之物的渴望也说明，同步性是一个组成社会关系和驱使人们产生许多移动性的必不可少的部分。哈维·洛奇（Harvey Molotch）的知名言论表示，"对临近性的冲动"产生了一种共同的、在特定的情景和地方连接或表现自身的社会需求。厄里展示了多种社会、家庭、法律、基于地方和其他种类的责任需要地理存在的临近性。这些也许需要另一个人面对面的交流以及身体语言和手势。毋庸置疑，这些对于建立朋友、同事或更亲密的爱人之间的信任是非常重要的。"自由时间"同步性在制造工作外的相遇或者家庭生活方面也十分重要。去往某个地方的义务也许意味着对同时同地出现的要求。这可能和建筑师与其顾客面对面详谈以及"在海边"沿着溪谷散步同样重要。同样地，事件义务不一定需要发生的地方，但是一定需要非事件性的发生。这可能意味着在一个事件现场的直接共存，如"政党集合、音乐会、戏剧、比赛、庆典、电影放映、节日"，或者为了体验一个更远的事件出现的更多的调解和连接。在"9·11"事件和7月7日的伦敦爆炸事件中，和家人、朋友说话的需求驱使人们去看电视就是恰当的例子。

（六）节 奏

移动性通常以特定的节奏发生。如果你是学生，想象一下日常上学 *41* 的移动，或者考虑你的日常行程甚至更加简单的你的生理需要。你一定会因为许多不同的理由从一个地方移动到下一个地方，甚至根本不需要理由。一般而言，如果没有和其他人同步进行的移动性，我们走路、开车、坐公交去校园参加早上的讲座就是没有目的的。我们对时间和时间表的概念可以让我们和另一个人同步，因为我们对于日期和时间有一个相对的标准。因此，学生可以相信他们去学校的移动将会使他们相遇、坐在一起和学习，如同一个讲师相信甚至希望他或她的学生会在这节课开始的时候移动到校园。确实，走进校园毫无意外地需要他们自身的必要性和非必需的同步性移动。一个人不得不在某个特定的时刻坐公交；因此为了赶公交，他必须确保他的移动性能及时将他送到公交站。与此同时，早上和下班后同时发生的其他移动性将会导致高峰时刻的交通拥堵和公共交通超载。没有这些移动性的同时发生，拥堵很快会被消除。

我们经常在节奏发生破坏时意识到移动性的规模和范围。一个节奏的破坏强调了不存在同时发生的移动性。当然，这种动态中存在更加重要的政治和权利关系，我们将随后进行讨论。这些关系与人们自身节奏限制、无法协调的节奏和可能会消失的节奏有关。

我们对这些节奏的理解、鉴别和把握极其依赖于我们自己以及四处移动的节奏。我经常比我的学生早到教室这个事实很可能意味着，他们对我从这个国家的南部到此地需要六十英里左右的行程不以为意。偶尔有学生在周四早上迟到则让我想起，学校的大学生联合会往往在周三晚上有活动。正如列斐伏尔所说："我们的节奏将我们置于一个巨大并且极其复杂的世界，这个世界利用了我们的经历和此经历中的元素。"进入和走出不同节奏的不同关系让我们可以对这个相同的世界有不同的理解（Lefebvre，2004：83）。

移动方法 1.1　节奏和文化分析

42　　　　最早由亨利·列斐伏尔（2004）提出，随后由文化研究学者本·海默尔（Ben Highmore）建立的一个出席节奏的方法被提名为城市空间文化研究方法。

尽管节奏分析从未正式作为一种规范的具有特殊规则和条例的方法论，但对海默尔而言，前景化节奏在关于城市空间的物理实体，包括有力的代表性著作、媒体和描述制造它的文化之间架起了桥梁。正如海默尔所说："如果城市有节奏，所有城市均是如此：移动对拍摄电影是必不可少的，比如，它需要街道的真实性。"（2005：9）因此，研究节奏突出了强有力的文化材料的叙述能力，打造了大批附属性的以及有意义的小说、电影、音乐和许多其他代表作。

例如，通过布鲁克林作家保罗·奥斯特（Paul Auster，1987）的作品，我们可以了解更多日常生活以及城市经验的流动。确实，这种侦探特征通常将移动性视为一个关键元素。正如海默尔（2005）在其《城市风光》（*Cityscapes*，2005）一书中所展示的，《黑客帝国》（*The Matrix*）和蜘蛛侠、蝙蝠侠等超级英雄是拒绝城市的物质和经济形式的典型。被超级英雄的超级移动能力（参见第三章）处理的是纽约和芝加哥的摩天大楼上的经济材料组织结构，以及下面的交通堵塞形成的并非障碍而是可以攀爬、跳跃、转动甚至飞过的东西 [在很多科幻作品中，垂直都是一个很明显的特征，尤其是在《银翼杀手》（*Bladerunner*）和《少数派报告》（*Minority Report*）中]。同样地，导致垂直（摩天大楼）的特殊移动体验的社会、政治和经济逻辑在从虚构的洛杉矶扩张离心到大都市和用高速公路将城市连接起来的经验中也有所反映（也展现在《黑客帝国》第二部和许多其他电影中）。

这些虚构的形象展示城市的兴衰起伏、个人的荣衰，告诉我们这座城市移动性的过去、现在和未来。

实 践

·电影和文学作品等文化文本以及散漫的分析可以说明移动 43

性的日常及不同寻常的体验，尤其是在城市空间中。

·研究这些文本的节奏、步伐和语调可以揭示城市移动性的不同体验。

·反映了当前渴望和希望的科幻小说和电影作品是对未来城市移动性的有力反映。

>> 延伸阅读

（Thacker，2003；Lefebvre，2004；Highmore，2005）

五、结 论

本章说明移动性是一个基本重要的程序，是过去和现在世界运转中 44

许多材料、社会、政治、经济和文化过程的支撑基础。生活有时以非常细微的方式移动，有时则以很明显的方式移动。如果我们想要理解这个世界，了解从迁移到基础服务，从残疾人权利到驾驶汽车和疾病传播等事物，移动性就是有诸多争议的概念，和空间、时间和力量一样重要。

因此，本章试图构建一些重要工具，以此解锁和说明对移动性以及移动性自身作为一个社会问题的理解。从根本上说，我们将移动性当作一个概念，执行并结合一系列关系类型。我们已经简要地讨论了移动性的节奏和方向，知道移动性会连接、接触、定位并同步发生。在后续章节中，我们会通过移动性的不同模型和特性（从意义到政治，再到其实践和调解的方式），在一个更深的层面上探讨这些关系。

我们由此设定了本书的方向和结构。后续章节会按照处理移动性的主要特性和以何种方法处理的方式组织主题。在下一章，我们将会看到通过其意义理解移动性的一个主要方式。

第二章

含 义

我们在讨论移动问题时，会不可避免地提到一个词：价值概念。

（Morley, 2000：41）

一、引 言

想象自己穿过一片树林，沿着一个海滩或一条街道行走。想想这些 运动有什么含义。想象一下路过的其他人会如何解释它们。高峰时间走在街上的可能是商务通勤人士，他们代表着公司、商业和资本主义。沿着海滩散步可能被视为休闲的标志，传递出度假或休假的信号，如同西班牙、巴哈马、葡萄牙或墨西哥的旅行手册或目的地导游书所展示的那样。或者，穿越一个类似森林的地方会被解读为逃避社会、远离城市生活，甚至享受不工作的一天。

这里发生了什么？步行者在街上或海滩上的运动不只是身体移动和能量消耗。行走已被赋予更深层的意义。许多地理学家和社会科学家都将我们日常生活、工作或居住的不同地方，标示出"移动"的隐藏含义。在这一点上，被解读为移动的人几乎总是在一定的社会规范、行为守则、信仰系统和意识形态范围内进行活动。此外，社会和空间使得我们对事物的理解不同，这些理解对移动的定义有着更深层的影响。

本章旨在揭示移动的意义，以及它们是如何通过不同的现实背景和理论背景产生的。本章探讨移动性这一抽象概念如何被赋予确定的含义和内容，进而从学术角度重复运用交通模式或从交通规划角度设计相同的交通系统。

本章后续部分将探讨移动是如何在社会、文化和政治的综合背景下产生的，会在几个隐喻和形而上学框架的基础上探讨该领域的主导地位，并且更详尽地解释关键人物或框架如何阐述移动的意义和意识形态。其中，我们可以通过节点和线的连接来理解游牧和定居的形而上学框架。本章最后一节探讨"游牧—定居"二分法以外的定义移动的方法。

二、移动的意义

48   根据地理学家和文化理论家蒂姆·克雷斯维尔（2001，2006a）的说法，无意义的移动性只是运动。类似于物理学家所熟悉的抽象方程（速度＝距离／时间），运动也被理解为一种抽象的概念。因此，对于克雷斯维尔而言，移动比通常所说的运动具有更多的内涵。移动是有意义的运动。运动获得意义的方式就是克雷斯维尔所说的"移动的产生"（参见核心观点 2.1）。

核心观点 2.1　移动的产生

蒂姆·克雷斯维尔在关于地方、权力和现代性的著作中提出了最具影响力的"新移动"的概念。克雷斯维尔不满于地理学家和社会科学家对移动的忽视，认为移动与空间、社会等主题同样重要。克雷斯维尔的批评主要围绕移动、意义和力量之间的关系。他的观点中的地理人文主义传统是显而易见的。他认为，如果不鉴别移动性的象征意义和内涵，便只是简单的运动（Canzler et al.，2008）。对克雷斯维尔而言，"含义"是这类研究缺失的重要因素。在《移动》（*On the Move*，2006a：2）中，他论述道：

> 我想在这里分析运动和移动性之间的区别。我的论点是，运动可以被视为抽象的移动性（而移动性是从力量中提取的）。

如果我们遵循克雷斯维尔的说法，那么便可认为移动性是"替代此前某些类型、策略和社会影响的一般事实"（Cresswell，2006a：3）。通过努力了解社会空间和经验维度，克雷斯维尔将移动性与场所的理念进行类比："移动性是动态的场所。"（Cresswell，2006：3）从这一点看，如果移动没有意义，我们便只剩下一些很肤浅的东西。我们只有运动，仅此而已。显然这一观点在两个主要方面有明显的问题。首先，运动很难仅仅只是运动，它自身承载着意义（2006：7）。因此，忽视其各种社会意义是简化和排除了现实的复杂性以及这些意义的重要性。其次，我们必须质疑对移动性做其他解读的方法。将移动性抽象解读为运动（移动性没有意义）往往具有明显的政治后果。

>> 延伸阅读

（Cresswell，1993，1997，2001）

49

a - b

图 2-1　抽象的移动性

　　从克雷斯维尔论文的最基本原理开始，我们可以思考图 2-1 所重复的运动。

　　该原理图总结了在学术思想中人们理解移动性的一些更基本的方式。通过假定移动性是一种简单的从 a 到 b 的运动，图 2-1 将移动简化为从一个地方到另一个地方的运动。a 和 b——出发点和目的地——在图中用字母表示，但之间的连线仍是如此：更复杂的现实被简化、误解和忽视。正如克雷斯维尔所指出的，"运动……很少仅仅是从 a 到 b 的位移"。克雷斯维尔想要研究的是将连接两点的线当作一个整体的运动。除了线路的假定非物质性，它还是"有意义的和充满力量的"（2006：9）。

　　如果我们深入梳理克雷斯维尔的理论，就会发现两点之间的空间中存在一些事情，即关于移动性的背景。这导致了很大的不同。换言之，克雷斯维尔的问题是：不同背景下的移动有何不同的含义？我赋予之前有意义移动性的例子的含义部分来自我的个人经历。这并不意味着我不能逃离个人身份的禁锢，但是它们确实形成了我的解释。任何人都能够并且确实被赋予完全不同的含义。移动本身没有预先存在的意义。移动并不意味着单一的一件事。移动不一定好或坏，不一定意味着度假或通50　勤，但仍赋予了意义。此外，它被赋予的意义取决于它发生的环境和决定意义的主体。以这种方式建立的移动概念比空白纸张上的点和线丰富得多，移动是在复杂的地形和社会空间中的旅行（见图 2-2）。

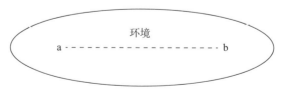

图 2-2　移动性的语境

在这个角度上，移动的含义可能完全不同，从而被赋予完全不同的解读。对土地拥有者而言，外人在林中散步可能被视为入侵或对私人财产的威胁。一个人走在街上，可能被视为威胁另一个人人身安全的行为。在人行道上漫步可以被当地利益集团解读为破坏周围环境栖息地完整性的险恶行为。换言之，移动的含义取决于解读它的人。

即使移动没有预先存在的意义，某些地方、文化和社会都可以给予特定移动性特定类型的含义。这些意义甚至可以跨越文化的范畴。想想一个简单的矢量运动在过去的 2000 年里有着何等相似的象征意义。伽利略的自由落体实验提醒我们："人类文化中充满了将下落等同于失败的故事。"从伊卡洛斯到路西法，再到领导人"下台"甚至"坠入爱河"，这都意味着失去控制，如坠入梦乡或堕落（Soden，2003：15）。向下移动往往具有负面的含义。安妮·盖姆（Anne Game，2000）也认为，下行意味着被动和自我决定权的丧失。

当然，纵向的社会移动与地理运动的形式有关。比如说，人们为了一个新的工作或另一个机会搬家，通常意味社会阶层的上升。威尔伯·泽林斯基（Wilbur Zelinsky，1973）将这种联系同美国公民社会和地理移动进行比较："美国人永远不会抵达。他总是在路上。"（1973：58）美国的物质进步和社会进步是分不开的。正如伊莱·惠特尼（Eli Whitney）可交换的一部分（Hounshell，1984），美国是"高度灵活和移动的，并渴望发挥自己的优势最大化，当然也针对系统最大化"（1973：59）。停留在今天的社会，可能会被视为非常消极，并因此成为在主流社会中地位提升的障碍。大卫·莫利（David Morley，2000：202）认为，移动正被逐渐视为优良的社会品质；相反，停滞不前则被 *51* 视为挫败、失败和落后。正如大量各种计算技术的广告所显示的，笔记本电脑以其便携性（通常是它们的移动性）为卖点（Mackenzie，

2006）。我用于写作此书的笔记本电脑被誉为"超级移动型"，其广告促使人们产生各种社会期待。

此外，一个人的社会状况或环境的改变不一定意味着另一个人的升降，地域移动并非只代表好的或积极的事物。例如，农村人口的迁入和迁出可能不会造成房价的上升或下降、劳动力的缺乏或服务质量的降低（Cloke et al.，1995；Cloke et al.，1997；Milbourne，2007）。本章将研究这种情景，探索不同的环境和区位会如何改变移动的意义。

我们必须进一步考虑这些含义。它们虽然短暂而零碎，但却非常现实。我们对移动性的忽视可能会留下永恒的印记。我们赋予移动的含义会发生变化。事实上，它们可以产生很大的不同。赋予移动性含义可以塑造社会关系，也会改变我们的思考和行动方式。对于一些人而言，标签是一个侵入性的和永久性的存在，不会消失（Halfacree，1996；Holloway，2003，2005）。但正如我们对移动性的关注应该包括对世界的关注，我们也必须考虑，这些意义在对移动性本身的学术研究中是如何普遍存在的。它们可以反映或改变那些更广泛的社会。大卫·莫利认为："我们在讨论移动性问题时必然要用到的词汇是'价值'。"（Morley，2000：41）

先来看看交通地理学家对移动的定义。霍伊尔（Hoyle）、诺尔斯（Knowles）的经典教程《现代交通运输地理学导论》（*Modern Transport Geography*，1998）指出，在所有的社会、环境和经济中，货物和人——以及资本和思想——的流动是运转和发展的必要元素（1998：4）。显然，当时霍伊尔和诺尔斯的交通移动不包含移动性的社会和文化意识（尽管诺尔斯的后期著作注意到了这一点，参见第五章）。从纯粹的功能和发展的角度来看，移动性并非指不存在移动意义和社会意义，而是说它们并非总以这种形式出现。研究者都根据自己的价值观判断应该研究移动的哪些方面，即使会在这种情况下忽略移动的社会意义。因此，我们必须质疑做出这一判断的出发点和理由。

在交通地理学中，霍伊尔和诺尔斯的著作反映并强调了地理作为一门学科在运输基础设施和政策分析与规划中的作用。从他们提出的有意义的移动性来看，交通地理学中特定的学科背景或空间起到了重要作用。总之，内容是关键。不管是否处在学术界范围定义内，内容都会使不同的移动性具有不同的意义和理解方法。同时，我们还应谨慎想象内 *52* 容。地理学家马尔库斯·德尔（Marcus Doel，1999）认为，空间可以被想象成一个比较固定和离散的容器。注意，移动必须被包括在空间和环境背景之中。对移动的意义的了解，必须建立在流动性的理论基础之上——它们对讨论和假设的影响。如果翻阅诺尔斯（2006）和近期关于移动性的文献，我们会发现，他们都认为"新移动范式"的理念为审视现代交通发展提供了更加细致入微的视角（Pirie，2003）。

三、移动性的形象和隐喻

关于移动性，人们往往有两个迥异的观点（Cresswell，1993，*53* 2001，2006；Kaplan，1996；Urry，2000）。丽莎·马尔基（Lisa Malkki，1992）在研究跨国身份时，描述了两种形而上学的哲学框架。一是定居式——将世界视为固定的和有限的；二是与之相反的游牧式——以运动为出发点。虽然这两种框架对移动的思考都十分有用，但现在出现了将完全不同的方法混合起来使用的趋势，即仅强调相似性，而忽略其差异。

本章试图通过更恰当的细节区分这两种观点，并且用这些思想种类中的移动性补充其他图形和隐喻。我们会先采用定居和游牧这两种方式处理一些超越原始简单分歧的移动性的图形和隐喻。这部分主要存在两类图形。

首先，代表定居的图形是网络节点的图形。节点是固定的，这意味着移动仅仅是附属品，是从一个节点到另一个节点的方式。正如我们所看到的，当代表运动的线仅仅是穿过无意义的空间到达另一点时，点便具有了意义。此外，节点的圆形边界是不可穿越的障碍，它保证内部的安全，使其免受外界干扰和侵犯。其次，游牧主义以代表移动的线为出发点。在游牧主义中，线比点更重要，点只是不断行进的路途中的停泊。

（一）定居：节点、网络和场所

先从最具影响力的著作入手来研究移动性。早期现代社会文化地理研究对游牧民族有一定的假想。这些研究并未传奇化他们表面的旅行热，事实上，他们的生活与定居式相似，较为固定，也更有意义。以伯克利学者卡尔·索尔（Carl Sauer）对早期现代农业社会起源的研究为例，索尔（1952）认为，游牧民族会尽可能减少移动，他们的移动是为了满足基本需求，如寻找食物、水、燃料和避难所。索尔接着解释了"移动性如何作为一种主要特性与专业狩猎经济或贫瘠的生活环境相适应"（Sauer，1952：22）。移动是一项社会活动，更适合于狩猎社会或迫使人们不断寻找食物的环境。作为一种例外，移动性被诱导或被需要。移动性对于定居生活中的所有"好东西"都是一种威胁。索尔写到"流浪的乐队，无止境地、悲惨地流浪"，将移动等同于优柔寡断、永恒和伤感。

这种方法似乎为移动性附加了经济理性的沉重包袱。索尔利用早期的经济原理和最小效用表明，"我们的目的旨在最小化"运动的成本和精力。就此而论，移动和迁移仅在必要时出现。搬迁是在季节变化时，由于另一个易于生存的位置的存在而做出的被动决定。"壁炉"和"家庭"就如同地心引力。壁炉是家庭生活的中心，总是置于"最短运输"的位置上以显示其定位。出于节约能源和力气的原因，除非必要，它们"很少被迁移"（Sauer，1952：12）。

索尔的观点并非独一无二。法国地理学家维达尔·白兰士（Paul Vidal de la Blache）从完全不同的角度得出了相似的结论。与索尔一样，维达尔·白兰士认为人文主义煞费苦心地解释了游牧部落如何在地理上根据不同的环境定居在不同的地方。首先，他们总是"假定一个与给定空间有关的明确的关系"。这似乎不可思议，一群人可能并不需要特定的空间或一个返回的地方。他认为："既无理由也无经验表明人们应该无根存在。也就是说，如果没有承载生命活动的地域，它将不能确保和提供它的存在。"（Vidal de la Blache，1965：52）

索尔提及的社区是一个远离自然并崇尚稳定、安宁、居家的社区。维达尔·白兰士则简化了游牧的生活方式，其中游民的动机和行为是由环境和周围的景观决定的。地理区域提供了"自然设施"。这些地区主要是被侵蚀夷平了的山区所形成的平滑的表面，是理想的居住区域。游牧民族的移动性使他们更接近自然的和落后于进化程度的动物生活。他们的运动被描述为"一群动物在草原漫步，或成群的鸟俯冲向水面"（1965：361）。

在这些描述中，法国学者将人类贬低为像动物一样的野蛮人，他们"成群结队"地行进（Vidal de la Blache，1965：361）。移动没有意义，而是出于本能的、表意的、可测的。土耳其人、蒙古人、匈牙利人、保加利亚人、匈奴人的游牧运动被描述为"周期性的幽灵，驾着马车从他们的自然栖息地草原出来。他们的行为完全可测，因为他们的表现就如同自然现象"。正如维达尔·白兰士所说："他们迅捷明确的轨迹

55　如同天气现象，因此科学可以确定其起源和其遵循的路径。"（Vidal de la Blache，1965：368–369）同样地，维达尔·白兰士也简化描述了其他类似的人口移动形式。例如，"印度教蚂蚁山"是"由于对商务或宗教的需求以及纯粹的漫游癖而持续运动的"（Vidal de la Blache，1965：384）。简单的规则可能会决定最终的运动，因此当"蜂巢太满，蜂群就会离开"（1965：70）。

我们都明白解释是确定的时间和地点的产物——发展区域地理学和其他的种族中心主义对社会及其周围景观的时间和地点的解释（参见罗伯特·帕克的城市社会学）。游牧的牧民及对游牧民族的假设几乎是被轻视的。生活是"不可思议的"，人们并不会总在一个地方维持一种持续稳定的生活方式。移动被视为非常原始的行为。虽然索尔和维达尔·白兰士简化了移动，但他们的工作为早期社会构建了移动根源和移动与空间有意义的联系。

移动方法 2.1　挖掘和重建移动性

虽然"难以通过文本考证"，但考古学和人类学研究领域已经通过鉴定游民的痕迹展示了早期聚落的移动（Marshall，2006）。一些证据，如工具，被发现远离制作工具所需的原材料。这些证据可以证实居住、后勤、领土和贸易的存在。某些种类的工具甚至可以指示这些移动的频率。考虑到随着工具传播的其他许多变量，移动性重建的战略更倾向于高度不确定性。因此，不同种类的物证可以被用来追踪早期的社会运动，如垃圾和废物。碎石、动物骨骼和其他物质的丰富多样性提供了住所移动的指示物（Kelly，1992）。凯利（Kelly）阐明了定居的巴萨拉人如何将垃圾扔到离住所很远的垃圾场，而非简单地将其扔到或清扫到一边——像游牧人一样（1992：56）。

另外，我们可以通过重建遗址的建筑物和纪念碑等，推测其形式和结构的痕迹，从而联想移动模式和路径。内尔·特恩布尔（Neil Turnbull）和其他考古学家认为，从这种"建筑角度"来看，其运动模式反映了社会结构，而不是构成了社会结构。克里斯·蒂利（Chris Tilley）等人认为，"人们怎样在遗迹中移动，他们的思想有何不同，在遗迹中的生活如何影响其感知"（Turnbull，2002：132）比确定性的解释更复杂。如果人们的活动和运动可以塑造和改变这些物理结构进一步的循环发生，重新塑造"人到特定地方的运动，限制人的思想进步"，那么场所是可以被体验和了解的（Turnbull，2002：134）。

在更直接的情况下，研究者可以根据脚印研究移动性。研究者也可以查阅档案和历史文件了解简单的移动，可以通过口述历史或移动图像捕获更详细的定性经验。历史研究方法使研究者能够从公司记录和证言中重建移动的经验。彼得·梅里曼（Peter Merriman，2007）对 M1 高速公路的研究便是一个很好的例子，他将道路移动文化完整地展现了出来（Robertson，2007）。

实　践

·可以从社会活动和实践中找到迹象，重建移动。

·材料、建筑物残余、历史文件、文本、照片和其他某些物体均是有用的分析对象。

·这些解释均需具备对文化背景的了解、个人的感知和体验。

>> 延伸阅读

（Kelly，1992；Turnbull，2002；Marshall，2006）

1. 规　律

57　　在其他方法中，移动性的含义和意义会以完全不同的方式呈现。大量的法则和寓言显示出它们能更好地描述和解释运动。尽管具有上述明显差异，区域地理层面探索的移动性与移动仍存在较大的共性。网络图表的节点和线虽然比我们看到的更具隐喻性，但在调查中，它们被直接用作代表性的模型和规范，现实的移动被理解为交通、迁移和产业的一个函数。

　　在探究人们和事物为什么会移动或变得可移动的努力中，埃布勒（Abler）、亚当斯（Adams）和古尔德（Gould）的地理学经典著作《空间组织》（*Spatial Organization*，1971）颇为重要。作者想要研究为什么事物会移动，以便发现和理解运动规律。他们想要预测和控制社会与自然事件的进行（1971：238）。这些解释可能基于一些非常简单的因素。厄尔曼（Ullman）定义了三个重要的方面。首先，是"互补"——分化的空间如何促进互动（1957）。其次，他称之为干预互补，即两个地区或两个地方之间的机遇。最后，对于"可转移性"，厄尔曼通过运输的成本和时间测量了空间或距离。

　　乍看上去，上述调查似乎将移动性从诸多社会层面的研究中分离了出来，以便进行更有效的分析。然而，它们都是为了解决各种社会问题而进行的。移动性的研究意义在于发现各种关系和模式，如从服务的获取到工业的位置。但这并不意味着价值判断、隐喻和数字不会被用于描述移动性。

　　移动法则最著名的调研之一是由 20 世纪 60 年代的社会物理学发展而来的。受到物理科学的运动、物质和能量法则的影响，社会物理学家詹姆斯·斯图尔特（James Stewart，1950）认为，人类进行移动的规律和物理材料的原理基本一致。齐普夫（1949）直接将能量守恒法则应用到了假释心理学和生态学理论中。齐普夫在杂交法则中将其应用于人类活动。齐普夫认为，无论出于什么形式，每一个个体的移动总会受到单一基本法则的控制。更确切地说，我们应当称之为最小效用法则（Zipf，1949：1）。

齐普夫的方法影响并聚合了其他研究移动性的方法。它将移动性视为一种简单克服距离专制影响的活动。移动性是描述尽快从一个地方到另一个地方的重要术语。作为克服距离的一种工具（正如我们在霍伊尔和诺尔斯的著作中看到的公式），移动性是一种持久的过程。沃尔特·克里斯泰勒（Walter Christaller）的著名交通原理提供了一个"运动定律"，该定律认为，中心地带的组织是最有效的，因为它们之间的线路"尽量直接且便宜"。它提倡我们稍后将会看到的一种网络形式，即中心地带可以通过更加快速的移动进行连接，而"将不重要的线路置之一边"。中心地带之间可以通过更加有效率的交通线路进行连接（Lloyd and Dicken，1977：44–45）。

华特·艾萨德（Walter Isard，1956）等经济学家这些方面的研究在社会科学中产生了较大的影响（Chang，2004），追随了史都华（Stouffer）的移动性理论和机会理论（Stouffer，1940：846）。移动性经历了一个抽象的过程，该过程促使其走向更加理性的运动等式。简单变量和输入被插入公式中，可以不断进行重复。对于新加入物理特征，如单位权重、出行距离、如何与效用运用相一致、克服阻力所需要的服务或者艾萨德所说的摩擦力，学术研究应当理解它们，并据此解释移动性，以便预测未来的可能性。

再来考虑一下移动性的价值。艾萨德的目的相当明显：空间和空间的摩擦被量化，成本和效用方面的摩擦必须被克服。克里斯泰勒提出了类似的问题，即空间或经济距离如何"由运费、成本保险和存储确定；

时间和运输重量或空间的损失；甚至旅游客运、交通成本、所需时间和旅行的不适"（Christaller，1966：22）。因此，时间和运动等同于资本，而成本必须被最小化。移动性的复杂特性及背景仅被当作变量，量化的实体被转换成一个方程。

该类著作的第二个主题是对人的移动性的描述。它并不被当作输入变量，但原子化的个人不受四肢的影响，而是在广义的重力下受到不同尺度质量的影响。一个潜在质量的引力解释了人们为何喜欢移动特定的距离到达特定的地方。在这方面，最早的和最著名的调查源于拉文斯坦（Ravenstein，1889）的研究。他试图制定一套人口迁移理论。通过对几个河流流体、环流和涡流的类比，拉文斯坦认为，移动性和距离成正比。他提出移民运动依赖于出行距离，因此，源流损失的强度和供应源的距离成正比（1889：286–287）。

在这个公式中，拉文斯坦反对以下概念，即"人们像油面一样运动到地球表面，朝各个方向缓慢且均匀地扩散"（Vidal de Blache，1965：71），因为它未考虑到某些中心的未开发资源，或人口过剩地区将发生的推拉式迁移运动。尽管是第一次出现，但拉文斯坦尽力完善物理描述运动和移动性的原因在于，他认为大多数人的欲望使他们能够"更好地"满足自己物质方面最强烈的驱动需求（1889：286）。这两种原因相互交织。并非剩余的土地或劳动提供了定性的必要，促使事物移动。他更愿意设想相连的瀑布与小瀑布的迁移，以及创造有形的和定性动能的可能性，从而将旅客从一个省吸引到另一个省。

受到这些观点影响的学术思想并未假设城市产生了重力场，而认为是社会活动的一种隐喻方式（Hua and Porell，1979）。在这些方面的研究中，重力意味着影响，意味着机会和可能性（Olsson，1965）。然而，我们不应该误将渴望视为一种情感的诉求、欲望或冲动（Olsson，

1991）。人们构想了一个具有更少情感以及更多思想的主体"理性经济人"——可以响应外部的计算和权宜之计。

这些依此类推地将相似的"分子"叠加在"人"身上。这些首要的图形节点被施加到了个体身上。移动的人群大量聚集，个体表现得像分子和移动体的聚合，会像分子一样聚合为分子量。聚合在一个给定的空间的量越大，其产生的吸引力就越大（Dicken and Lloyd，1977：150）。这样的想法使迪肯（Dicken）和劳埃德（Lloyd）等学者认为，运动和相互作用的引力是一般物理定律的变体（Stewart and Warntz，1959；Dicken and Lloyd，1977：96）。

这种方式表现为将物理隐喻和经济理论加以混合。这些方法的产生可以被想象为一个极其不均匀的台球桌，个人则是无法通过探究其内部任一机构来驱动自己运动的球。桌面的物理结构和经济结构决定了球的运动。距离和机会创造了波峰和波谷，桌面重力势能通过吸引和排斥，以推、拉、拽等方式影响球的移动。这种方法虽然存在明显的问题，但对于评价、预测、理解人类和非人类的移动是明显有效的。它能够解释消费者向中心地带移动，以及农产品向中心地带移动的趋势（Dicken and Lloyd，1977：65）。

这些方法在一定的社会和学术环境中颇为流行。在"冷战"的背景下，以及在战后重建的需求中，流动规律是寻求科学合法的学术理念，使移动成为需要解释和预测的法则（参见案例研究 2.1）。

案例研究 2.1 空间科学与"冷战" *60*

　　正如特里沃·巴尼斯（Trevor Banes）所记录的，战后的发展和"冷战"的规划意味着地理相关性的增加，具体而言，即地理学家可能谈及的移动性和交通。在追逐津贴的背景下形成的公共移动性基础设施规划也获得类似的价值。由于政策制定者要求科学家和专家们在美国找到测量距离的答案，这就导致对理解移动性的需求逐渐增长。

在美国，威廉·加里森（William Garrison）出色的研究成果获得了很高的声誉，有利于公共集资程序的顺利进行。加里森的专长在于研究公路规划，如华盛顿州公路委员会集资修建的西雅图公路系统。在其他地方，加里森的研究成果被用于民用国防疏散计划，致力于通过城市的汽车和渡轮获得最佳的和最有效的运动。管理和塑造人们的运动十分必要，越来越多的地理学家在响应这一号召，并提供了相应的执行政策。

巴尼斯和法里什（Farish）指出，地理学家采用与现实匹配的知识和分析工具，试图理解真实世界的移动。在加里森的案例中，他的团队创立了"基于线性飞行和系统网格的急救反应公共疏散工作，代表着理性的想法"，以及"精致的虚幻抽象"（Barnes and Farish, 2006:819）。这种"精致的虚幻抽象"具有多种形式，如分子、原子和流的各种隐喻，而我们看到的是模拟图中的形象。事实上，哲学的模型增强了空间科学的认识论和本体论，试图消除复杂性，以更便于人们理解。

>> 延伸阅读

（Farish, 2003; Barnes and Farish, 2006）

本章最初基于工程师和物理学家的可视化电路图模型的移动研究，如从对移动模型的简化到对线型排序模型的探究。个体在空间两点之间的移动形成了路线或线路；点是移动的开始、结束或集中，形成了所谓的节点。这些关系的可视化在其他方面汲取了物理主义的隐喻手

61

法，如流动和河流。彼得·哈格特（Peter Haggett，1965）用水系及其支流分支系统描述移动的秩序感。在建筑等更广泛的领域，其形状和实际水系的形式为现代主义建筑师柯布西耶（Le Corbusier）的城市总体规划提供了重要启示。"这是冥想的邀请，这是对于我们的地球的基本真理的提示！"柯布西耶在亚马孙上空飞行时喊道（Pinder，2004：82）。

在他们自己的研究领域，这些方式在移动性分析方面也取得了重大突破。事实上，他们在交通地理等更复杂的调查领域留下了一系列宝贵的遗产，这些研究成果被证实是对移动性系统、路线和模式的详细的和描述性的有效研究（参见第五章）。然而，尽管这些方法的移动性研究重点在于创建和预测移动行为规律，但并非意味着我们一定会考虑更多的定性尺寸的运动而忽视想象。奥尔森（Olsson）认为，重要的不是解答"如何"和"在哪里"的问题，而是理解人们如何遵守该研究和其他研究所提到的行为"法则"（1965：73）。

虽然定律可以通过分析人们的运动模式而形成，但问题在于人们更倾向于非理性行为，因此如何研究相关问题就显得十分重要。

劳埃德和迪肯（1977）明确指出再进行一次简化，无限移动的原则就可以比较笼统地描述移动性。但是，这还不够完善。他们写道：

> 例如，我们的钟表制造工人如何获得更高的工资？如果竞争对手接下来为钟表制造工人涨薪会发生什么？他们会收拾行李准备跳槽吗？他们的妻子和孩子对这一切的移动会怎么想？喜欢家乡的低收入的钟表匠还是会留在皮奥里亚、伊利诺斯，因为这是他们长大的地方？

> （1977：206）

随着他们继续前进，现实也更加复杂和难以预测。

正是基于这种复杂性，地理学家托斯滕·哈格斯特朗（Torsten Hägerstrand，1982）试图超越一切程度的空间科学来解释原子、点、线路和路径的相互作用。哈格斯特朗剖析了移动性线路，以便更加深入地探讨移动主体的自身属性。他技术性地将对象分解为研究课题的单个颗粒，而研究课题是由各种时空限制或潜在性决定的（参见核心观点2.2）。

62

核心观点 2.2 运动、路径和时空线路

在地理学界，瑞典地理学家托斯滕·哈格斯特朗有一项令人难以置信的、颇具影响力的关于移动性的研究。他提出的时间地理学基于一个概念化的时间—空间：在空间内的任一运动都同时代表着某个时间点的运动。哈格斯特朗专注于个人路线和路径的"传记体项目"研究，试图阐明个体的运动方式和活动并非发生在真空中，而是会和空间、场所的环境产生互动。在时间和空间运动中，哈格斯特朗的研究方法试图描绘出人们移动性的形状特征以及人们的常规移动模式。

人们移动的空间和时间创造出他所定义的"约束"，即一个人的移动能力和所能承担的项目。他所想象的时间—空间棱镜由人们行为的物质空间和时间墙组成。因此，一场特殊的旅行，或他所说的一个项目，都将花费一定的时间，也会受到一天的时空可达性的限制。

这些被理解为由一个中心运动辐射的领域，而这个中心通常指人们的居住地。因此，"工作场所、商店、娱乐场所、住宅、亲密朋友的居所和其他类似场所作为节点（Gregory，1985：306，1985：306），通过时间—空间发生了移动。

>> 延伸阅读

（Hägerstrand，1982；Giddens，1985；Gregory，1985；
Hägerstrand，1985）

如图 2-3 所示，哈格斯特朗指出了经典的时空图，该图展示了可视化的空间和日常生活的运动轨迹。

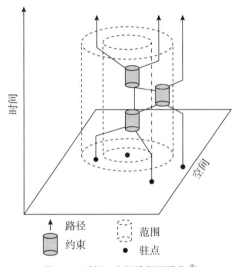

图 2-3　时间—空间路径可视化[①]

如同之前的空间科学家，哈格斯特朗仍将移动个体想象为物理原子，以此加强对人类和非人类对等的定量地理学研究。在争论中，地理学家应该意识到"世界在移动，世界是一个不断置换的世界"（Crang，2001：192）。哈格斯特朗甚至发现这样的生活路径可以"轻易地应用于生物学的各个方面，从植物到动物，再到人"（Gregory，1985：311）。然而，哈格斯特朗确实正确地将他的代表性模型在生物工程中进行了完美替代。他注意到自己在"时间地理标记"中所发现的路径似

---

① Source：After Hägerstrand （1967，orig.fig.1.4.4）．

乎代表"移动线"上的一个点。重要的是,"我们不应该忘记它,因为它是持续存在的生命主体,被赋予了记忆、感觉、知识、想象和目标"。因此,尽管存在诸多变数,但任何想象得出的象征性表明实际上都引导了"决定性的方向"。他继续表示:"虽然不是路径,但人们无法避免在空间—时间中进行绘制。"(Gregory,1985:324)我们现在可以转向这种深度经验的认识。

移动方法 2.2　跟随事物的移动

64　　　　正如目前为止我们所强调的,移动性的研究涉及路径对象以及移动的人。移动性研究为对路径、回路和社会领域物体移动等方面感兴趣的研究人员提出了方法论的问题(Shanks and Tilley,1993;Ingold,2007b)。

　　　　地理学家伊恩·库克(Ian Cook)对食物链的研究强调了跟随策略的方法论问题。库克的研究设定了一个对象,如木瓜,通过它一系列的空间和时间链看到其转化的过程。库克的主要兴趣不在于木瓜的移动,而是牙买加劳动力参与这些过程的经验。

　　　　伴随着一个木瓜的移动,牙买加农场工人采摘木瓜,然后木瓜被搬运、运输、清洗、称重、分级、包装和装箱。在这个过程中,许多劳工在相关社会和环境中劳动。研究人员可能还会看到、接触并体验。他们将食物链分包过程人格化,强调食品网络中人性和非人性化的劳动条件,而工人必须忍受相应的动物和其他商品链的处理方式(1999)。

实　践

　·基于不同的社会和地理环境对目标对象进行日志调研,可能意味着自身需要跟随他们移动。

·直接观察和记录这些环境，可以提供对于过程和状况的有用的快速预览。在这个过程中，有些食物被采摘、加工和移动。

>> 延伸阅读

（Cook et al.，1998；Cook，2004，2006）

2. 地方和无地方性

索尔的学生段义孚（Yi-Fu Tuan）是人文地理研究方法的重要推动者。他所说的这种方法不同于实证主义，并且批判了实证主义的观点。段义孚的研究探讨了人们如何通过经验使自己的生活有意义。他对地方居民作为家庭空间被赋予的意义极为感兴趣（Tuan，1977）。和索尔一样，段义孚发现难以审视人们对某个地方形成归属和依恋的原始需求。从这个角度看，移动性的地方是"对立的"。然而，运动需要时间并且发生在空间中，地方就是"运动中的休憩或停顿点，即允许该地方形成一个有意义的包含周围地区的空间组织的中心"（1978：14）。如果我们能够想象到这一点，就能理解段义孚的焦点便是集中于此的。它不是抽象的点，而是有意义的焦点，具备空间的意义（见图2-4）。

空间

地点 ●————————————● 地点

图 2-4 段义孚理论的原理图

不同于空间科学家将点与节点视为物理和经济吸引点的观点，段义孚赋予这些节点内涵和意义。地方是有意义的中心，或是能够围绕它构建我们的社会和具备内在意义的生活的点。

段义孚有一个比游牧更重要的发现（Tuan，1974）。人类的移动性被视为点或地方的直接干扰源，"永远在移动中"通常被理解为离开某地或"失去住所"。因此，一个移动中的人，无论是出于地方还是"无所在之地"的考虑，都只能表现出表面的"场景和图像"。段义孚的同代人爱德华·拉尔夫（Edward Relph）谴责了公路、铁路、机场和运动本身的空间负面影响。拉尔夫认为，通过"使人们伴随着自身的方式和习惯，尽可能地大量移动"，这些空间导致了"无地方性的扩散"（1976：90）。

段义孚和拉尔夫没有意识到纯粹的和独立的游牧生活方式有可能产生。当他们这样做的时候，他们就置身于一定的道德意识形态的阴影中，认为他们的移动是威胁性的和消极的。该领域的同类研究者，如景观学者约翰·布林克霍夫·杰克逊（John Brinckerhoff Jackson，1984），证实了地方的神圣性的先验基础。从这个角度看，地方或"永久位置""赋予我们身份"。此外，对杰克逊而言，"无论暂时的还是短暂的、可移动的，都是不值得鼓励的"（Jackson，1986：194）。他撰写了他如何因"自己所看到的临时空间而感到困惑。免下车餐馆、快餐机构一年后被拆除，土地先用于种玉米和大豆，然后再分块出售；假期结束时消失的零售社区"（1986：155），以及如何在这些地方找到家的感觉、慰藉和意义。在类似的景观中，鲍德里亚颇受争议的《美国》（America，1988）一书描述了一段让人喘不过气的穿越美国南部沙漠的汽车旅程，其中热气、移动性和乏味的景观的结合产生了一种"蒸发"或"意义灭绝"的感觉（Baudrillard，1988：8–9）。

66　　　这些观点并不局限于学术界。类似的观点发生在持相反意见的人身上，往往产生棘手的后果。克雷斯维尔声称这些担心是通过扩大定居的形而上学产生的，超越了地理学家、社会学家、文化理论家和其他专家的内部争论。克雷斯维尔认为，包含高度负面的思想道德编码的世界观不利于走出象牙塔的移动，而此移动本身鼓励思想与实践应用于社会文化生活的多个领域（2006：38）。当我们通过后续章节中排除的过程考量定居型政治时，案例研究 2.2 恰好有助于这种探讨。在非洲南部，排外的歧视使一切都变得更复杂和矛盾，因为反动定居的思想诞生于新自由主义资本主义的开放思想。

案例研究 2.2　非洲南部的公民及其定居生活

　　弗朗西斯·雅玛（Francis Nyamnjoh）的《局内人与局外人》（*Insiders and Outsiders*）通过对非洲南部仇外歧视的详细案例的研究，偏离了以西方为中心的关于定居生活破坏性影响的例子。调查非洲移民在非洲南部被对待的方式揭示了一个复杂的歧视性待遇过程，这是由几个隐喻和流动的形象所证明的。

　　对这一问题的各种调查，显示出民主主义是如何用种族和病态的成见来遮蔽某些移民的。这让人联想到"噩梦般的公民"，他们的"漂泊不定"让非洲南部的士气和经济价值大打折扣（Comaroff，2002：789）。雅玛的研究集中在 Makwerekwere 的建设上——这个名字是由非洲移民给定的，用来回应社会和物质转换的新自由资本主义的崛起。正如马罗夫（2002：797）所解释的，这将加剧市场竞争，导致劳动力和国家政治经济日益松散。

　　南非内部人士声称，拒绝使用显而易见的语言只是一种"原始"形式的"口吃"。南非人的刻板印象将移民人群与非人性化和兽性的特征联系起来，使他们成为现代的"尾人""裁缝""山顶洞人""原始人""野人""野蛮人"或"霍屯督人"（Nyamnjoh，2006：39）。通过种族和皮肤色素的等级划分，Makwerekwere 被认为是"深色皮肤中最黑暗的"，因此是不那么开明的。外来群体通常被认为是外来的、非法的，而且只在那里窃取本应属于当地人的工作和机会。

67

Makwerekwere 被认为会给邻国带来问题：内战、种族灭绝、独裁、腐败和犯罪。正如雅玛所提出的："突然之间，不得不面对新南非城市空间大量涌入的原始黑暗，这可能会非常令人不安，确实是过去的噩梦。"Makwerekwas 的迁移被解释为有组织的，会耗尽当地的资源，像野草一样蔓延，扼杀当地人的机会。他们被视作身体和道德上的传染者，"用艾滋病等奇怪的疾病毒害南非"。他们中的女人很容易抓住易受影响的南非男人的手臂，用"糖衣包裹的吻"让他们眼花缭乱 (Nyamnjoh, 2006：44)。

>> 延伸阅读

（Cresswell，1996；Comaroff，2002；Nyamnjoh，2006）

（二）游牧：迁徙的路线

在上述讨论中，我们描述了移动性的几个特点。例如，游牧民族倾向于走熟悉的路线并返回相同的地方，如同网络线必须始终连接其端点和出发点；移动必有路线，而且受到限定和约束。其他对移动方式的不同理解则无相同的限制。它们被赋予的含义不是固化的、永久的、可预测的，而是快速的、漫无目的的、没有终点的、自由主义的。在这一部分，我认为点之间的线（连接物）而非节点更能代表游牧主义。

1. 游牧主义

早期的地理探索和现代社会调查已经研究了游牧者的移动。游牧主义被视为消极的、难以理解的生活方式。我们已经看到这种观点对南非底层人民的影响（参见下一章）。游牧方式被严重误解了。

知名地理学家哈尔福德·麦金德（Halford Mackinder）将移动性与力量相连，将固定性与地缘政治的脆弱性相连，认为这是使亚洲大

68

陆具备强大力量向远方移动的地缘政治的支点。在其历史研究中，麦金德认为，"旧世界"的所有人迟早都会感受到源于草原的扩张力量（Mackinder，1904/1996：545）。草原民族与海上民族相对隔离，中间有一个可以提供谈判空间的沙漠平原。这形成了一股"游牧力量"。麦金德追溯了长期战胜定居部落的流动游牧部落的历史。在这片土地上，快速自由地移动的能力的大小决定着战争的成败和权力的得失。他写道：

> 船舶无法抵达的广阔的亚欧大陆是否并非世界政治的枢纽？这里自古就有开放的骑马游牧民，如今是否即将被铁路网覆盖？
>
> （1904 / 1996：549）

换言之，游牧民族的移动力量提供了一系列的条件——有利于有限地扩大军事和经济权力范围。

麦金德对英国工业和帝国相对衰落的不满，使他发现了地理思维的优点。他所谓的地理能力是值得鼓励的，因为它使人们从扩展的全球角度思考问题。通过浏览地图来"自由地漫游全球"是非常容易的（Morgan，2000：59）。移动的视角（Parks，2005）可以让我们更加了解国际关系，接受移动的力量（Mackinder，1904/1996：546–547）。铁路和飞机的技术将保证英国的成功。

麦金德显然夸大了游牧民族的力量和移动可能带来的力量。他的方法标志着移动具有了意义。移动意味着力量，力量意味着主宰政治（Luke and O'Tuathail，2000）。在这里，运动是一种令人害怕的东西，但一旦正确使用，它将会是强有力的武器。移动代表着未来，是为了成功而必须达到的目的。奇怪的是，最近的游牧主义研究者都在围绕这些联系展开讨论。

哲学家德勒兹和瓜塔里的《论游牧学》(*Nomadology*, 1988)一书以游牧作为历史背景和隐喻概念来理解两种权力的形成机制。他们认为，国家的权力是迫使流体按照路径和线路行动的力量。沿着"管道、堤防，防止湍流，运动被限定为从一个点到另一个点"的直接运动。通过这种方式中，运动总是"依赖于固体"，流经"平行的流层"(1988: 363)。这种形式的力量可以很好地形象化为此前讨论的点、线和网络。定居主义科学的部署即这一假想的部署。

核心观点 2.3　游牧科学

吉尔·德勒兹(Gilles Deleuze)和费利克斯·瓜塔里(Felix Guattari)的《一千个高原》(*A Thousand Plateaus*, 1988)是一部杰出的著作，研究了迁移率及其价值。在广为使用的"游牧学专著"中，作者展开了一章，探讨了两种相互对立的思维方式或科学。德勒兹和瓜塔里的讨论与本章详细描述的定居主义和游牧的形而上学非常相似，他们解释了12世纪建造哥特式教堂时的劳动关系。从泥瓦匠到木匠，由游手好闲的人或游手好闲的建设者组成的团体给国家的管理带来了许多问题，他们通过两种形式来抵制这些问题：移动性和罢工。德勒兹和瓜塔里特别提到了熟练工的流动性，认为他们的斗争是由两种截然相反的权力形式组成的：游牧工匠和国家建筑师。

正如麦金德、索尔所说，游牧民族不仅依赖于空间特征，也被空间特征解放。德勒兹和瓜塔利颠覆了我们一直在讨论的点、线、网络视角。首先是运动，其次是直线，最后是点。麦金德指出，这给了游牧民相当大的解放力量。在其他地方，德勒兹和瓜塔里的形象已经成为一种自由的象征融入其他文化刻板传统的生活方式。最近，哈尔特(Hardt)和内格里(Negri)关于帝国系统的论文看到了挑战帝国的不可预测的力量，尤其是移动和流动的力量——流动性很强的移动和"大规模工人游牧主义总是表示拒绝和寻求解放"（Hardt and Negri，2000：212）。

>> 延伸阅读

70

（Deleuze and Guattari，1988；Kaplan，1996；Hardt and Negri，2000）

德勒兹和瓜塔里笔下的游牧主义工人将国家（或者空间）点到点的网络构造转化为科学。虽然游牧者看起来必须通过点移动，但他们并不受约束。他们吸收了路径和路线的理论，但不盲从。点只需满足从一个地方到另一个地方的要求。这些点严格服从它们所决定的路线，这和定居主义完全相反（1988：380）。每一个点仅是一个"接力点"，而且只是为了"接力"而存在。因此，这个路径或运动不受点的支配，而是具备自主权和自身的方向。从点到点的游牧是必然需要的，而非目的。

这种游牧民族不同于我们迄今为止所研究的事物，他们占据了不同的空间。游牧者的空间不是封闭的，也不像在道路或高速公路上行驶时那样受到管制。它不受墙壁和其他阻隔的限制。相反，它被看作开放的或平稳的空间。游牧者的空间不受法则控制，游牧者对其空间的控制更加直接。空间和游牧主义相互依存。游牧者创造的沙漠不比沙漠创造的游牧者少。游牧者的路径是固定的，就此意义而言，它们由游牧者和空间之间的关系确定，如绿洲或水泉。但是，它们也会变化。"沙漠不仅有固定的绿洲，而且有临时的、会根据当地的降雨改变位置的植被，从而产生交叉方向的变化。"（1988：382）此外，游牧民族对空间的谈判是以不同的方式呈现的。路径寻找不需要用任何全球性的知识或地图解决。相反，导航是通过局部和触觉的参与实现的。在一系列与风、飘扬的雪、沙沙的歌声或吱吱作响的冰的关系中，这种接触使空间有了交叉。游牧主义的空间是"地方性并且不分隔的"。

当然，将游牧等同于抵抗的假设，不仅仅存在于德勒兹和瓜塔里对工匠的研究之中。游牧者移动的力量往往被视为权力规避的重要策略。人类学家埃文斯·普里查德（Evans-Pritchard，1949）在贝都因人抵抗意大利法西斯占领利比亚的研究中，证实了他们的移动中的熟悉的浪漫主义被当作一种反侵略的力量。戴维阿·特金森（David Atkinson，1999）指明了贝都因人如何以流动的游击策略打败意大利军队固定的点到点思维。游牧是对付意大利正统策略的有效对策。正如普里查德所说，"游击队的命令"是"突然打击，严酷打击，迅速撤退"（Atkinson，1999）。

此外，灵活机动的"游牧科学"并非只是弱者的武器，而是更加复杂。下面，我们以建筑家埃亚·魏兹曼（Eyal Weizman，2002，2003，2007）描述的现代领土冲突中的移动为例。

案例研究 2.3　战略要点和柔性路线——以以色列—巴勒斯坦冲突为例

埃亚·魏兹曼开创性地研究了以色列—巴勒斯坦冲突的空间结构，认为点和线已成为重要的哲学思想和组织战略行动方针。

回顾阿里埃勒·沙龙（Arial Sharon）的职业生涯［从以色列国防军（Israel Defense Forces，IDF）南部指挥官首席到以色列总理］，魏兹曼发现沙龙提出了一个与传统的线性的点和线完全不同的策略，避免了传统防守技术边界脆弱的固有缺点。沙龙规划了一系列中继点，以组成一个动态的深入领域。在这些点之间，"移动的巡逻队伍"会"不断地不可预知地前进"（Weizman，2003：174）。

沙龙在1977年被任命为农业部长，推行定居政策，进一步明确了他的战略方针。为了构建一个可防御的领土以"巩固"已占区，约旦河西岸经受住了许多点式入侵。居点组成的防御矩阵形成一个开放的前沿，这个前沿不是刚性的，而是连续流动的。

在这些点之间，众多的交通要道和路口成为以色列国防军的观察点和控制点。这样的点—线矩阵形成了由内向外的"全景堡垒"。从这个角度看，这些移动的爬行物作为武器或楔子，慢速移动着占据了空间。

和游牧民族一样，游击和速度是沙龙计划的本质。正如魏兹曼所说："在战场上，快速移动是胜利的必要条件。"速度差异出现了。在以色列定居点和城镇之间，人们可以快速移动。宽阔的道路使军用和民用车辆能够快速移动，而巴勒斯坦居民区内的道路窄小泥泞，车辆移动速度很慢。跨越约旦河两岸的时间出现了7.5小时的差距。

72

作为"协同系统"，特别是为了分隔以色列和巴勒斯坦，在巴勒斯坦的土地上最新建立的约旦河西岸安全墙，线和点相互连锁，共同发挥作用。点保护着线及线的运动。线——覆盖着各种工事线、沟渠、堤坝——保护着点（领土）。

>> 延伸阅读

（Graham，2003a；Weizman，2003；Coward，2006）

这些形式的移动可与美国文化文本和音乐中流行的流浪特征形成对比（Cresswell，2001）。与此同时，它们也与前述章节有更强烈的对比。最近，有学者将游牧民族美化为逃避现实者。例如，牧本（Makimoto）和曼纳斯（Manners）认为，第五章将要介绍的数字技术和信息通信系统从地球的土地上解放了用户（Makimoto and Manners，1997）。移动计算使空间距离不再重要，节省了时间，减少了面对面交流的必要（Urry，2002，2003）。互联网使人们摆脱了身体和社会地位的束缚。最近被翻译的哲学家加斯东·巴什拉（Gaston Bachelard，1988）的著作，认为移动等同于想象，意味着自由和解放。"移动是解放的力量，"巴什拉作品的译者写道，"它同时是想象的原因和结果，按照定义，总是活跃的。"（IX）对巴什拉而言，思考和想象就是旅行。艺术的创造可以使人逃离现实，进入想象，他称之为旅行的邀请。其他分支的游牧思想更加政治化，在文化理论的语境中，游牧已成为与既定思维模式不同的恰当比喻（Braidotti，1994）。

2. 闲逛者、消费者和游客

另一组与自由相关的人物通常与游牧自主迁徙路线有关。它通常是一个历史化的对象，揭示当时的经济、商品交易、劳动力和习俗等情况。

作为19世纪和20世纪早期城市中一种移动的居住方式的代表，闲逛者作为城市居民第一次出现在巴尔扎克（Balzac）、波德莱尔（Baudelaire）、瓦尔特·本雅明（Walter Benjamin）等作者的笔下（Benjamin，1973，1985，1986，1999；Buck-Morss，1989）。作者试图把自身经历描述出来，而正如伯曼所说，它们有着"19世纪现代化的独特节奏和音色"（1983：18）。这些节奏包括城市的现代化和工业化、工厂和铁路的发展，以及一个"除了可靠性和稳定性什么都有"（1983：19）的市场。

在意大利，将飞机技术当作灵感来源的未来主义者进一步表达了对流动性的担忧（Pascoe，2001）。在英国和美国，一批作家则捕捉到了现代主义虚构的精髓，如弗吉尼亚·伍尔夫（Virginina Woolf）的著作，以及福特·马多克斯·福特（Ford Madox Ford）以及埃兹拉·庞德（Ezrz

Pound）的意象派诗歌对于伦敦地铁的沉思（Thacker，2003）。

当卡尔·马克思（Berman，1982）试图让人们感觉到资本力量和社会关系的深渊及其爆发时，闲逛者脚踏实地地生活着——生活在这些社会中意味着什么？一个人如何居住在巴黎街头和拱廊里？对闲逛者来说，这意味着不断的搬迁——虽然是懒洋洋的，即通过一种超然的态度来反思其遭遇和经历。

脱离社会意味着短暂的会面。对于从一个人际关系到另一个人际关系的路人而言，没有什么是可靠的。对于波德莱尔，本雅明认为他的行为几乎完全脱离社会。脱离社会意味着不参与事务和彻底的批判。闲逛者被其移动所定义，他的行为看起来放松、慵懒，与现代生活形成强烈对比。本雅明的闲逛者其实是对城市工业化和新工人阶级的无声抗议。他只是"不愿放弃一个绅士休闲的生活"。

核心观点 2.4　在柏油马路上采集植物，瓦尔特·本雅明，闲逛者和拱廊

马克思主义哲学家本雅明的著作已提供了有关闲逛者的最著名和最有影响力的名言。停留在饱受战争蹂躏的巴黎，本雅明在街道上游荡着寻找国家图书馆时，看到了对现代饱含不满和排斥的漫游者。他将笔记汇集成几卷，这部未完成的《拱廊项目》（*Arcades Project*，1999）收录了他大量的笔记、观察日记和语录。

巴黎本身提供了一个特别有利于移动的景观。本雅明指出："不在拱廊漫步，就很难想象它的重要性。"作为玻璃和铁的技术发明的产品和象征，拱廊既是闲逛者的家，又是他们的实验室。拱廊提供了一个小小的世界，供闲逛者与其他志同道合的人漫步，仿佛是门内外的世界的对比。

74

和拱廊一样，街道也是闲逛者的家。对于运动和商品，他们一览无余，他们放纵自己的思想和思考的激情：

> 墙就是他记笔记的桌子，报摊是他的图书馆，咖啡馆的露台是他忙完一天的工作与家人欢聚的阳台。

（Benjamin，1973：37）

但移动性最能代表本雅明的特点。漫步使闲逛者能够扮演侦探或观察者的角色。闲逛掩饰了他们的研究行为。和人群一起移动，赋予闲逛者意识、本能和观察的力量："他可以观察到一瞬而过的事情。"（1973：41）

>> 延伸阅读

（Frisby，1985；Tester，1994；Benjamin，1999）

如同游牧是一种逃避的能力，本雅明也记录了闲逛怎样成为一种通过脱离现代生活而逃避强权的艺术。当所有人都在哀叹巴黎增加人口的调节性规则时，本雅明看到了波德莱尔是如何不停移动以逃避房东的。"这座城市早已不是闲逛者的家。"（1973：47）奥斯曼（Haussmann）发明的巴黎林荫大道和交通线网彻底破坏了闲逛者的生活。交通需要新的、现代的城市体验。全新的居住方式和谈判方式使我们的精神和身体能力得以发展。通过波德莱尔的描述，伯曼展示了巴黎如何"突然陷入这场危机"。为了存活，人们不仅要学习新的知识，还要依靠旧的运动。"适者生存"的资本主义精神在"穿越街道"的行为中找到了它的表达——"措手不及，突兀转弯"。学习与交通共存的示威者接受它们的运动，学会了"不只跟上它还要保持至少领先一步"（Berman，1982：159）。

对于其他人来说，闲逛者不仅仅是一个简单的观察者，还代表着默默的抗议。他不小心脱离了正在发生的事情。闲逛者也"有目的地寻求解开城市和社会关系的奥秘"。根据哈维的观点，巴尔扎克展示了一种想要了解城市、找到自己所属之处的永恒的欲望：当你"穿过人类蜗居的黑色隧道和巨大的灰泥笼，遵循其中发酵的理念"时，"看看你的周围"（Harvey，2003：57）。

移动方法2.3 闲逛者是移动的人种志

闲逛者告诉了我们很多种城市中的移动。克里斯·詹克斯（Chris Jenks）和蒂亚戈·内维斯（Tiago Neves）认为，闲逛者提供了一个框架，可以用于反思城市民族志实践的方法。

人们将闲逛者定义为"不慌不忙、随意走动、沉浸在运动的印象和景点之中的人"（Jenks and Neves，2000：1），闲逛者的出现是由于城市建立在碎片化的经验和商品化之上（2000：1-2）。

边漫步边观察为我们观察城市提供了很好的模式。体验每天的人流——如同闲逛者一样——意味着观察人们的移动、姿势和举止。这样可以看出人们是如何使用公共空间的。

这意味着参与城市的节奏。"闲逛者将自己融入人群之中。"（1973：55）本雅明写道。通过这种方式，成为闲逛者意味着与同行的人拥有相近的感受。对马克思来说，"像流浪的灵魂在寻找肉体，他随时可以进入另一个人"（Benjamin，1973：55）。进出这些位置是主观的研究。通过参与他们的活动，人们可以获得个人对城市视觉效果和感官效果的看法。

实　践

·注重微观的身体运动、居住和消费实践。

76

·思考如果你是研究对象，你会怎样移动。

>> 延伸阅读

（Benjamin，1973；Jenks and Neves，2000；Pink，2008）

和闲逛者一样，消费者也有相似的移动。很多学者（Bowlby，2001）都在对现代消费的研究中指出，"购物也是一种移动"，带有娱乐和闲逛的性质。"这是一种持续的、快乐的、无目的的、来来回回的移动。"（2001：25）消费者已经成为全球游牧民的象征。经济学家和商业领袖大前研一（Kenichi Ohmae，1990：xi）在其研究无国界经济的论文中称：消费者才是"真正有权利的人"。

鉴于新的信息和数据流通，消费者不再被动。移动的消费者用他们的脚步促成了跨国公司的出现。企业只服务于顾客的利益。大前研一甚至认为，消费者应当成为国际商务的模型。对于他们而言，国界并不重要。不足为奇，购物和消费类似于移动和自由（Gudis，2004；Cronin，2006，2008）。对于一些人来说，这是闲逛者的后现代形式，人们被商品诱惑着随波逐流，广告和品牌提供了此前没有的新的欲望（Chambers，1986）。

正如我们在此前的历史背景中所看到的，西方消费主义是随着女性的解放，进入为她们量身打造的环境中而兴起的（Friedberg，1993；Domosh，1996，2001）。此外，购物被鲍尔比（Bowlby，2001）称为"财产的对立面"，或静止不动。她写道："在此意义上，这是一个纯粹的自我和物体的移动。"购买包括她所说的一系列瞬间的移动。一个人在购买时实际上是购买物品或改变生活方式。购物是一种不同的身份之间的运动，即一个人通过交易购买而拥有某种东西。因此，购物包括社会移动以及隐喻或地理概念。此外，移动代表了想要引诱或说服消费者购买其产品的商家特点。消费者总是"来回穿行在超市的通道中，浏览报纸，开车满城购物"（2001：217）。

毋庸置疑，游客的旅游生活代表某一种现代生存方式——被迫寻找新的和真实的经验（MacCannell，1992）。约翰·厄里对比了朝圣者和游客，强调其对标志和场所的膜拜。这些场所是神圣的，同时能够带来一种"令人振奋的创作经验"（Urry，1990：10）。西方人每天的移动不仅是一种穿越的形式。旅客在寻求真实时可能总会面临失败。找到一个地方的纯粹根源几乎不可能。保罗·福塞尔（Paul Fussell，1980）对文学中的旅行的分析表明，旅行者发现自己其实是从一个"虚拟之地"去往另一个向他们出售物品的地方。机场作为移动基础，可以提供"快速识别"和定位（参见第五章）。此外，游客可能还想逃避"非真实"主题的模拟商场或主题公园。旅客和他们购买的假期很可能意味着离开日常生活消费的地方，而去农村、自然或其他地方消费（Crowford，1994）。

旅行的解放意义与电影带来的快感似乎同样重要。移动影院的电影成为"一种交通工具"（Bruno，2002：24）。对沃尔夫而言，电影向妇女提供了无可畏惧地闲逛、漫步的能力。"'观众'因此跻身于闲逛者的世界，从电影中获得快乐。"（Wolff，2006：21）除了运动本身，电影还提供新的视野，布鲁诺（Bruno）写道："女性观众也是一种穿梭于场景之间的闲逛者。"（2002：17）本雅明（1985）则认为，电影可以解放人们，让人们"在遥远的废墟和残骸之中"，"冷静并大胆地去旅行"。

自由的观光和电影观众的移动视角甚至进入了其他领域，如建筑设计。混合了游牧民族、闲逛者和观光游客的价值观，电影可视化为建筑带来了灵感，使建筑实体化。受到电影导演谢尔盖·爱森斯坦（Sergio

Eisenstein）的蒙太奇手法的启发，很多建筑师都在其建筑中创造了电影一般的体验。雷姆·库哈斯（Rem Koolhass）在鹿特丹康索现代艺术中心中的设计理念被视为一种如电影情节般的串行视觉结构。游客在其中移动时，从"开始、中间到高潮"，会在精心选择的时间点被不同景观和视觉效果刺激，感受到线性的电影叙事（Porter, 1997: 115）。通过这种方法，建筑设计构思并建造了视觉通道，虚拟可视化可以将人们从身体的限制中解放出来。

（三）流动性和固定性：一种综合体

虽然现在明显能看出定居主义和游牧主义的相互对立，但它们并非仅仅具有这样的关系。相似的比喻和类比在这两个观点中都出现过，只是基于用处改变了重点。在某种情形下，游牧主义被视为蔑视和恐惧；在另一情形下，游牧主义则变成了民主和自由的英雄。

再次以闲逛者为例。对一些人来说，他们的随波逐流其实更加固定且具备充分的基础（Buck-Morss, 1989；Wolff, 1993）。闲逛意味着自由和经过深思熟虑的社会脱离。对女性来说，闲逛意味着原本被排斥的活动。女性的闲逛对于某些人而言是移动，对于另一些人来说则是静止的，是待在家里。波洛克（Pollock）认为，即使是中产阶级的妇女，"进城与人群混杂在一起在道德方面也是危险的"。在城市中移动成为一个道德和名声的问题。公共空间成为"一个可能失去美德的地方"，"去公共场所与耻辱紧密相连"（D'Souza and McDonough, 2006: 7）。妇女的行为被种族、阶层和性别约束（Domosh, 2001）。最近的研究表明，消费是更持久的关系而不是肤浅和短暂的接触。有关商城的分析（Shields, 1990；Miller et al., 1998；Miller, 2001b）和尼得（Nead, 2000）对伦敦维多利亚百货商店的调查显示，移动的消费行为很大程度上被限制在家庭关系、血缘关系以及其他社会关系的义务和期望中。

闲逛者的定义与彼得·格什尔（Peter Geschiere）和伯吉特·迈耶（Birgit Meyer，1998）的描述相符——要么坚持不动和固定，要么走向动态和移动。在这一节中，我们可以转向其他既不符合定居主义也不符合游牧主义的方法。在这里，我们将研究固定和流动是如何相互关联的。

虽然有许多不同的例子，但我们仍有必要了解试图超越定居主义和游牧主义的形而上学的观点，从而理解相互关联的空间的流动性和固定性。

移动方法 2.4　移动的民族志和多点研究

对于人类学，民族志的研究方法提供了一个揭示生活方式的途径。民族志研究旨在探究丰富的细节和复杂的生活世界。然而传统上只在固定的地方进行研究，停留在特定的文化背景或单一地区的范围内。20 世纪 80 年代后期的人类学试图找到揭示流通的文化意义、对象和身份的方式，因为这些特征无法单靠在一个地方进行深入调查而获得（Marcus，1998：80）。

乔治·马库斯（George Marcus）的一系列有影响力的著作促使研究向多点或跨国调查转变，对意想不到的轨迹以及多地点活动进行调查。马库斯认为，人种学的研究方法可以解释不同地方之间的相互联系。

这意味着人们想要深入了解空间和各场所之间通过"联系、路径和线索"串联起来的关系（1998：105）。浏览万花筒一样的研究，我们将探讨移动带来的移民、事物、隐喻，甚至故事、生活和冲突。马库斯认为，空间是其中的关键。跟随人们是在跟踪迁移的社区和移民运动时惯常采用的策略；跟随事物在研究物质文化和科学

80

中有同样的作用（Latour and Woolgar，1979），甚至在研究食品消费时也同样有效（Cook，2004）。

实　践

·深入的民族志可能不足以研究不断移动的对象或主体。

·注意各地方之间的联系（如通信、信件、电子邮件、礼品）以表示社会群体间的联系（见下文关于跨区域的章节）。

>> 延伸阅读

（Marcus，1995；Marcus，1998；Cook，2004）

1.稳定性

回顾段义孚的工作，我们可能会重新考虑他研究断定的定居主义是否有些草率（1974，1977）。段义孚认为，游牧群体实际上用两种方法创造了他们和空间的关联。首先，牧民会多次回到他们依恋的地方。牧民只是在冬天暂时停留在其他地方，夏天便会回到固定的位置。段义孚的地图上的点是牧民渴望回去并且不想离开的家。段义孚解释说，空间位置并不一定是意义的重要载体，稳定才具有意义（1978）。

其次，段义孚注意到，牧民可以将地方之间的路线或空间变成地方。重复很重要，因为游牧运动往往是周期性的。他说，地方之间的线或者向量"年复一年几乎没有变化"（1978：14）。通过这种周期性的重复，"道路本身和周围的领土会变成地方。空间在获得熟悉感和意义后，便与地方没有区别了"（1978：14）。从这一点来看，迁移并非简单地对有意义的地方实施侵略的人，而是在不断的重复中获得了意义。路线与旅途的终点同样有意义。

杰克逊（J.B.Jackson）未能坚持这种解释，他提出了一个基于定居主义和游牧主义的更敏感的方法。他总结道："临时住所的真正意义在于它总是提供一种经常被我们低估的自由。"（1986：100）拖车公园的生活方式使人从与土地、人、财产和事物的关系中解放出来。移动意味着逃离。

所以，我们可以认为，段义孚和杰克逊并不像最初我们所想的那样反对移动的理论。点和地方是重要的，但它们之间的运动和这两个概念同样重要。静止依然存在。移动开始产生，但没有偏离预定的路线。重要的是移动的稳定性。重复创造了联系。段义孚思考了高收入群体的生活，发现：

> 他们与移动和地点的关系非常复杂，在郊区的家是一个地方，也可能是一个享乐的剧院。它还是一个工作场所，因为忙碌的主管会把工作带回家。办公室是一个工作场所，但它也是管理者的家。在一定程度上，这是他生活的中心。他可能在办公楼或市中心有一个公寓，偶尔在那里过夜。在无论哪一段时间里，复杂的运动和休息场所的循环都只代表主管上升的事业的一个阶段。任何一个阶段都可以建立起地点之间的运动惯例，阶段本身也可以被看作一个"地方"，是主管职业上升的一个停顿。
>
> （1978：15）

移动并不一定会威胁到一个地方的附属物。走过的路线可能会逐渐变成一个有意的地点，如同旅程尽头的地点或节点。重复是关键，重复的本质是反复体验：在日常接触的过程中，我们会深入感知一个地方。我们会在后续章节中详细讨论这个问题。段义孚表示："通过长期的接触，道路的感觉、傍晚空气的味道、秋天树叶的颜色成为我们生活的延伸——不是一个舞台，而是人生戏剧的演员之一。"（1974：242）人们生活中的"功能模式"（1974：242）对地方的感觉形成至关重要。因此，通过开展日常工作、习惯和规律的运动，人们可以遵循既定的路径，其结果是一个网络的节点及其连接烙印在我们的感知系统中，影响着我们的期望（1974：242）。

82　　段义孚发现了节奏和既定路径的稳定性，他还发现那些旅行的人可以通过随身的物品获得根的感觉。他写到英国吉卜赛人是狂热的收藏家，从瓷器到家庭老照片，他们无所不藏。这种感情寄托给人带来了一种"无论去往哪里"都有港湾的感觉。事实上，在与他人一起旅行时，人们也会产生这种感情。对比吉卜赛人和年轻的情侣，段义孚认为他们都"无家可归但毫不在意"（1974：242）。民族志调查吉卜赛旅行者社区的结果与段义孚的结论相似。凯文·赫瑟林顿（Kevin Hetherington）也说过类似的话："人们想成为集体的一部分，正如人们想知道他们适合在哪里待着。"（Hetherington，2000b：83）

2. 从空间到地方

人类学家格什尔和迈耶（1998）告诫我们不应该只沿着一条路走，在流动的和短暂的全球化过程中，到处都有"各阶层的持续封闭和固化"。他们认为，考虑固定性鼓励我们探求"谁创造了新的边界和新的安全保障"，这些固化为什么会出现，会产生什么影响以及对谁产生影响（Gescniere and Meyer，1998：614）。换言之，封闭和固化是人们应对全球化的一种生活方式。考虑到作者的警告，这种"知识阶层固化"强化了稳定性，结果导致身份成为封闭的手段，处于全球动力系统的对立面（1998：614）。

大卫·哈维的工作在文献中经常体现在与流动性有关的固定性的概念上（Cresswell，2004）。在其《正义、自然和地理差异》（*Justice, Nature and the Geography of Difference*，1996）一书中，哈维审视了美国巴尔的摩市吉尔福德周围的场所制造策略。哈维指出，各种信息流、资金流、人流和原材料流纵横交错。矛盾的是，这些流通在吉尔福德的居民眼中各不相同。如果两名老年人被谋杀，人们会将矛头指向镇里的非洲裔、下层人民和流动人口。

作为一个制造业逐渐衰落的小镇，哈维研究了地方当局和企业如何试图通过吸引投资来刺激经济复苏和增长。这种移动并不具有威胁性，反而对城市的生存和繁荣意义重大。这两种反应对于移动性具有截然不同的意义，但事件和刺激都有边界和场所制造策略。如果把吉尔福德当作一个独特的地方，一个点便形成了。哈维问道："吉尔福德是一个什么样的地方？它有一个名字、一个边界，有独特的社会和物质特点。它会在城市生活的变迁和流动之中永久留存下来。"（Harvey，1996：293）那些关心老人被杀事件的人，认为吉尔福德是一个团结的、有历史和地方特色的、有意义的地方，对非裔美国人或可疑的农民工的权利和运动提出了质疑。那些关注本镇经济的未来的人，也采取了同样的措施制造吉尔福德独特的品质——创建一个可识别的地方，更成功地竞争流动资本的地方。

哈维的目标可以被描述为时间—空间压缩——在毫不妥协的去工业化经济流动中使某个地方陷入困境或规划发展某个地方。移动停止了，地方被套在盒子里来保持安全，同时更具竞争力。只有当吉尔福德成为一个团结的、有意义的整体，生活才能重新开始。哈维看到世界既不是简单的固化，也不曾停止过流动。这些不是简单的停滞，而是相对的永恒，爆发的反对情绪已经成为固定和运动之间脆弱的停火协议。正如他所说，移动对持续更新和永恒非常重要。吉尔福德的边界是半渗透膜。它坚实而独特，以便阻止可疑移民，维持城市的经济前景；同时它又足够开放，鼓励资本进入。

83

3. 进步的地方

哈维的观点并不被普遍认可，多丽·马西（1993）就对其提出了严厉批评。马西认为，哈维依赖于一种某地相当保守的观点，似乎将时间—空间压缩的机动性与流动的隐喻直接等同。马西鼓励我们回顾最初的概念，认为地方的真正意义只存在于固定性和根基感中，或者事实上，它们只不过是对全球化的喧哗和流动的反应。

与齐美尔关于城市的经历的著作类似，哈维提出至少要暂时建设保护圈，形成个人的"环境"，建立边界来防止外来入侵，保卫"成果、生

84 活和个人的前景"（Simmel and Wolff，1950：417）。马西（1993）则想要找出有意义的地方和方式，这种方式建立在永久性的移动上。走在当地的商业街上，马西要求我们思考构成移动活动的地方："穿过几乎静止的马路，如我所忆，有一个橱窗里摆着纱丽的商店。"接着，马西讨论了通往伦敦希斯罗机场的道路上的移民生活（Massey，1993：153）。

哈维认为，应该暂停创造意义，并为地区带来个人和政治项目，马西则略有异议。两人似乎都假设世界、人，特别是资本货物是流动的。但马西认为，有意义的地方总是处于移动中。它们不是暂时停止，而是表现出一种瞬息的形态。马西后来将其形容为"偶遇"（2005）。基于对地方更外向的行为的思考，马西（1993）设想的"社会关系和理解的网络"超越一个地方当下和此刻的范畴。这些"关系""经验"和"理解"实际上是在一个水平和规模上建造的，超越家庭或街道的范畴。从这一角度来看，点作为一个重要的地方的想法不只是临时的固化，而是一种非实体，因为点是不存在的。它只是一种想法，用于封闭一个地方（稍后我们会对此进行探讨）。地方和有意义的活动实际上是由短暂的实践、更广泛的流动和移动网络构成的。

地点，以及此时此地进行的活动（借鉴时间和空间的概念）是非常

关键的——历史和地理均有涉及（Massey，2005：140）。什么"一定
会发生"：当我们开始将地方不仅仅视为一个固定的点，而是一个动词
的时候，这一点十分重要（Merriman，2004）。即使最具流动性和临时
的场所，如机场，特别是旅馆（参见案例研究2.4），也都表现出动与静
的矛盾（Bechmann，2004；Normark，2006）。

案例研究 2.4　亨利·帕克斯汽车旅馆的强度

墨美姬（Meaghan Morris，1988）关于亨利·帕克斯（Henry Parkes）旅馆的经典文章为我们提供了对移动性持相反态度的地方案例。有旅游标志的门廊、门厅和房间使旅馆成为来来往往的象征，而离前台只有几码远的地方，就是这个家庭的住所。

作为一个旅馆和一个家，该处所还是当地的社区中心，为地方休闲经济服务，提供健身房、体育中心和游泳池。对墨美姬而言，这造成了旅馆定义的混乱。这里的空间不断混合不同的人，混合了国内、当地和个人用途。据墨美姬（1988：7）所述："旅馆的稳固性是由其灵活性构成的，作为一个框架，它为不同人群提供空间、时间和速度。"

墨美姬最有趣的讨论也许是她拒绝各种通常使用的二分法和二元论。亨利·帕克斯旅馆实现了空间的结合，即使因为"耐用的家族主义"而不断处于运动中。亨利·帕克斯旅馆的运动是多元的、旅游的、邻里的和得体的。虽然这些可能被其他人认为不兼容，但对墨美姬而言，它们只是被分为"持续的程度"，或者如她所说的"停留的强度（临时／间歇／永久）"（1988：8）。

>> 延伸阅读

（Morris，1988；Normark，2006）

4.跨区域的地方

我想要对有意义的移动性进行回顾的最后一点,可以在与移民有关的著作以及人类学家阿尔让·阿帕杜莱(1995)所说的超域性术语中找到。以更广泛、短暂(或持久)和具有渗透性的观念理解移动,这会改变我们对地方的看法。我们可以看看移民流散群体所打造的远离他们的出发地的地方。

移动方法 2.5　移民主体安置

我们已经见证了民族志研究方法向多点、同情移民的流动的转变,这表明这种方法可以使研究调查的"地点"成为超移动的"流动空间",从而淡化历史中介语境的力量。

移民学者米迦勒·彼得·史密斯(Michael Peter Smith)敦促研究人员在研究移动主体的安置时使用更全面的方法。

对彼得·史密斯而言,移动的研究应该继续关注边境口岸及其主体的迁移,并研究具体环境中因素的移动。他写道:"活动者仍然是阶层、种族和性别在特定历史情景和政治结构、空间下的作用。"(Smith,2005:238)

很明显,研究人员更倾向于空间问题。移民学者发现,对移民主体来说,位置、地点和地理很重要——从他们的家到祭祀的地方(Blunt,2005;Blunt and Dowling,2006)。安妮-玛丽·福捷(Anne-Marie Fortier,2000)对外来物品的研究明确了社区教堂的位置。除了调整研究,福捷还记录了这样的设施如何在社区生活中扮演不同的角色。因此,忽略它们会让它们失去"所有的活力"。同样,莱瑟姆(Latham)和康拉逊(Conradson)建议转向"全副武装"地坐落在空间中的平凡的努力,把移民限定在特定的地方（Conradson and Latham，2005：228）。

实 践

·考虑移动发生和穿过的点、地方非常重要。

·研究这些状况下的社会和政治环境如何表明特定移动主体的阶层、性别或种族。

>> 延伸阅读

（Fortier，2000；Smith，2001；Conradson and Latham，2005，2007）

87

图 2-5　菲律宾跨区域主体 [①]

案例研究 2.5 对此有更详细的研究。地理学家和人类学家迪尔德丽·麦凯（Deirdre McKay,2006；Conradson and Mckay,2007）认为，迁移的主体性的形成已被公认为"固定"和"场所"中的一个，从而成

___

① Source：Copyright © Mckay（2006）.

为他们所在之地的"一部分"。或者，他们可以制订一个去疆域化的计划，其中迁移者的生活置于不断被提及的起源之地。对于麦凯（2006）而言，这样的认识导致更多移动的主体的可能性，而不一定锁定某个奇异的地方。以一个更加多元的方式理解，并不意味着在"放置"和"退化"之间进行选择，而是两者皆有可能。归域性散发出将家庭的社会属性扩展至其他地方的跨区域场所的可能性。这些地方可能是人们的旅行或流通之地，是在新的语境中建立起的场所。它们是出发之地和新抵达之地沿途路径所构成的场所。

在此意义上，散居国外的人构成了扩展的社交网络沿线上的附属之地，或者人类学家尼娜·韦伯那（Pnina Werbner，1990，1999）所描述的途径。这些空间的扩展像把流散的网络编织在一起，通过赠予和交换礼物形成重要的民族认同的移动文化（Tolia-Kelly，2008）。玛丽莲·斯特拉斯恩（Marilyn Strathern，1991：117）描述了移民如何促进地方旅行，韦伯那追踪巴基斯坦移民如何在英国进口商品，从而导致妆容、食品、化妆品、珠宝首饰（1999：25）和服装等情感上的礼仪交换物品的运输贸易。其他南亚侨民社区的运输贸易则是常见的服装和流行商品（Jackson et al.，2007），"物品—人—地方—情绪，这是横跨全球流散社群和跨国家庭的最重要的桥梁"（Werbner，1999：26）。对于南亚和东非其他后殖民地移民来说，照片、图画、绘画的存在和显示会留在迁徙的经验中（Tolia-Kelly，2004，2006）。

案例研究 2.5　香港菲律宾劳工的跨区域流动

麦凯对于香港菲律宾劳工的人种学研究为跨区域主义提供了引人入胜的案例。正如麦凯所说，这是运输和地方重建的一部分。麦凯表示："事实上，移动是在别处重新建立'家'的一部分，通过地区的再本地化扩展至一个全球性的世界。"

再本地化的典型例子是某个星期日上午和下午礼拜仪式后，外来工人会聚集在汇丰银行大厦下的皇后广场和广场区域。城市购物中心和广场被转化为移民互动的场所，类似于社交聚会（见图 2-5）。菲律宾劳工在预定地点交换"新闻、八卦、食物和金钱"。香港的中心暂时成为一个再造的菲律宾移民的村庄。就此而论，所谓"家园"，就是群居之地。它存在于不同地方，略有不同，也可能是暂时的。矛盾的是，"菲律宾村"成为在同一时间制定东西的地方。对于麦凯而言，跨地域的地方在同时蔓延。协会和附属机构星期日的社交聚会仍被保持着。移民经常利用这个时间发短信和打电话回家，以便赶上朋友和家人的每周新闻，监测他们的孩子和孩子的护理员，检查他们可能留有的投资和业务。

>> **延伸阅读**

（Appadurai，1995；McKay，2006）

四、结 论

在本章中，我们看到了移动性的意义是如何构建起来的。移动具备 89 意义和重要性。或许移动始终是有意义的，因此它远远不仅是运动。即使用最抽象的方式来表征移动，也可以看到移动是充满价值判断和标签的。重点是，这些价值观、判断和意义确实很重要。它们和移动如何被理解，如何被一个像地理学的学科所认识有关。同样地，它们也和当今社会对移动的解读和应用有关。

正如我们所看到的，在体现移动的重要性时，社会和学术背景交织在一起共同反映出其背景的重要性。早期的地理学家的移动观点反映了主流社会的态度。柯布西耶的灵感之作展示了人物、隐喻甚至一条河流的单纯的运动形态如何被视为一种不局限于表面的表现。20 世纪 70 年代，空间科学家在研究时所采用的是迎合"冷战"需要和态度的方法。这些都是移动性的有力呈现，使相当复杂的运动关联和运动流可视化，为我们提供了理解移动性的持久的框架。因此，关于移动性的学术演讲告诉了我们具体的社会背景如何在一个更广阔的世界里构建人们对移动的理解和应用方式。因此，在某些情况下，一方面，移动可能会被视为进步和财富的象征，如顾客或消费者；另一个方面，它又是肮脏和倒退的象征。移动性有意义的和意识形态的编码可以反映一定背景下的社会态度和社会实践。

从军事战略到非洲南部移民的诋毁，各种各样的含义、论述和模型可能是完全不容置疑的。它们会进行自我复制。作为规范，或作为"我们使用的隐喻"的完美典范，它们是"理所当然的"（Barnes，2008：134）。空间科学的规划者发现他们建立的模型可以在世界范围内被找到。路径、线路或渠道有明显的物理结构，如公路、铁轨、定居点的区域结构等的组织安排。

在后续章节中，我们将检验当这些意识形态编码在成为与我们通常判断的移动体相斥的规范时，将会产生什么影响。我们所看到的空间科学家的移动想象后果，如遵照简单的经济和物理定律而高效合理运动的台球状的原子（Imrie，2000），会因对那些不认同该想象的人们的真实影响的问题遭到质疑。想要描述移动性与政治的关系时，我们主要考虑几个重要的移动性人物如何在排他性甚至暴力活动中产生碰撞。

第三章

政　治

任何人类的移动，无论是出于理性还是出于本能，在实施的
时候都会受到阻碍。

（Benjamin，1985：59）

行动就是唯一的阻力。

（Harvey，2005：42）

一、引　言

想想开车这一私人又自发的行为。出发前，从安全带轻轻扣入插座
中起，我们就有了一种自由的感觉。司机必须有意识或无意识地遵循一
系列规则和方向 [虽然这在极大程度上取决于当时的情况：参见第五章
中蒂姆·伊登索尔（Tim Edensor）对印度人驾车的描述]。一个人对
速度的限制，可能是由普遍的"速度限制"决定的，这和我们看到的速
度限制标志、路上的拍照机和道路颠簸程度有关。战后，彼得·梅里曼
（2005a，2006a，2006b，2007）基于大量英国驾驶员的情况，制定了
一系列规章制度。在英国，开车时不系安全带是违法的。

从国家的"规则"到更多的本地化的限制和细微差别，这些都使司机的旅程不那么简单。拿一个特殊的时刻为例，2001 年，加油站石油短缺导致焦急的汽车司机在加油箱前排起了长队。同时，愤怒的卡车司机主导的大规模抗议活动致使高速公路堵塞。在这种情况下，自动驾驶的想法再次受到质疑。道路提供了一个可见的公共空间，一个处理竞争和抗议的平台。一些司机的行为妨碍了其他司机，其他司机在高速公路上排起了绵延几英里的长队。通过新闻广播和报纸，民众很快感受到了这一事件的影响。

最后举一个在穿过一条繁忙的公路时死去的行人的例子（Graham and Marvin，2001）。维根斯（Wiggens）是瓦尔登湖广场购物中心的员工，1995 年，该购物中心位于美国水牛城的边缘。维根斯每天乘坐公共交通工具上下班。问题是，她下车的公共汽车站位于第七大道高速公路上商场的另一侧。由于商场设计了停车位，因此，开发商没特别考虑公共汽车服务。1995 年 12 月 14 日，维根斯被 10 吨重的卡车撞倒，这是在她一如往常地第二次从公共汽车站过马路到商场时发生的（Graham and Marvin，2001：VI）。

这三个问题的共同点是什么？这就是本章阐释的主题——政治。

政治通过参与、讨论和决策，制定和定义我们必须遵守的法律。同时，政治规定我们必须遵循的特定的道路和法律，或者我们可能会选择的汽车种类。这些都可能存在争议，因而被一些人反对。正是政治让汽93 车旅行成为可能，并且能够规定、塑造、叫停或改变它。此外，移动提供了政治的空间，能通过塑造一个人的竞争、对抗和反对的能力来让我们更加政治化。想想你自己移动的实例。你会开车吗？你平时开车吗？你负担得起吗？你使用公共交通工具吗？还是说你理所当然地走在街上，然后意识到这是一场斗争？你如何处理和移动的关系？这些问题的目的是引起置身于不同移动模式中的人们的思考。在所有这些方面，我们有关上一章所讨论的各种含义的思考，丰富了我们对移动的解读、理解和应用方式。

我们已经有三四个主要的观点，都是有关理解移动及其与政治的关系的。虽然各种移动确实都会以这样或那样的方式与政治产生联系，但本章将着重通过不同的例子和空间来论述这些关系是如何被广泛理解的。

首先，本章将在接下来的内容中以移动的相互影响的组成部分为开端。在探索这些主题如何对居民，对残疾人的政策和其他主要领域发挥作用之前，本章试图明确什么是移动和政治的棘手问题。最后，本章以如何理解移动所构建的政治空间结尾。这个政治空间会呈现更加直接和暴力的政治观点，探索从抗议到直接发动暴力政治行动之类的事情。

二、移动的政治观

（一）意识形态

正如前两章所述，我们对移动的想法和假设非常重要。在公开的 *94* 政治语言中，移动经常是以意识形态的形式出现的。移动一直伴随有关自由和解放的思想。尼克·布洛姆（Nick Blomley）提醒我们某种形式的移动是自由的核心。在某种程度上，自由和移动几乎是可互换的（1994a：175–176）。有人提出，新自由主义政治的主导地位包括移动性的基础。从撒切尔和里根的自由贸易承诺开始，20 世纪 80 年代以私有化和放松管制占主导的新自由主义思想似乎是在庆祝自由流动的人和事。经济政策，如加美自由贸易协定（1989）中体现的新自由主义思想具有不受阻碍地流动和循环的特点，起到了加速资本和人员流动的作用。更重要的是，这些想法极大地改变了人们相互对待的方式。意识形态价值导致的行为可能妨碍、限制和剥夺其他人的权利，正如上一章简要介绍的。

我们可以举一个小例子，即汽车旅行的问题。在英国，汽车所有量的假设导致在文化和景观中，移动成为参与社会的必要条件。出于每个人都要有自由移动的权利的意识形态，英国政府的道路建设白皮书（1989）提前发布了对外计划，以满足人们对汽车持有量和使用的需求（Vigar，2002）。报告的题目已经显示出它是以汽车概念的发展和创造财富为出发点的。但这些假设都带有不可预见的后果和不平等的影响。同时，詹森和理查德森（Jensen and Richardson，2004）说明了短视思想支配的"无摩擦的移动"对欧洲环境的可持续性的影响。下面的案例说明了 2005 年的汽车意识形态给新奥尔良的居民带来的灾难性后果。

案例研究 3.1　新奥尔良的撤离

几位研究者通过探讨 2005 年卡特里娜飓风对新奥尔良的居民产生的巨大影响，揭示了普遍移动性的意识形态的悲惨后果。根据他们对事件的描述，该市的疏散计划似乎基于所有人都有私家车的假设。这无疑与美国以私人交通为基础的建设方式有关。在新奥尔良，文化和物质环境建设都坚持"移动特权"的假定。新奥尔良新形式的移动基础设施也显示了这一思想，如将多车道的庞恰特雷恩湖桥快速连接到郊区的车道，促使这些地区进一步获得投资（Bartling，2006）。

在市中心区和少数民族人口生活区，他们的移动能力和其他

95

地区不太一样。虽然新奥尔良没有私家车的非西班牙裔白人的人口仅占 5%，但相比之下，黑人中没有私家车的人口占到了 27%。

公共交通系统的撤资和人人都有私家车的假设意味着那些没有私家车的人的移动性可能会受到影响，甚至可能导致死亡（Bartling，2006）。巴特灵（Bartling）解释说："特定形式的移动是人们可以通过镜头看到世界的特权，实际上有助于以各种各样的方式确保优势形式的延续。"（2006：90）

新奥尔良的疏散政策在移动性获取的方面表现出明显的种族歧视，这是由于人们认为移动性没有政治含义且具有普遍性，认为移动性没有社会内容和使社会分化的力量（Cresswell，2006）。正如咪咪·谢勒所说："普遍语言掩盖了分化的过程。"（2008：258）

>> 延伸阅读

（Bartling，2006；Shields and Tiessen，2006；Tiessen，2006）

移动性与自由和普遍主义的意识形态相关联，存在严重的缺陷。珍妮特·沃尔夫（Janet Wolff）说："自由和平等的移动本身就是一种欺骗， *96* 因为对于我们来说，每一条路的可达性都不一样。"（Morley，2000：68）换句话说，意识形态下移动的政治和政策可能无法正常工作，因为人们并不认为移动性非常不平衡、分化严重。游牧主义意味着"不扎根的、无界限的移动"，拒绝"固定的自我/观众/主题"（Wolff，1993）。不包括差异和不提供妥协的规范可能导致各种问题、困难，甚至如前文所说——死亡。

沃尔夫批评了"移动"这个词会产生的理论上的男权倾向，因为与移动相关的都是"游牧"等词汇。这种倾向在社会生活中有所显示。对移动性的描述无时无刻不向移动性的概念灌输道德败坏的意义。一些对流浪者的研究表明，"去病态化"的学术导致许多抑制或排斥人们的移动的做法。美国学者蒂姆·克雷斯维尔的研究认为，流浪者与梅毒紧密相连。"流浪"成为"道德沦丧"和"脱离日常轨道"的代名词。经常移动的人，如水手、士兵和流浪汉，被视为疾病的传播者，甚至病因（Cresswell，2002）。病理等意识形态研究通过隐喻国民健康和身体政治条件，进一步升级了移动的重要性（Reville and Wrigley，2000：6），正如第二章中雅玛的研究所显示的。

同样的情况也存在于对女性的态度中。许多女性主义学者一个不成文的假设是，"运动是属于男人的"（2003：3）。沙尔夫（Scharff）曾对此事进行过明确的陈述。大家常假设女性"很少移动，就算移动也是不情愿的，因为移动意味着她们偏离了正常的生活轨迹"。这一假设使女性受到了不公的待遇，交通系统也缺乏针对女性的服务。例如，尤滕（Uteng）和克雷斯维尔指出："女性的移动不同于男性的移动。"假设这些差异存在并给它们打上标签，会"重申和重现产生这些差异的权力关系"（Uteng and Cresswell，2008：3）。后文会提到，将妇女的移动视作意外和"惊喜"会妨碍基础设施满足她们的需求。

除此以外，它还有什么含义？受影响的移动性如何解决平等参与公民生活的机会减少的问题（Kenyon，2001，2003；Kenyon et al.，2002，2003）？用普遍主义等方式来处理移动性可能会产生一个像社会包容这样的目标的严重问题。正如凯尼恩（Kenyon）、里昂斯（Lyons）和拉弗蒂（Rafferty）等人所说，社会包容可能会受到威胁，因为"机会、服务和社会网络的可达性降低"了。这可能是由于社会中的移动性不足而环境的建设基于高移动性的假设（Kenyon et al.，2002：210–211）。

（二）参与和民间社会

移动影响人们是否能够真正参与，是否可以进入公共审议的空间，97
以及是否可以在公共论坛中发言。一个人的移动和移动的质量被视为社
会包容和排斥过程中的重要组成部分。"人们无法参与经济、政治和社
会生活"的过程已被探索和寻找（Kenyon et al.，2001：210–211）。

另一方面，移动经常被看作不好的东西。我们应该看到，这一点
与前面提到的对地方意义的否定有关（参见第二章）。埃尔文·托夫勒
（Alvin Toffler，1970）甚至认为，移动世界的短暂性创造了"公共和个
人价值体系结构的暂时性"（Harvey，1989），因此没有提出共识和共
同价值观的理由。移动不仅影响我们的地方感，同时也破坏了公共空间，
从而影响到人们参与政治的权利。移动被视为破坏了私人 / 公共或家庭 /
外出的自然区分（Norton，2008）。

哲学家尤尔根·哈贝马斯（Jurgen Habermas）、咪咪·谢勒和约
翰·厄里（2000）强调，私有空间和公共领域之间的分歧与移动性没有
太大的联系，因为已经被移动性完全抹杀了。城市的公共空间和家庭的
私人空间似乎已经被"淹没在以交通流量为中心的现代化城市建设环境
中"。汽车里的空间似乎已经取代了会议空间、辩论场所、面对面的互
动，特别是有意义的互动。有学者认为，汽车改变了广场和街道等公共
空间的作用和功能，使其符合"交通流量技术要求"。正如哈贝马斯所说，
所有这一切的结果是"可以将私人聚集在一起形成联系和沟通的公众空
间"被轻易地抹杀了。

以历史的角度来看，杰克逊（1984）论述了移动基础设施的增长
如何逐渐削弱参与，因为它一方面倾向于支持某些移动性及其主体，另
一方面则贬低其他人。杰克逊写道，第一条高速公路只能让特定的社会
阶级聚集在一起：官员和政治家，宗教领袖和军事领导人。他们可以在

选定的地方会晤和交易公共事业（Sennett，1970，1998：37）。移动性没有促进解放，反而加剧了已经被边缘化的人的"不平等地位"。农村注定移动性低，无法参与政治（Jackson，1984：37）。凯拉·拉詹（Chella Rajan，2006）认为，城市空间中没有行人，如同文明社会没有居民。同样地，理查德·森尼特（Richard Sennett，1990）也指出了街头生活的死亡与个人主义的兴起之间的关系。对拉詹来说，移动性的自动化有效地废除了"街头"的行人积极分子掌握的"异议权"，这一现象"被定义为，在移动性自动化的社会中，只能以有限的形式表达拒绝"（2006：126）。

但是，也许我们不应该毫无疑问地采取这样的假设。移动性和汽车实际上是如何在私人和公共领域之间建立联系，使民间社会进入家中的空间的？正如谢勒和厄里所问，"运动的自由"是如何"构成民主生活的一部分"（2000：742–743）的？我们应该再次想到杰克逊（1984）早期关于高速公路的文章。他认为高速公路具有两方面的能力，不仅"将人聚集在一起"并创造了一个"面对面互动和讨论的公共场所"，也将人分开了。当然，这一切都取决于人的移动和使用空间的能力。正如之前我们想要通过对空间的感知，将移动性定义为民主生活的最终敌人，似乎将公民社会固定在有限的空间内。学者对空间的感知更富有移动性（Massey，1993）。他们将公民社会视为一个不可逆转的僵化和封闭的结构，使移动性成为其对立面。对公民社会的不同理解可能使移动性与其运作方式截然不同。谢勒和厄里（2000）认为，公民社会就像道路一样是"一套移动性流动"的空间和基础设施。站点或地方被视为节点或"十字路口"。

参考更多的调解和沟通形式，我们可以看到这些"十字路口"是如何被其他类型的虚拟移动性取代的。谢勒问道，在移动通信和"分裂城市主义"的背景下，我们怎么思考新的公私空间的实现与联系呢（2004：
42）？另一些人则认为，人们可以通过虚拟移动表达自己的意见，参与
讨论和辩论，而不需要花时间、信心、金钱和行动来面对面（Kenyon
et al.，2002：214）。

根据政治理论家克里斯·拉姆福德的观点，移动性提供了一个新
的、不断变化的"政治空间性"，其所代表的空间远远不只国家的领
土空间或民间社会的概念。这些是新的"公共领域"：国际大都会社
区、全球公民社会、非近邻或虚拟社区、跨国或全球网络（Rumford，
2004：161）。

（三）权力几何与政治差异

在移动性与社会正义的自由假设的关联中，我们更加接近对移动性
政治最后的实质性论述。地理学家和社会理论家多丽·马西再次成为这 99
些想法的主要支持者。正如第二章所介绍的，马西对移动性的重新阐释，
在游牧、浪漫和反动的解释的角度上非常有影响力。核心观点 3.1 将介
绍更多马西思想的发展。

核心观点 3.1　移动和权力几何的政治

多丽·马西制定的"权力几何"对于了解移动性、政治尤其
是权力之间的关系至关重要。马西对哈维（1989）使用诸如"时空
压缩"这样的术语（参见第五章）表示出特别的关注。作为一种
表达全球移动性增强效应的方法，哈维将移动性视为一个无问题
的术语。马西在她的批评（1993：60）中总结道："时空压缩并非
发生在每个人的所有活动领域。"马西正在寻找的是"差异在哪里"

以及移动政治如何能够识别排斥和边缘化的关键时刻和事件。

这些问题体现在不同的人有不同的移动经验的例子中。伯基特（Birkett）在太平洋地区追踪富豪和穷人的移动的工作提供了一个引人注目的实例：

> 波音使韩国的电脑顾问就像是去隔壁一样飞到硅谷，使新加坡企业家一天就能到达西雅图。世界上最伟大的海洋已经连接在一起了。波音将这些人带到一起。但他们飞过的岛屿呢？在五英里以下的岛上呢？强大的747如何使他们与那些在岸上喝着同样的水的人更加融合？当然不能。（Massey，1994：148）

马西提出了非常简单但至关重要的观点。虽然移动性给那些负担得起的人带来了时间压缩，但是许多人不能如此便捷地体验到它的好处，因为他们根本无法使用它。因此，她指出："最广泛的时空压缩需要区分社会。"（1994：148）

>> 延伸阅读

（Massey，1993；Cresswell，1999a，2001；Hannam et al.，2006）

如上所述，马西有兴趣发展移动性的政治，以探索和分析移动性在社会上的区别和不均衡。马西寻求为普遍主义意识形态提供替代框架，以便在考虑到与任何一种社会"规范"存在分歧的身份和能力时，都能认真考虑其差异。移动性和时空压缩的过程不会像未分化的平原一样平均分散在社会上。正如我们在前一章中所看到的那种假设："各个方向都有可能的运动。"（Dicken and Lloyd，1977：45）

但是不止这些。移动性的获得和类型不是随机的。虽然移动性可能在社会上有所差异，但这些差异反映并表达已经存在的社会差异和等级制度。再来看马西的文章：

> 从某种意义上说，最终那些正在进行移动和沟通的人，在某种程度上处于与之相关的控制位置。

（1994：149）

马西的意思是，不平等的和等级社会两端的人的移动在种类和性质有很大差异。有些人可能负担得起并能控制它，有些人可能不会；有些人可能有时间，有些人可能根本就没有。

人们可以以这些方式定义移动性。马西提到的那些人被视为"真正负责时空压缩的团体。谁能真正使用它并把它变成优势，他们的权力和影响力肯定会增加"（Massey，1994：149）。有些人更容易获得移动性，而一旦获得，他们可能会利用他们的移动来加强和提高自己的社会地位。那些有能力开车的人，或者可以走收费公路的人，可能会获得更多的就业机会，而那些对此无力的人可能就不会。那么，最终的问题不仅仅是对差异的认识，还有这些差异是如何被反映出来的，是如何强化 *101* 社会的不平等和分歧的。

移动方法 3.1　地位的重要性

一些最著名的机场航站楼调查往往是由学术界人士撰写的，具有非常具体的移动和旅游地点的移动体验。使其不可避免的危险是，移动学者可能认为自己的移动性经验与其他人一样。

正如贝弗利·斯克格斯（Beverley Skeggs）所认为的，许多研究移动性的学者"依靠一个安全可靠的地方来说话和了解……理论化和合法化自己的移动和自我的经验，并声称它是普遍的"（Skeggs，2004：60）。因此，上述讨论真正普遍主义的问题在学术方法和实践中永远存在。地理学家克朗认为，"独特的自我理想"经常以"排除其他身份""缝合四十位健康男性商人的形象"而获得（Crang，2002a：571）。同样，彼得·梅里曼（2004）也展示了马克·欧杰（Marc Augé）描述机场高速公路站和其他地方的畅销作品是建立在其商业主管经验上的。这种趋势产生了依赖于经常居住在这些空间中的商务旅行者的描述，他们会认为这些经历十分"为人熟知""在预料之中""日常"。这对于对机场这样的空间做出研讨结论有很大的影响，人类学家奥维·洛夫格伦（Orvar Lofgren）写道："哥本哈根机场、希思罗机场、关西机场这样的机场是什么样的？答案依赖于你是什么样的旅行者。"（Lofgren，1999：19）

因此，根据马库斯的说法，"不断移动的、重新定位的行为"总是无法脱离研究人员的背景，以及他们与研究对象的亲和力和排斥力（1995：113）。

实　践

·考虑你进行民族志研究和作为旅游参与者时的位置。

·你可能会考虑是否有可能一步一步去有不同主题的地方，并检查自己在做什么。

>> 延伸阅读

（Augé，1995；Crang，2002a；Merriman，2004；Skeggs，2004）

自马西以来，许多研究者、思想家和学者已经把工作扩展到了不同的领域。人类学家埃娃·翁（1999）关于公民身份的著作质疑"每个人都可以平等利用移动性和现代交流的误导性印象"，以及熟悉的假设，即移动性在空间和政治意义上都意味着"解放"（1999：11）。翁试图追踪可能刺激一些人转变移动策略的过程，而其他人必须忍受"停留"或"滞留"。从媒体和文化研究中，大卫·莫利在新形式的沟通和移动性的背景下考虑了马西的"几何"。对于莫利（2000：199）来说，比移动性本身更重要的事情是"谁拥有控制能力，无论是连接还是撤回和断开能力"。此外，他认为："选择停留还是行动并不重要。"（Morley，2000：199）同样地，社会学家齐格蒙特·鲍曼（Zygmunt Bauman，1998）关于全球化的论文揭示了社会与其行动方式的分离。鲍曼将社会视为"差异机器"，认为它会对社会人口的出行机会进行不均衡的分配。

本书提到过哈维的论点，鲍曼则通过展示国际商业和金融的全球化进程以及信息流动和空间固定的矛盾策略，揭示了穿透差异的运动。对于社会层级中的"高层"来说，移动很容易，而对于那些处于"底层"的人来说，他们的移动选择更受限制。即使有些人可能享受到"全球化"，但其他人可能只能在他们的"地方"中妥协。正如鲍曼所说："和所有其他已知的社会一样，后现代消费社会是一个分层的社会。"（1998：86）因此，人们在这些社会中的行动方式是人们在社会中的相对位置的重要指标之一（参见第四章对布尔迪厄的讨论）。想象一下代表社会的直方图，按照"高层"和"底层"阶层的移动程度—他们"选择地点的自由"作图（Bauman，1998：86）。

使用垂直度的层次来描述"高层"和"底层"的分裂，这不仅仅是隐喻意义上的，而且现实中也是如此。通过案例研究 3.2 可知，较高地位的人可能会享受到高于地面的空间。垂直度通常也意味着速度，因

103 为我们发现，速度和垂直度相结合的复杂政治可以解决不平等的连接等级。

案例研究 3.2　圣保罗垂直旅行

对城市移动网络的垂直方面的研究表明，垂直分层、速度以及移动获取能力和质量问题在不太可能的情况下被束缚了。对这个主要城市现象最持久的批评之一可以来自格雷厄姆（Graham）和马文（Marvin）的《分裂城市化》（*Splinterin Urbanism*，2001），它得益于麦克·戴维斯（Mike Davis，1990）对洛杉矶与当地街道网络分离的"天空之路"结构的批判性探索。这些在北美其他城市以及南亚越来越发展壮大的城市建筑，绕过当地的街道网络，将办公楼和商场连接了起来。这个建筑的效果是从下面分离和过滤出不需要的东西，创建一个城堡或堡垒般的空间（Davis，1990），居民可以在其间快速移动。对鲍里斯·布鲁曼·詹森（Boris Brorman Jensen）来说，这表明"分化取代了融合的理想"（2004：202）。

高度和垂直度意味着断开，同时提高其他人的连接性和速度。通过绕过本地移动网络，更远的地方变得更容易到达。大卫·莫利引用马克·金威尔（Mark Kingwell）的话说，在从远处的办公大楼看直升机的时候，他们注意到垂直度通常意味着速度的特权："我们大多数人无法使用极速。"（Morley，2000：199）

在诸如泰国曼谷这样的城市，密集的街道和道路网络也按照"速度层次"的差异纵向"分散"（Jensen，2004：186）。私人财团已建造起昂贵的收费高速公路，以避免高峰时段的拥堵。升高的"天空列车"（票价是普通公交车票价的十倍）可以快速连接商业区、旅游中心和酒店，让乘客绕过下面无形、人口稠密、较贫穷的

地区。下车后，他们可以直接进入毗邻的购物中心或酒店（Jensen，*104*
2004）。

　　绍洛·维纳尔（Saulo Cwerner，2006）关于巴西圣保罗私人
直升机用户市场的文章，进一步深入揭示了垂直旅行的问题，更
详细地介绍了格雷厄姆和马文的一些初步观察。维纳尔解释了圣
保罗在直升机交通方面不可思议的增长是如何出现的，并且使得
城市中的移动性使用差异更加明显。对于那些无力负担的人来说，
长达150公里至200公里的不间断的车辆是其日常，因为城市的汽
车总量达540万辆。直升机允许富人或用户避开拥堵，轻松到达
城市内的其他办公楼，或者前往位于郊区的家。这类用户居住的
门控社区为直升机建设了门控隧道，同时保证他们的居住安全（见
图3-1）。维纳尔认为，恐惧暴力犯罪，特别是绑架，是促进直升
机使用的主要动力之一。在圣保罗，凶杀事件的发生率是纽约的六
倍以上，经济发展的流动性需求与整个城市的混乱并存（Cwerner，
2006：203）。

>> 延伸阅读

　　（Cwerner，2006；Davis，1990；Graham and Marvin，2001；
Jensen，2004）

　　以这种方式概念化移动性，会使已经呈现出差异化的社会重新审视
自己的移动性。在这种情况下，以前不平等的社会关系通过移动被再现
出来，从而加强了分歧。人们可能没有选择，因为他们必须生活在移动
的社会中。一个人在社会中的位置限制了他们的移动机会。

　　根据已经差异化的经济和社会的局限，一些研究者开始解释这些限
制如何形成边界，或者形成一种限制人们移动能力的结构。我们在前面

讨论过托斯滕·哈格斯特朗（1982）的开创性工作。哈格斯特朗发现，人们的运动模式或时空习惯比我们所想象的更加稳定。尽管他所追求的模式是行为的结果，但它们也是对人们运动的结构性约束，更广泛地反映了朋友和社区的社会网络。有人认为，人们很少有能力真正改变这种
105　结构。

很多领域利用了这些想法。例如，旅游研究引进介绍了"时空棱镜"的概念。

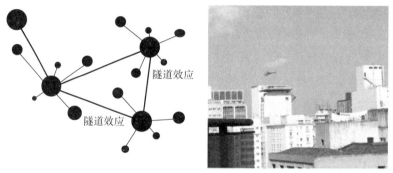

隧道效应

隧道效应

图 3-1　"中心和辐射"基础设施网络和精英直升机在圣保罗的隧道效应[1]

在这个表达方式中，人们的潜在移动受到他们所属的特定时空棱镜的控制和约束。他们的棱镜由他们的阶级、身份、收入或其他特征来定义。类似于哈格斯特朗模型，迈克尔·霍尔（C. Michael Hall，2005）阐述了这种棱镜是如何工作的。他解释说，支付和实现某些移动性项目，需要某种货币和时间资本。因此，现金和时间丰富的人比没有现金和时
106　间的人有更多的潜力。哈格斯特朗和其他人一样指出，打破或超越这种结构也是不可能的。他认为："从某种意义上说，棱镜几乎可以被称为监狱，因为不可能从中逃离。"（Hall，2005：79）显然，移动性比现金或

---

[1]　Source：After Graham and Marvin（2001, orig. fig. 5.1）and copyright © Saulo Cwerne, respectively.

时间丰富，而且不一定相互牵制。非常有钱的人可能根本没有时间。再考虑到上下班的影响，这些现金或时间丰富的人可能会遇到许多其他阻止他们移动的因素。

尽管如此，霍尔将空间移动与社会移动统一起来的尝试还是很好地代表了社会空间结构、位置或界限。这可能不是决定性的，但肯定会影响一个人的移动能力。虽然引领这项工作的研究者已经超越了空间移动性，考察到社会背景的缺失 [特别是如果有人阅读了克雷斯维尔（1993，1996）和思里夫特（1996）的作品]。他们提出了另一个重要的组成部分：移动性也是经常被视为实际或过去的东西。换句话说，即移动可能发生的因素有哪些，机会或潜力如何变成移动性。人们还可能会问这个潜力的重要性。移动的潜力有什么意义？它如何以社会方式处理？在提出这些问题时，潜在的移动性或移动性机会的内涵已经开始演变。对于目前围绕移动的思想，我们会在核心观点 3.2 中进行讨论。

核心观点 3.2　移动和移动的资本

文森特·考夫曼和他的同事曼弗雷德·马克斯·伯格曼（Manfred Max Bergman）、多明尼卡·乔伊（Dominque Joye，2004）是"动力"的社会学应用的主要贡献者，这是源自生物科学领域的一个概念（Bauman，2000）。

考夫曼在《反思移动性》（*Rethinking Mobility*，2002）中，把 107
移动性描述为简单的"一个人的移动能力"。或者更准确地说，它是"一个人可能的移动方式，和将这种方式用于他或她的活动的潜力"（Kaufmann，2002：37）。考夫曼对移动性的语境方法将社会和空间移动视为相互依存的模式。一个人的移动能力取决于社会、政治、文化和经济等方面的变化："身体素质"，"希

望安定"，从其他"现有技术运输和电信系统及其可及性"到
"时空约束"，如"工作场所的位置"。运动不仅仅是移动的潜
力，而且也是将潜力变成现实的能力。"获得"移动性及其"技能"，
或一个人如何利用这种权限，这些变量是移动性的关键因素，它
们之间通常相互关联。

最后也许最重要的一个方面，是他们如何将动机或移动与
"资本"联系起来。他们提出了动机如何与其他类型的资本形成
经验联系并交换资本的理论（Kaufmann et al.，2004）。因此，运
动是相称的，可以被当作一种商品进行交换。这有助于平衡身体
运动与货币资本潜力之间的认识论差异。我们可以想象潜在移动
性如何形成或转换为其他类型的金融或社会资本。根据考夫曼的
描述，可以假设有一个女人，她渴望从事广告职业，已经从职业
选择中获得了相当大的动力，并学习了两种外语。同时，她结婚
了，丈夫事业有成。两人计划生孩子，拥有自己的家（Kaufmann，
2002：45）。

通过动力分析，我们能看出上例显著的互换性，即在动力、
流动性和潜在的财富积累之间的权衡。女性的潜在移动性和迁移
意愿似乎提高了她实现职业目标的机会或潜力。同时，她相对不
动的另一半以及与家庭联系的可能性，从另一个方向减少了她的
移动性。

>> 延伸阅读

（Kaufmann，2002；Kaufmann et al.，2004；Kesselring，2006）

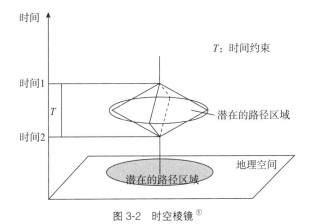

图 3-2　时空棱镜 [1]

　　运动及其对移动性的转变似乎需要某种谈判或管理。考夫曼所说的妥协意味着人们的愿望、生活方式和个人特征之间的平衡。这对于认识凯瑟琳（Kesserlring）称之为"自主移动政治"的局限性至关重要。行动自由和自主决策不会自动发生，因为它们是涉及"与移动性的约束抗争"的管理过程。因此，人们制定出各种制约工作生活、运输交通和动力的策略（Kesselring，2006：270–272）。了解移动性对运动动力的研究的最大成就，在于最近概念化的核心（Canzler et al.，2008）。（见图 3-3）

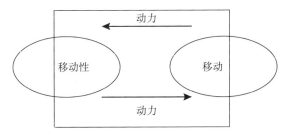

图 3-3　动力和移动性 [2]

①　Source：After Michael Hall（2005，orig. fig. 3.7）.

②　Source：After Canzler, Kaufmann and Kesselring（2008，orig. fig. 1.1）.

运动使我们进入这个几何学的最后阶段，就是要求我们考虑到这些棱镜、社会差异和行动约束如何密切相关、相互影响和发挥作用。这些力量的相互博弈造成了非常紧张的政治几何。汉南（Hannam）等人解释了为何调查"移动性"涉及不同的人和地方，我们称之为"快速和缓慢的社会生活的路线"（2006：12）。对移动性的后果的考虑，要求我们注意多西的"权力几何"的另一方面。汉南等人对"地方""技术"和"大门"这些加强了一些人的移动性同时降低了另一些人的移动性的概念感兴趣（Hannam, Sheller and Urry, 2006：12）。同样地，斯克洛兹（Skeggs）解释了为何了解谁能移动、谁不能移动是必要的，以及获取移动性需要哪些资源（2004：48）。

这种政治几何还有另一面。我们要从其他角度审视它，以便了解一个人与政治的关系以及他与其他人的关系。我们不仅需要考虑人与政治的关系大不相同，还要考虑不同人受移动性的影响也不同。通过马西对皮特凯恩岛的沉思，我们可以再次看到这一点。伯基特通过说明航空旅行的负担能力不断上升同时航海旅行的负担能力不断下降，指出一个群体的移动性影响到了另一个群体，所以"计算机科学家坐波音 747 飞越太平洋是导致今天的皮特凯恩岛越来越被隔离的一部分原因"（1994：148）。

这个例子可能比较抽象，所以马西要求读者思考私家车这类交通工具的含义。它有什么影响？一个人的行动最终阻碍了谁？马西认为，私家车增加了个人流动性，但"公共交通系统的社会正当性和财务可行性被降低了，从而也可能影响依赖公交系统的人的移动"（1994：150）。城外购物中心的例子在这里非常有用。城外购物中心作为购物的常规目的地，可能使街道转角商店、较小的零售商和潜在的运输服务受损。

显然，这个问题更复杂。如果把这个例子与其他形式的交通工具（如自行车）相结合，就意味着更复杂的政治。不管乘坐私家车是否会减少拥挤的公共汽车服务的压力，它都可能会给行动不便者或满载物品、带小孩的母亲带来障碍，也会给公共和私人补贴带来压力。我们应该记住，已有的显然不可分割的分裂和层次结构不是那么简单的构造。我们已经看到了收费公路和高空公路如何在能使用这些公路的人和不能使用这些公路的人之间造成不平等。但是，它们也可以有更公平的影响。伦敦的道路拥挤收费和新加坡公共汽车所有权征税给各自的公共交通系统带来了收益（Livingstone，2004；Wolmar，2004；Santos，2005）。即使如此，拥挤收费计划也可能以牺牲最多的"风险"群体为代价。邦赛尔（Bonsall）和凯利提醒我们："并不是所有的车主都富裕。"（Bonsall and Kelly，2005：407）只关注其优质的网络移动性空间，而忽视与它们互动的更广泛的移动系统，有时会隐藏其更广泛和积极的影响。

在维根斯的例子中，她的移动性完全依赖于可能乘车到她所在的购物中心的客户的移动性。客户无疑会提前假设维根斯及其同事会在那里为他们提供零售服务。同时，这些移动性为维根斯到达商场设置了最大的障碍。高速公路和车辆的川流不息让人感觉这比波德莱尔所描述的经历更糟糕。乘公共汽车到购物中心的客户并不依赖汽车，但他们会受到汽车及相关基础设施的影响。

遵循本书的中心前提，通过这种方法观察移动性，意味着我们永远不能单独看待移动性。移动性总会对其他事物产生影响，我们必须探究这些影响是什么。对于马西来说，这是一个权力问题，也许会导致各种有意或无意的后果。我们必须了解我们的移动性会影响谁的移动性、什么样的移动性。正如马西所说，我们必须质疑"我们的相对移动性、对移动性的掌控和沟通是否导致了其他群体的空间监禁"（Massey，1991：151）。

克雷斯维尔所说的"移动性共生"（参见第一章）介绍了马西的观点。如厄里所说，就像一些移动工具依赖于各种不动产或系泊物，"一

个移动性可能与其他具有完全不同的文化和社会特征的移动性共生相
关"（Cresswell，2001：21）。这种力量可以出现在移动性、经济和公
共交通投资的复杂关系中。

对于马西来说，"移动性和对移动性的控制似乎都反映并强化了权
力"（1991：150）。但是，这不仅仅是一些人比其他人有更多的移动性
的问题，这种移动性是不公平的。更重要的是，"一些群体的移动可以
控制和削弱其他人的移动性"。不同的移动性可能会削弱已经很弱的平
衡，从而削弱他人的力量（Massey，1991：150）。

三、移动性的复杂关系

111   移动性的三个维度（意识形态、参与和权力的几何结构）以非常棘手
的方式交织在一起。意识形态可以在移动性的各种政策以及对待移动性的
方式中发挥重要作用。这些运用可能有助于区分移动性，当然也可能带来
不公。这些关系的后果可能限制人们就业、获得基本服务或参与公共领域
的能力。因此，我们所表达的是一种政治，是关于质疑和评估无争议的
移动性和自由的观念。我们要收集可能制定"一种承认差异和反映个性
化需求以及保护差异的权利"的替代框架（Imrie，2000：1653）。

本章将通过一组研究主题和案例来实现这些想法。首先是公民身份。

（一）公民身份

移动政治中最明显和被研究最多的一个方面是公民身份。公民身份
是我们可以处理的最复杂的问题之一，但其复杂性往往隐藏在如护照这
样简单的客体之中。政治历史学家约翰·托皮（John Torpey，2000）

所著的《护照的发明》(*Invention of the Passport*) 和国际关系学者
马克·萨尔特 (Mark Salter, 2003) 所著的《国际关系护照》(*The
Passport in International Relations*) 认为，护照是一个流动性和公民身
份交织在一起的典型范例。护照及其相关文件已由国家发给公民，以便
于管理和旅行——这是一种"合法的垄断行动手段"(Torpey, 2000)。
公民身份涉及移动性的谈判和管理 (Hindess, 2002; Walters, 2002b,
2006)。护照既是国家监督和管理的手段，又允许公民证明自己的身份
并获得旅行权。

　　我们不应该忽视，在现代纸质文件和护照出现前的很长时间内，自
由民主社会和国家就赋予了公民出行的权利。移动的权利甚至被写入《英
国大宪章》。虽然这些权利实际上并不存在于美国宪法中 (Cresswell,
2006b)，但通过各种法庭案件，它被视为美国公民权利的基本组成部分
(Blomley, 1992, 1994b)。移动性是"国家的长期观念和如何成为一名
公民以及构成'商业'的活动"(Cresswell, 2006b: 750)。

　　许多研究者已经开始质疑在新自由主义、意识主义统治时代，移动
和公民权利的改变。政治、国际协议和条约改变了国界的维度和表面，　*112*
以促进资本流动和个人世界主义 (Tomlinson, 1999; Beck, 2000)。
马修·斯帕克 (Matthew Sparke, 2004) 在考虑边界控制技术创新时，
重点介绍了美国国土安全部主任汤姆·里奇 (Tom Ridge) 在 2001 年
美国与加拿大签署智能边境声明协议之前发表的讲话。里奇预言护照与
信用卡会保持一致，这意味着越来越多地以消费者驱动 [克雷格·卡尔
霍恩 (Craig Calhoun, 2002) 称之为世界消费主义] 和经济主导形式
的后国家公民身份为导向。

　　根据翁 (1999, 2006) 的观点，核心观点 3.3 更详细地探讨了新
形式的弹性公民权利，以应对资本流动性和渗透性更高的边界。弹性公

民是指翁所谓的"资本主义积累、旅游和流离失所的文化逻辑",鼓励或"诱导"人们"以流动和机会主义的态度应对政治经济条件的变化"(1999：6)。在这里,香港的流动商人(其中许多人持有多张护照)是日益增长的"与资本流动有关的流动主题"的典范(1999：6)。

核心观点 3.3 弹性公民

埃娃·翁关于移民和公民身份的多重表述指出了全球人民群众运动的新逻辑,以及他们如何归属于某个特定的地方。虽然这起初可能看起来像是逃离国家,但翁随后将"弹性公民身份"视为一种新的"移动计算技术"(2005：13)。

通过评估中国商人向美国和加拿大的流动情况,翁研究了这种多重归属意味着其在社会和地理位置上均具有持续的灵活性。他们对投资、工作、家庭搬迁以及生活的各个层面的认真选择也适用于对家庭、国家和资本的选择。

实现这些移动性的是能够应对并吸引具有生产力的移动资本和劳动力的国家制度。移民法令允许中国和加拿大太平洋沿岸的移动商人将他们的家庭迁移到北美。

113　　　翁还追踪了20世纪90年代美国出现的类似协议。当时为了吸引来自加拿大和澳大利亚的富裕的中国新移民,美国创建了一个新的投资者类别。对商业人士而言,一张绿卡可能意味着高达100万美元的资本投资回报。

>> 延伸阅读

(Hyndman, 1997, 2000; Ong, 1999, 2006; Roberts et al., 2003)

对于翁而言，灵活的公民身份不在于个人逃离国家，而是国家如何允许这些关系出现。通过新形式的国家机器和技术监管，从签证协议（Salter，2004，2006；Neumayer，2006）到后国家公民身份制度（Mitchell，2001）的出现，各种国家主导的体系已被建立起来，以鼓励和促进人员和资本的快速国际流动。这些提供了世界主义的可能性——这个术语通常意味着"世界公民"，指某种全球性民间社会（Beck，2006）。这种归属感意味着世界主义者可以归属于他们的直接政治社区以及影响更广泛的区域和全球网络（Held，1995：233）。

通过区分这些移动性，鲍曼意识到之前被讨论过的各种公民制度可以作为"新的、紧急的分层隐喻"，揭示现在"具有全球移动性"这一事实。这一因素在分层因素中排名第一（Bauman，1998：87）。翁后来的论点也暗示了谁可能会发现自己没有这些权利。这些人可能是太自满或缺乏新自由主义潜力的公民，因此被视为不太具有价值的主体，他们分裂了我们长期以来所谓的"统一的集体"和"统一的公民空间"（Ong，2005：16）。同时，寻求庇护的难民可能会争取自己作为全球公民的权利（Lui，2004）。

许多研究者已经开始提到，在边境口岸，这些差异会凸显出来，公民权利也可能被审查、接受或拒绝。在边境，签证和护照是识别自己和成员资格的标识符——入境是经调解的。然而，正如萨尔特所说，正是在穿越边境的时刻，主权国家才能够拒绝接纳并设置人口限制。因此，移动性"以入境的方式建构，强制执行公民身份或难民身份，或者完全以非国民待遇自由裁量"（2004：175）。

边界移动点成为被排除在外的模糊区域，此处的公民发现自己夹在国家之间，未能获得正常权利（Agamben，2005）。警察和边境管制 *114* 机构可以在这些空间中进行不同类型的审查和拘留，虽然这里的人在名义上被赋予入境权利，但实际不一定被管理者执行（Salter，2007，2008）。

威廉·沃尔特斯（William Walters）暗指边界并非类似"铁幕屏障或马其诺防线"，而是更像区分好与坏的防火墙（2004：197）。沃尔特斯的观点不仅涉及边境地区的信息化，而且涉及他们采取的分类方法。为了保障领土干净和安全，他们会对"有用的和危险的""合法的和非法的"进行区分。以加拿大—美国弹性公民关系计划（Nexus）为例，该计划旨在从温哥华、西雅图延伸至俄勒冈州的波特兰地区，创造经济融合的瀑布（Cascadian）走廊。马特·斯帕克（2005）研究了边境地带的微小空间内有什么样的政治区别，谁具有经济价值，谁具有高风险，谁已成为后国家制度的成员，而谁尚未如愿。

在这种差异化边界（van Houtum and van Naerssen，2002）中，我们发现多西的政治几何显而易见。因为新型的后国家边界政权的矛盾围绕着互相关联的流动性的促进和否定，这一现象被海曼（Heyman）和坎宁安（Cunningham）定义为移动和封闭的过程（2004）。或许，表面过境通道比后国家复杂得多。海曼和坎宁安探究了边界如何促进或阻碍人流、货流和思想的移动，以及移动性如何"被定界和限制"（Cunningham and Heyman，2004）。

在欧洲，移动性已经形成了一种理念（Jensen and Richardson，2004）。然而，文化和政治理论家吉内特·沃尔斯特（Ginette Verstraete，2001）讨论了为某些人群（公民、游客、商业人士）提供"自由移动"所涉及的紧张局势，这些紧张局势只能通过"有组织地排斥非法移民或难民"进行解决（Verstraete，2001：29），即沃尔特斯所说的移除"危险因素，以加速其他人的流通"（Walters，2004：197）。回到美国和加拿大边界，马特·斯帕克认为，边界确实呈现出二元对立的逻辑："主要的"和"次要的"入境者，或者"好人"和"坏人"。那些被归入第二类中的人必须接受更长时间的询问，并被要求提供更多文件，甚至可能被搜查汽车和自行车。"他们被延误过境，甚至完全不被允许过境。"同时，移民局主管强调，服务的重点是加快"原住民"过境（2005：159）。

除了边界的空间和围墙，我们还目睹了"政权和国家领土的权利分配"（Nyamnjoh，2006：16），因为这些权利针对某些人却剥夺了另外一些人。第二章所讨论的雅玛关于非洲南部公民的研究说明了这种趋势，即相比其所进入的社区的其他公民和临时公民，高技能和有价值的移民享有更多的权益。那些为家庭而更换工作岗位的人没有得到同样的福利，并且经常被歧视和压迫。

同样，属于特定地方的政治义务也可能是要求和限制，所以选择后国家公民身份的幸运成员可能会选择不属于任何地方。这些拥有个人自主权的成员不承担相应的义务，可能会导致当地人不信任甚至讨厌这些准公民的自由流动。正如汉内斯（Hannerz）所说："放弃当然是有条件的。国际大都会可能会拥抱外来文化，但并没有承诺接受它。它一直知道出口在哪里。"（1990：240）

（二）原子化的个体和性别化的运输排斥

我们可以通过查看运输移动的范围，发现其他几何差异和后果。在这里，我们看到了普遍流动和依赖性的意识形态是如何影响人们在公共交通系统中移动的能力的，这似乎与第二章提到的路径和原子的假设非常相似。这里有几个问题围绕着"普遍的无形主体"的假设如何呈现出一个身材健壮和无性别的人，而这个人与现实中的人相距甚远。正如罗伯·伊姆里（Rob Imrie）所说，这个假设可能有助于筛出受损的身体并优先考虑所谓的"移动体"的运动（2000：1）。

技术理论家朱迪·瓦奇曼（Judy Wacjman，1991）认为，男性和女性的模式、路线相去甚远。通过追踪非常不同的"时间、空间和运动模式"，瓦奇曼展示了现代城市空间如何以"男人的兴趣、活动和欲望为前提组织交通工具"，而这往往会"损害女性的权益"（1991：126）。一般而言，女人与男人的移动有着不同的节奏，原因有很多，如保育、就业和社会习俗等。因此，女性的旅行距离和时间通常更短。她们出行更频繁，延续时间更长。瓦奇曼认为，这些流动性倾向的差异使妇女无法使用公共交通系统，因为她们无法适应这种差异。正如多洛雷斯·海登（Dolores Hayden）所说："如果从家到工作地的简单男性旅行处于规划之中，那么从家到托儿所到工作地的复杂的女性旅程往往是被忽视的。"（1984：152）

116

案例研究 3.3　等公交车

"公共汽车是一个女性城市。"哈钦森（Sikivu Hutchinson，2000）基于洛杉矶公共汽车系统的背景，描绘了阶级、种族和性别政治。哈钦森的起点是个体及城市的不平等如何通过强制实行种族和性别隔离强加给该地区。当然，公共汽车长期以来一直是种族政治的展示场所。例如，罗莎·帕克（Rosa Park）在 1956 年拒绝给白人女子让座。对于哈钦森来说，公共汽车不仅强调了流动性的不平等，而且是更广泛的资本投资基础设施制度、道路网、收费公路和针对特定身份和消费者的火车的一部分。

在穿越洛杉矶时，哈钦森注意到公共汽车对"少数民族、暂住民、低收入人群、移民"的运送。她的旅伴主要是工人阶级的有色女性，乘坐公共汽车往返于工作场所、公共机构和朋友或家人之间，由此形成了独特的文化和节奏。在 1994 年洛杉矶罢工的背景下，我们看到了它对于某些移动性的影响，以及某些用户因不同种类的移动基础设施的增加和投资而被剥夺了权利。洛杉矶为了弥补重视私家车忽视轻轨所带来的问题实施了一个转机政策，即大量投资轻轨系统。一名公共汽车工作人员的罢工最终导致了法庭诉讼，他起诉洛杉矶当局提出的建立两层交通运输制度歧视公交车乘客（大多数是"低收入"的少数族裔），仅有利于乘坐轻轨的白领。这一诉讼最后胜诉，地铁管理局（Mass Transit Authority）负责升级公共汽车服务及限制票价。正如哈钦森（2000）所写，工会坚持认为："改善公交系统是一个公民权利问题，因为大多数通勤者是低收入少数族裔。"这一观点指出核心问题是拒绝公共空间私有化，以及对"其他人""社区有色人种"使用公共交通的限制（2000：111-112）。

117

>> 延伸阅读

（Hutchinson，2000）

移动的风格和节奏可能不同于常态，这些路线和节点的谈判的轻易程度也可能与假想模型有所不同。交通基础设施仅设想一个健全人能够轻松移动他们的身体，却未考虑到残疾人的情况（Oliver，1990）。通过残疾的社会模型，我们发现社会在空间和物质上未能满足残疾人的不同需求。根据不同的移动性需求，包容性的设计可以方便用户使用，而非隔离用户（参见图 3-4）。

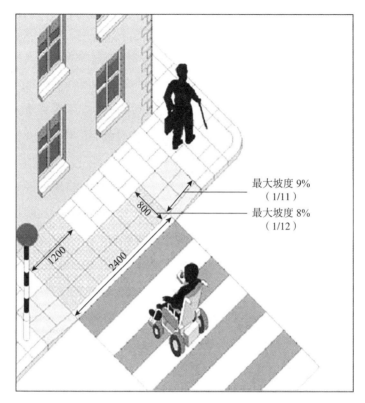

图 3-4　包容的移动性设计 [①]

移动台球模型认为身体是原子化的,这一假设往往被从字面上理解。当这些观点重回社会的时候,罗宾·劳(Robin Law,1999)指出,传统的交通模式强行认为乘客是原子化的个体,但其实乘客相互依赖,或者说,并不是原子对象。劳认为,既然女性作为监护人进行了更多的移动,那么,独立的出行主体的台球隐喻就并不适合她们(1999:582)。研究人员已经调查了路径依赖,特别是针对女性。女性可能需要帮助老年人到超市,或无法离开自己的孩子去购物。个人台球模式远非完美的模型,因为很多移动是相互依赖的。

①　Source:Copyright © Department for Transport(UK)2005.

在公共交通中忘记这些依赖将导致许多困难。在公交车上带孩子极其辛苦，是一种"负担"和"创伤"，因此需要避免同时从超市背回另一个沉重的袋子。忽略这些出行可能会为这些人乘坐公共交通造成很大的障碍（Hine and Mitchell，2001）。研究显示，与儿童一起移动不仅是与一个人的斗争，而且是与许多其他完全依赖的人的斗争。在这里，与其他人一起移动的个人想法进一步补充了各种技术和假说。克里斯汀·海恩（Christine Hine）和朱利安·米切尔（Julian Mitchell）对于排除公共交通的研究强调了公共交通谈判涉及复杂的集合体（母亲、购物、儿童、童车）的管理。如果有变化，计算将更复杂。

移动性的创伤甚至存在于一个人静止"等待"公共汽车到达时。有数据证明，等待空间不足为交通运输带来了更多的障碍。回到哈钦森对洛杉矶的研究。城市规划专家迈克·戴维斯（Mike Davis）在"私有化的公共空间看到公共汽车站极其不适于女性搭车人，因为在夜晚等待公交车可能面临潜在的危险"（2000：114）。在英国和其他地方，类似的经验都显示出"等待"空间特征的犯罪痕迹以及缺乏防护的情况。

移动性受损的人可能会面临类似的问题，特别是对那些依赖别人来移动的人而言。移动的需要和愿望可能意味着有人依赖第三方来帮助他们增强移动性。第三方可能是技术和大量的物体。通过对轮椅使用者的调查，伊姆里说明了轮椅这一带来移动性的技术如何限制了他们的行动。在这里，我们可以通过一个受访者的描述，了解其中的典型情况：

> 当地银行有一个斜坡，我试着走上去，但是不行。所以，他们给了我一个服务电话发报机。我按下它，内部的蜂鸣器响了，会有工作人员过来帮我。太浪费了，这种情况下应该装一扇电子门，

119 修筑一个合适的坡道。

（Imrie，2000：1652）

这种情况对于第三方的照顾者或帮忙处理假肢和随身装备的人也很难，因为可能会用到氧气、轮椅和拐杖。第三方的朋友、帮手、照料者可能会受到他们的自治权的限制。照料者可能会遇到限制，或者无法动弹，因为他们和被照料者捆绑在一起（Hanlon et al.，2007；Yantzi et al.，2007）。护理人员和被护理人员都有可能进一步与护理的本质联系起来（Angus et al.，2005；Dyck et al.，2005）。否则，异性照料者可能会被禁止进入公共厕所和盥洗室，致使他们无法提供护理服务（Wiles，2003）。

看来，交通政策的霸权话语以一种"普遍的、无实体的主体"为前提，它被认为是"中性的，即无性别或任何其他属性的社会或生物特性"（Imrie，2000：1643）。新自由主义意识形态的矛盾的自由移动和生产机体（Whitelegg，1997），随后可以被用来构建固定和边缘化的实体。

（三）发展和位移

我们可以详细探究的移动性的分化的最后一个例子与移动性和发展的关系有关。这是发展学的一个重要领域，严格来讲是"位移"问题。珍妮·罗宾逊（Jenny Robinson）写道："越来越需要解决位移的变动如何影响发展这一问题。"（Robinson and Mohan，2002：2）。这使她更关注对"移动描述"的发展的研究。莫汉（Mohan）和罗宾孙最近的著作《发展与位移》（*Development and Displacement*）成为一个里程碑，试图探究社会经济发展与流动迁徙之间的复杂关系（Chatty and Colchester，2002；Dutta，2007）。当意识到发展研究的知识无法分析该问题时，他们试图汇集一系列流动条件——人、资源和观点，通过这种方法挖掘其对发展的影响（Mohan and Robinson，2002：258）。

学者专注研究的一个主要问题是发展机构如何应对大规模的强行迁移。我们稍后会讨论战争对移动性的影响。干旱、疾病和很多其他因素导致对食物、庇护所、安置点和未来回国的需求，这些都会导致大规模移民和重新安置。发展本身也会导致移动，罗宾逊（2002：3）将其称为"以发展的名义实施的强行安置""发展导致的安置"。

120

在帝国和国家扩张中，有数不尽的先例值得我们研究。搬迁至原住民被驱逐的地方是帝国扩展的本质特征之一。在澳大利亚不属于任何人的土地上，任何被无政治社会地位的人占有的土地都可以被其他人占有（Lindqvist，2007）。作为澳大利亚和加拿大土著社区大规模流离失所的基础（Gelder and Jacobs，1998；Havemann，2005），法律原则使得已经被占领的土地的政治权力和占有权工具化，对它的清理也就随之合法化了。

今天，大规模的发展项目对流动和流离失所产生了巨大的影响，尽管采矿、道路建设和城市发展等较小规模的项目可能对整体的流离失所做出了更大的贡献（Turton，2002）。尤其是水坝，它是发展中国家在发展过程中产生移民的重要原因之一（Dreze et al.，1997）。借助世界委员会的统计数据，特顿认为，全世界因水坝建设而导致的流离失所的总人数可能在四千万到八千万之间。

水坝迫使人们离开原本的土地和财产（Thukral，1992；Tharakan，2002）。由于国家行使强制购买的权利，对于特顿来说，这样的发展会"为经济、身体、心理和社会文化福祉带来灾难性的后果"（2002：51）。人们可能失去土地、工作或住房。流离失所者可能在经济和社会中被边缘化，从而营养不良，因为他们无法负担满足其最基本生存需求的食物。他们也可能会丢失其他社会关系和网络（Turton，2002：50）。

与此同时，这种流离失所现象通常发生在那些国家最穷、最边缘化的群体和社区中。水坝建设等许多发展项目都发生在偏远地区，这些地区往往有土著社区，同时居住着不同民族。正如福克斯所言："涉及流离失所的大型项目与流离失所者的政治代表权之间存在直接的联系。"（Turton，2002：51）

案例研究 3.4 大坝和流离失所

121 　　津巴布韦的卡里巴水坝是水坝建设会对人们造成影响的一个显著例子。从 1956 年开始建设到 1958 年完成第一阶段，该水坝的建设导致 57000 人需被安置。在规划汤加面村（Gwembi）的安置时，居住在当地的人既未被征求意见，也没有参与建坝或安置社区的决策过程。虽然汤加人几乎完全没有反对建设大坝，但村民中还是有 10 人被警察打死了。此外，特顿解释说，由于汤加在大坝工程中并不被视为"利益相关者"，所以很少有人试图确保他们能从大坝建设中受益。大约 25 年后，汤加才连接电网，而最佳的灌溉用地被送给国际公司进行开发。

>> 延伸阅读

（Dreze et al.，1997；Turton，2002；Dhagamwar et al.，2003）

四、移动的政治

122 　　本章最后一节会讨论两种不同风格的移动。2006 年的影片《皇家赌场》（*Casino Royale*）对伊恩·弗莱明（Ian Fleming）的詹姆斯·邦德（James Bond）进行了电影再造。电影的第二个场景是丹尼尔·克雷格（Daniel Craig）在一个建筑工地崎岖不平的地面上追逐一个恐怖分子。邦德的移动性很强。他穿过石膏板墙壁，用挖掘机凿穿一面水泥墙，沿着相当直接和可预测的路线前进。他所追逐的犯罪嫌疑人莫拉卡[由参与创立跑酷艺术的赛巴斯蒂安·富冈（Sébastien Foucan）饰演]则以相当不同的风格移动。富冈饰演的恐怖主义分子不主宰空间，他没有破坏空间，只是在其中玩乐。他的移动性在建筑物中找到了新的可能性。莫拉卡翻过窗户，跃上墙壁，在地板之间跳跃。邦德和莫拉卡的移动都颠覆了在施工现场移动的普通规范，然而他们又相当不同。邦德的运动把场地拆开，创造和拆除了空间，富冈的移动主要利用现有资源。莫拉卡不能改变这个空间，但他可以找到适应它的方式。

我对于这两种流动性之间的划分相当简单，它们的空间利用当然比我描述的复杂得多。然而，它们确实说明了描述冲突、争端和暴力的两种极其常见的方式。一方面，邦德似乎是强大的统治者。他正在追查嫌疑人。他正在摧毁和释放空间。另一方面，富冈扮演的恐怖分子正在被追捕。他正在通过逃跑抵制逮捕或更糟糕的情况。与邦德不同的是，他的抵抗能力必须适应被给予的空间。

米歇尔·德·塞尔托（Michel de Certeau，1984）提出的根据这种移动性隐喻的"策略"的概念与上面的例子有明显的相似性。对塞尔托而言，走路是一种抵抗行为，通过这种行为，空间元素和形态可能会受即兴创作的影响而改变，如同富冈躲避邦德的策略。"策略"也是一种强大的技术。这种策略由那些塑造和引导空间的人制定，就像邦德一样。正如第二章所述，这两种移动性和统治/抵制立场是理解政治斗争的常用方式（Atkinson，1999）。移动性往往被视为逃避权力及其支配的方式，所以我们发现，流动性和移动性的理想化已经被用于诸如酷儿理论的各种地方。在这里，"大运动"被运用于"运动，尤其是当运动违背规则和条例、规范和惯例的边界与限制时"（Ahmed，2004；

152）。但是，这也并非如此简单。我们马上会回到《皇家赌场》的场景中，因为我们需要首先考虑克雷斯维尔所说的与移动阻力和统治有关的二元论。

克雷斯维尔（1999b）以另一部电影《城市英雄》（*Falling Down*）表明他的观点。通过描述迈克尔·道格拉斯（Michael Douglas）所饰演的角色威廉·福斯特对高速公路、城市和私人高尔夫球场的利用，他斥责一切对移动性无能为力的人的策略。克雷斯维尔的"诊断"声称移动性总是施加和逃避权力。这样解读电影意味着威廉·福斯特"在公共空间中走路和射击"的能力可能被视为一种具有威胁性的男性力量，或者是对他所穿过的高尔夫球场的规定的违背（1999b：265–266）。

换句话说，移动性本质上不是阻力或统治，但也可能蕴含两者或其中一个。移动能够发挥主导、转换、竞争和解放的力量（Cresswell，1999）。为了证明这一点，我们可以再次看看追逐场景中移动物体之间的关系。将邦德定义为侵略者过于简单。在某种意义上，恐怖分子是更主要的力量，因为是他开始了这场追逐。从电梯井到起重机跳跃，正是他躲避并迫使邦德陷入越来越危险的境地。事实上，他一度通过逃到大使馆而阶段性获胜。换句话说，双方都发挥了移动的力量，都进行了抵制和主宰。权力的这两种表现不能被简单地归因于他们的移动性。

本章，我们考虑了移动政治与社会差别、不平等关系的一些机制，但并未说明一个人如何变得政治化以及如何行使其权力。我们所做的是描绘出可能推动、拉动、促成或限制政治关系的权力图景。我们看到，当移动性被扼杀、分类和拒绝，或被视为某种其他惯例、规定或政策的结果时，是非常危险的。在本章的最后一节，我们可以通过抗议和暴力的抗议活动的移动，更加详细地了解什么是政治化。

（一）继 续

首先，我们来考虑移动性如何成为许多抗议运动的中心。我们可以从道路、收费公路和高速公路建设到机场候机楼的扩建和建设中（Doherty，1998，1999；Paterson，2000；Pascoe，2001），列出许多移动基础设施和发展的抗议活动。由于其影响，移动性本身就颇有争议。当我们开始考虑谁可以和谁不可以从移动中受益时，这并不奇怪。移动性往往是环境问题，并且是多标准的，如人行路被毁坏引起的环境恶化、附近道路的交通噪声、当地的栖息地被破坏，以及机场对全球变暖的影响。

除了反对目标之外，移动性还构成了政治竞争。移动一直是战争实践中的重要战略工具。没有移动性，战争就不可能发生。对于部署军队来说，移动性颇为必要，如远程轰炸机和远程导弹，以及轻型战术部队的快速移动。战争的复杂后勤意味着通过不同的运动链解决绝对"位置和并置"的问题（Thrift，2004b）。战争意味着对于部队多种运动序列和交通的控制，包括子弹、燃料和食物的运输（参见第四章）。因此，移动性在战争背后的战略中占据了中心位置。从孙子到哈尔福德·麦金德（Halford Mackinder），从利德尔·哈特（Liddell-Hart）到美国在伊拉克战争期间轰炸巴格达的"震惊和敬畏"的宣传教条，速度、突袭和灵活性都被视为强大的"动能"武器（Virilio，2005）。

战争由复杂的移动性和对他人的批判性影响组成。卡伦·卡普兰（Caren Kaplan）解释了战争一方面包含"现代社会一种有悖常规的移动性的表现"，包含大规模军队的移动性和难民大规模流离失所，另一方面"还管辖边境并限制行动自由"（Kaplan，2006：2396）。移动性构成政治暴力，它们往往是其有意和无意的重要影响中必不可少的组成

124

部分。虽然该话题没有任何审判的空间（此焦点会在许多书中被讨论），但可以研究讨论它导致许多人重新寻求庇护和安全的灾难性影响。"强迫迁移在线"列举了现代和近期发生的内战及其他类型的国家暴力事件导致的众多大规模流离失所案件。过去二十年来发生的若干卢旺达难民危机表明，在近代历史上，大规模的政治变革和争端导致了大量移民。20世纪90年代，卢旺达发生大规模种族灭绝和政治动乱，导致二百多万人到刚果、坦桑尼亚、乌干达和布隆迪寻求庇护。

作为战争与暴力的产物，人与物之间的群众运动被视为战争的关键战略。刻意制造迷惘、恐慌，特别是群众性的苦难（Schivelbusch，2004；Bourke，2005），使人民无家可归，这是第二次世界大战期间盟军轰炸德国的一个目标。由此导致的汉堡火灾使大约一百万德国人失去家园（Lowe，2007）。在案例研究3.5中，我们可以看到战争必然导致意义重大的物质性的移动。城市理论家安尼克·霍梅尔（Anique Hommels，2005）将其描述为"非建筑物"的城市环境和人类生活的迁移。

125

图 3-5　流离失所的卢旺达难民[1]

案例研究 3.5　推土机、爆炸物和桥梁

城市景观是现代战争中最大的输家之一，"urbicide"等概念说明城市已成为战争中的中心目标（Gregory，2004）。许多研究者认为，城市之所以变得如此重要，是因为人们认识到了城市中的生活和关系。克罗地亚记者斯拉芬卡·德拉库利奇（Slavenka Drakulic）针对波斯尼亚的访谈——1993 年，克罗地亚人在波斯尼亚和黑塞哥维那的莫斯塔尔破坏旧桥，促使人们思考毁灭的意义。这座有400 年历史的桥梁对莫斯塔尔居民的生活意义重大。这不仅是永恒的象征，更重要的是它促进了日常移动性，构成了莫斯塔尔式生活模式和节奏。对于桥梁的破坏不仅仅是在破坏一种物质。国际关系学者马丁·科沃德（Martin Coward）认为，破坏桥梁导致其不能再承担原本的迁移、生活和人际关系功能（2006：420）。

史蒂夫·格雷厄姆（Steve Graham）通过个人的移动性着眼于以色列—巴勒斯坦的长期冲突，调查发现当城市结构被改变时，社会生活和生活方式会同时被打断。推土机成为扫荡巴勒斯坦定居点的利器，它像推土一样清除了建筑物，有时甚至清除了里面的居住者。当然，巴勒斯坦自杀炸弹袭击者也有类似的能够在公交车和其他空间中"杀死"以色列人的能力。在对绰号为"推土机"的以色列总理阿里埃勒·沙龙的采访中，格雷厄姆记录了沙龙对于如何回应巴勒斯坦狙击在耶路撒冷、巴勒斯坦地区南吉洛新犹太人定居点问题的回答。"'我会拆除第一排 Beit Jela 房屋。'记者询问：如果枪击事件持续下去呢？沙龙回答：我会拆除第二排房屋，依此类推。我了解阿拉伯人。他们对直升机和导弹印象不深。对他们来说，没有什么比他们的房子更重要……用推土机一个接一个地铲平整个村庄比

126

较好。"（2004：201）

　　沙龙强调巴勒斯坦人的职业对于家庭的依附。对沙龙来说，拆除房屋和搬迁居民比正统的军事部署有效得多。事实上，推土机的使用使军队本身得以移动，因为推土机通过定居点开辟了大量路线，以便后面的坦克可以穿过。

>> 延伸阅读

　　（Graham，2002，2003，2004b；Coward，2004，2006）

（二）步　行

　　长期以来，移动性一直被视作一种表现或维护不平等、权力斗争和不公正现象的手段。抗议"游行"是一个典型的例子，说明了人们如何通过在街道、道路和城市中的移动来显示他们的移动性，以期颠覆和抗议权力。这类例子非常多。露西·G. 巴伯（Lucy G.Barber，2002）探讨了华盛顿特区作为一个政治抗议的剧场，见证了众多城市游行，不断为热点问题发声的演变。城市的移动性使为政治发声、拒绝国家教条的空间策略得以实施。同样，在伊拉克参战的决定遭到公众的反对。2003年 2 月 15 日和 16 日，全世界的城市发生了数百次游行，约有 1000 万人加入其中。但正如步行者形成游行，为了抗议而占据空间一样，这次游行和盛会的工作与国家宣传和支配的内容明显相反。常见的军事示威包括在伦敦或莫斯科的街道和公共广场上行军。在新加坡，国庆阅兵式通过"把普通的街道变成盛大隆重的舞台"，适当地"侵入"日常生活空间，从而直接参与"人民的生活"（Kong and Yeoh，1997）。显然，游行、行军或示威的政治意义在很大程度上取决于当下语境。

游行确实表现出对既定秩序的抵制或不满，反过来可以寻求沟通和执行。但是，如果我们仔细观察，并进一步区分游行，就会发现存在类型迥异的争议。抗议和游行的意义比象征性的展示更多。以保罗·劳特利奇（Paul Routledge，1997b）对尼泊尔抗议的考察为例。在这个例子中，抗议运动制定了不同的行人移动策略，包括风格、速度和数量上的差异。

案例研究 3.6　加德满都抗议中的堆式、群式和其他方式

在本案例中，我们会详细介绍地理学家和活动家保罗·劳特利奇在 1990 年对尼泊尔加德满都对抗国王的抗议手段的研究。抗议政权活动通过一些不同的移动策略实施。这些技术在两个不同的层面上运作。他们通过其行动的意义象征性地攻击了现状，以此作为对既定秩序的明显对抗。与此同时，他们的移动性被主管当局回避，表明这种移动性较之社会意义层面的流动性更为重要。

劳特利奇解释这一过程的关键在于特殊移动占领空间的方式。抗议往往倾向于以群式或堆式的形式呈现。他认为群式运动人数众多，能够"引发区域化的运动"（1997b：76）。这些运动占据了空间，从而赋予这种占据一片有意义的领土。因此，群式运动规模庞大，就政治意义而言，被看作一种开放且非常明显的权力主张。

抗议者采用的另一种不同形式的移动技术则具有相当迥异的效果。劳特利奇所说的"堆式"并不明显，而且其争论既不开放也不直接。相反，堆式的流动性往往更大，参与人数较少，而且更随机。一小群示威者会涌入某个场所，呼喊反政府的口号，或烧毁国王的肖像。在抗议者迅速前进之前，一切都发生得非常

快。正如劳特利奇所描述的，这个组合"并不面对主导权力，而是更隐秘，利用地下战术，令人吃惊……他们的行为总是很快分散"（Routledge，1997b：76）。示威者甚至会同时组织多个"堆式"群体。然后，他们可以采取分散手段，引导警方离开更为重大的集会。

>> 延伸阅读

（Routledge，1994，1997b）

劳特利奇的例子说明了抗议活动是如何超越单纯的象征主义的。移动性并不总是让人联想到强烈的表述和具有感染力的信息。相反，游行和运动有时必须进行破坏；参与者只有改变正常状态才能达成目标。

詹姆斯·C.斯科特（James C. Scott，1998）展示了如何利用出现叛乱政治的街道和空间支持不同类型的移动性，以便消除和破坏叛乱。斯科特探索了奥斯曼男爵在19世纪末对巴黎的著名重组。奥斯曼建造了城市大道，并相信巴黎古老、狭窄而多风的街道实现了颠覆性和反抗性的暴动政治。游牧民族应该居住在这些与固定财产关系疏离的地区。奥斯曼为了抵制这种不可预知的、无形的和流动的人口，修建了一系列连接城市内部林荫大道和市郊的新道路。这一举措背后的目的是实现城市不同地区之间的自由流动。新的道路可以使每个地区都和维持秩序的军事前哨之间拥有更直接的火车和公路运输。正如斯科特所说："巴黎东北部的新大道可以使部队从库尔布瓦营房赶到巴士底狱，然后制服动荡的郊区圣安东尼（Faubourg Saint-Antoine）。"（1998：61）

（三）占据空间

我们正在构建的观念是移动性的争论不仅仅通过可见和象征性的运 *129* 动直接反对或行使权力。通过对城市领域和环境的具体利用，移动性经常被视为强有力的竞争形式。1957 年，由居伊·德波（Guy Debord，1970）领导的情势国际组织（SI）的活动是关键。通过将城市视为被资本主义企业和视觉中介占领的区域，SI 采用了许多不同的技术或策略，用于打破城市景观的魔咒（Macauley，2002）。德波的心理地理学试图重新收回一个人与街道的情感和身体联系，这些联系曾因为注意力被非政治化的标志、象征和意象分散而丢失。情境主义者通过"派生"实践走路或"漂流"。目前，存在很多类似上述塞尔托提及的行走方式。通过行动实现流动可以占据空间，并将其用于实现自己的目的。这是通过使用空间积极生产空间，利用"空间行为"操纵和颠覆意识形态的概念。

在本节开始，被邦德追捕的恐怖主义分子已经看到，自由奔跑或跑酷作为一系列破坏城市秩序的做法（案例研究 3.7 对此有更详细的探讨）已经非常明显。跑酷被广泛理论化，参与者将其作为身体对城市建筑的抵抗，释放出空间乌托邦一般的潜力（Kraftl，2007；Saville，2008）。

图 3-6 跑酷团体 [①]

---

① Source：Copyright © Saville.

130

案例研究 3.7　跑酷、乌托邦和抵抗表现

跑酷或自由奔跑是高度体现创造性的在城市内移动的实践形式。跑酷的典型代表——"詹姆斯·邦德"系列和电子游戏——强调了跑酷的解放潜力。跑酷被描绘成当代狭窄城市的一种英雄式脱嵌方式。和 SI 一样，塞尔托描述的步行者对城市结构的占有情况也有很多相似之处。

尽管地理学家斯蒂芬·萨维尔（Stephen Saville，2008）对跑酷的空间进行了精彩的论述，但认为，我们应当谨慎对待这些想象，他同样认为跑酷具有超越定式的乌托邦式潜力。萨维尔解释了如何用这些概念实现跑酷哲学。甚至我们讨论过的邦德的"对手"塞巴斯蒂安·富冈，也写下了跑酷是如何实现想象和梦想的。富冈解释说："通过持续练习、搜索及旅行来发现、遇见和分享很有必要。"（Saville，2008）

然而，对于亲身参与这些实践的萨维尔来说，"跑酷"不仅仅是一项已完成的寻找自由的任务。他对"跑酷"过程的调查（重新）性搜索揭示了这种活动是一种搜索或寻找的过程，即"寻找新的和更复杂的想象"（Saville，2008）。跑酷似乎打开了一扇大门，它是一个"尽力但不一定可以到达的移动性"的空洞，通过与城市和建筑的游戏及创意互动，构成了无与伦比的空间。

≫ 延伸阅读

（Borden，2001；Saville，2008）

像跑酷一样，攀岩等其他形式的"极限运动"也被描述为"有形的颠覆性政治"（Lewis，2000：65）。这种移动实践拒绝日常的普通经验，寻求非凡和高层次的体验。这些例子形成了乌托邦式的实践。它们似乎

赋予了空间和物体潜在的合作价值，使其产生了居住在城市空间中的新方式。

其他类型的移动冲突也涉及政治空间的建构，涉及完全不同的运动和机构，以便形成不同的未来。特别是机场，经常成为游行示威的场所。2008年12月，在泰国曼谷素万那普机场，几千名抗议者集结在一起对 *131* 抗政府，导致机场持续数天停止所有进出活动。为了破坏公路或高速公路的移动性和潜在的移动性（Doherty，1999；Plows，2006），劳特利奇（1997a）展示了抗议运动如何具有区域化的空间。曾经发生过大规模非法侵入事件，如1995年在苏格兰格拉斯哥举行的抗议M77新高速公路的波洛克自由邦运动。常用的直接行动的战术包括通过"中断"特定的设备来阻碍道路的建设，延迟和打乱伐树活动。

（四）慢与快

现在很容易看到移动性如何构成政治冲突，特别是抗议。抵制或竞争的战略通常与旨在压制或镇压这些行动的战略非常类似。正如我们所看到的，这些似乎不仅以运动而且以不同的运动方式为前提，包括不同的方向、速度和可预测性。

移动方法 3.2　多重方法和慢食运动

正如之前我们所讨论的，步行是移动民族志艺术中的一个重要实践。但是，尽管城市的移动视觉为我们提供了一种参与城市体验流动的有效方法，但是它并未涵盖移动体验中的多重感官体验，特别是抵抗的实践。

莎拉·平克（Sarah Pink，2007；2008）对慢食和缓慢城市

（Cittáslow）运动的调查采用了一种更加适应运动的感觉和慢速，以及对天然和环境技术对当地食物生产的重要性的方法。该运动已经在意大利、英国、德国、波兰、日本和新西兰等国的一百多个城镇建立了网络。

为了体验慢食运动的活动，平克使用了一种"城市游览"的方式，即在城市中行走，体验当地商品的质感和感官品质。

132　　　平克使用音频和视觉方法，以及关于小镇的感觉、中心和节奏的详细说明来记录旅程。平克通过散步和导游的带领，在当地咖啡馆社交、喝酒、吃饭，发现她可以适应该运动的体验，可以作为一个缓慢的"旅行者"品味此番旅行（Pink，2007）。

实　践

·城市旅游能使人们直接地、移动地与当地交流。

·分享共同的运动体验可以使研究人员更接近那个地方的节奏和社会经验。

·记录声音、景色、气味和情感可以建立一种更加完整和动态的新的移动性和地方移动性。

>> 延伸阅读

（Pink，2007，2008）

此动态的一个有用实例是本章提到过的汽油危机。那场危机在2001年夏天扰乱了英国许多司机的生活。恐慌性购买行为导致加油站陷入混乱。为了抗议汽油价格上涨和燃料短缺，公路运输公司等组织在英格兰、苏格兰和威尔士，沿着各高速公路和主干道建立了自己的慢车队。政治学者布莱恩·多尔蒂等人（Brian Doherty et al.，2002；2003）的调查显示，在西北部的炼油厂和威尔士的彭布鲁克郡，农民和运输商首先做出示范，缓慢行驶的一百辆卡车和拖拉机在 M1 上造成了严重的拥堵。一天之后，威尔士以及英格兰北部和西部的所有主要炼油厂和油库均被封锁："9 月 11 日，星期一，油库示威已经蔓延到苏格兰和英格兰南部。"（2003：4）

由于移动性和固定性对他人移动能力的影响，慢速运动和封锁取得了效果。随着事件背景的消失，这次破坏带来了更多的政治成果。在报纸和媒体报道中，慢速运动和被封锁的主要道路上的直升机图像激增。他们的移动性和相对固定性开始通过媒体传播。抗议开始蔓延。警方对这些动作采取了不同的回应方式。研究者描写了警方如何管理和规范抗 *133* 议者，即要求从贝里克到伦敦旅行的车队符合更多条件，"极大地惹恼了抗议者"。警车"确保了车队比抗议者走得更快，还封锁了高速公路出口来控制路线"（2003：15）。

同样，尼克·布洛姆利（Nick Blomley）也展示了在 20 世纪 80 年代英国矿工罢工期间，英国警方应对矿工的方式（1994a，b）。他们制定了"拦截和倒退"的移动策略。布洛姆利解释了一个复杂的移动政治如何在一个引人注目的纠察线的小空间领域内得以构建。在罢工的背景下，矿场外形成了纠察线，以便产生一种明显的公开形式的抗议，以及对其他矿工进行惩罚和约束的场所。正如我们将在案例研究 3.8 中所探讨的那样，意识形态、权利和移动性之间的关系是一致的。

案例研究 3.8　进行罢工

尼克·布洛姆利关于矿工罢工的叙述显示了本章处理的很多问题高度可见化的答案。

纠察线本身起到了冲突的"肌肉"的作用，是可见的移动体现，限制和拒绝他人进入。跨过这条线，矿工的移动瞬间构成了符合自己与用人单位合同的"纪律行为",但是破坏了工会和同事的信任和团结。

这些移动由于"飞行桩"阻止、减慢或扰乱其他工人沿着各种道路和高速公路进入其他矿坑而被放大。正如布洛姆利所说,大规模的飞行纠察队比相对较小的静止纠察线更具威胁性。这是"令人震惊的超越国家纪律范围,随意且不可预测的移动能力"(1994a:177)。

我们怎样才能了解警方对飞行纠察人员的反应?警方能够以自己的"灵活性和机动性"(1994a:160)直接反对飞行纠察队。他们通过叫停纠察队员和工会罢工者来制定自己的差别化移动政策,以促进企图打破这些路线的"破坏罢工者"的移动。

134

对于布洛姆利来说,这种配置依赖于一个人的"工作权"与"移动权"的牵连。没有移动作为组成部分,"工作的权利"几乎就没有价值,仅仅构成了"联盟对罢工者适用的道德规范"的一种微弱的投诉(1994a:175)。布洛姆利认为,"工作的权利"与另一种自由——行动的自由——结合在了一起。在阻止"破坏罢工者"的权威眼中,纠察队限制了个体的"行动权"(Blomley,1994a:174)。

>> 延伸阅读

(Blomley,1994a;Cresswell,2001)

五、结　论

135

移动就是政治。政治决策和意识形态的意义强调了移动性,通过社会与权力的特殊关系，它们决定移动性的内涵和可能性。从概念上理解，移动性被置于一个复杂的影响几何中，塑造和影响其他主体和约束，同时也受其他主体和约束塑造和影响。因此，移动政治需要注意更广泛的关于移动作为一种社会对象的意识形态的假设，以及谁拥有何种权力。它迫使研究者分析那些特别的、不平等的差别和等级关系的移动性。正如先前所讨论的，有些人可能掌管移动性，有些人则落在后面，或者与移动性并行。

在这种分析中，统治和抵制的二元性是站不住脚的，因为权力和控制的关系以更为复杂的方式上演。在权力的几何形态中理解移动如何形成和实现，使我们开始想象它所涉及的经常令人费解的政治关系。从简单的服务获取和实现公民权利，到复杂模糊的后现代主义所属权、抗议战争，以及千里之外因为海平面上升而导致的人口移动带来的不确定后果，移动政治显然是多方面的，而且是难以置信地随机的。

最后，本章以一个案例研究收尾。20 世纪 80 年代英国矿工罢工期间矿工和警察的行动指向了一个自然的分歧。我们对移动性的讨论已经持续到当下。穿过界线和形成界线的矿工似乎都构成了具有各自特点的移动性。（非）流动性带着象征性的包袱。越过纠察线的做法代表着越过了其他的东西：跨越了工会的团结，也许还有和朋友、同事的纽带，口头承诺或者无法说出口的关系。移动性有特殊的意义，但又不止于此。这从根本上简化了事件，但它指出了我们在下一章将要面对的问题。他们的移动性或固定性形成布洛姆利所说的"肌肉"。换句话说，这些移动的做法实质上阻碍、影响或中止了其他移动。通过超越意义或代表性的限制，在下一章中，我们会问：移动性是如何达成的？

第四章

实 践

语言表达感受、情绪、感情或特定的心理和精神状态，但语言只能触及内在反应的边缘。内在反应源于肢体动作的造型和韵律。

（Laban，1960：92）

行胜于言。

（Evans-Pritchard，1956：231）

一、引 言

在前几章，我们关注了一些有关移动性的理念，如学术上对移动性 137含义的思考，以及移动性如何运作或者如何在世界上被构思出来。虽然几乎每一种移动性都被赋予了含义和重要意义，如从地球的转动到原子的运动，但是它们均未涉及太多有关移动性驱动力的问题，即移动性是如何发生的。本章，我们开始思考移动性是如何发生的。为了达成目标，我们需要借鉴一系列本身较为关注移动性的研究者的观点。

我们需要明白，这并不意味着磨灭视觉感官与具象化的重要性。尽管事实上此类工作早已被视为视觉研究领域首要的明确的批评对象，但其更期盼的是如同洛里默（Lorimer，2005）所说的"超表征性"经验中的片段。它关注移动的成果，如某项法令的颁布及其带来的所有影响。或者如同舞蹈理论家伊莎多拉·邓肯（Isadora Duncan）所说："如果我能说出来，就没必要以跳舞的方式进行表达。"（Thrift，1977：139）因此，作为原始和基础的经验，它更多地体现在运动本身，也就是移动性的相关研究已经探寻到的部分。

首先，我们将详述三个主要且相互关联的立场或方法。正是基于这些立场或方法，移动性被视为超表征性。其次，本章还将讲述这些思考方式如何从超视觉和情感记录的角度被应用于移动性。因为移动性构建了很多重要的社会行为和现象，这些案例将探究移动性的多重感官特性。下面，我们先来详述移动性研究成果经常被忽略的原因。

二、研究移动性

138　　人类学家布伦达·法内尔（Brenda Farnell，1994）著有一篇文章，目的是展现其自身所处的人类学领域。不同于各种人类学专著和报告试图展现其研究主体的行为和活动的做法，法内尔使用埃文斯·普里查德的经典专著《努尔人的宗教》（Nuer Religion，1956）作为案例。

在文本中，埃文斯·普里查德使用了一张照片，照片下方的说明文字为"婚礼舞曲中的转动"。法内尔认为，图像在众多表现手段中极有意义，运动的身体已经从学术探究中得到了证实。也就是说，正如第一章所述，运动或移动性的方式已经被冻结为快照。她写道："这并非不寻常。在这种模式下，为了使动作简化为一个姿势或者一系列姿势，一些照片、草图、图表或绘制在二维图上的肢体姿势都可以被用来表征记录运动。"（Farnell，1994：929）我们在第一章中进行了对这类快照的探索，法内尔认为，人们所做的不仅仅是使移动从图片中脱离开来。将"移动"从快照中脱离制定了一个认知上的技巧，即"作为社会行为的一个组成部分，将身体自发移动的中介从严肃思考中移除"（1994：929）。随后，移动性在学术研究中不再被视为严肃的研究课题，也没有足够的知识作为研究发现、数据或信息（Farnell，1996，1999）。更严重的是，她认为将移动性从图像中脱离反映或促成了进一步的妥协："通过扭曲我们对认知和存在方式的理解而进行人类学探究"（1994：929），这种探究又围绕移动性不断革新。"很多社会文化类的人类学家（虽然他们显然不仅仅局限于这一领域）从字面上并未看到对移动性的实证性研究，用法内尔的话来说，即'当他们谈及移动时，移动被视为一种行为而不是一种行动'。"（1994：936）换句话说，对移动性含义的断章取义使其成为在社会文化影响下迫不得已的行为反应。

接着，法内尔将这一失败置于更广阔的人类学范畴中，揭露以躯体作为中介进行表演和交流的系统（1999）："身体，即便脱离生物或机械实体的角度而从社会文化意义上来说，仍是静态物体。"（1994：930）法内尔想了解更多有关"人们对身体的塑造，即用肢体动作来表达主体的含义。这些动作可能源于无意识的习惯，也可能是极其刻意的舞蹈动作"（1994：931）。法内尔试图通过移动揭开"有意义的生产"的神秘，正如我们在第二章中看到的移动体。但更重要的是，她想要重塑移动性，将移动体作为"自然主体"——社交世界中的核心组成部分。

法内尔的观点（1994，1996，1999）在明确表达本章需要解决的两个关键点时颇为有用。这些关注的焦点如何通过非思想的惯性活动来进行有意义的社会行动，而且更完整、更具体的移动性意识可能会逃避抽象化、摄影甚至文本表征？我在此想要表达的是，很多研究者都认为，移动性是一种更重要的东西，不仅仅是我们从书本上读到的东西、我们对于婚礼舞蹈的理解或者别人告诉我们的东西。

让我们举一个非常简单但很有效的例子。假设你打过高尔夫球，尝试回忆一下打高尔夫球的感觉。如果你不打高尔夫球，可以想象另一种运动，如跳舞或踢足球。如果这些运动你都不会，就想象上下摆动小指头。假如我让你描述自己的肢体动作，那会很简单吗？你也许能给我关于运动技术的一个相当有说服力的描述：你是如何移动的。但这仅仅是对移动的一个肤浅的描述，仅仅截取了这项经历的一小部分，如你的身体如何从 a 移动到 b，如何从一个地方移动到另外一个地方。真的就只是这些吗？奈杰尔·思里夫特引用维特根斯坦的著名构想提出了一个问题："当我抬高手臂时，除了这个事实还留下了什么？"（Thrift，2000a）走动一步时，你留下了什么？移动是什么感受？它引起了什么感受？它是让你如何感受的？

我仅仅走动了一步，我自信能做到的只是我可以观察和想象。我的手臂基本和实际的移动性并不是费力的事情，我能在纸上实现其移动性的可视化，即从现实中抽离并且用一些线条和箭头把它描绘出来。还记得克雷斯维尔（2006a）画的从 a 到 b 的移动的图像吗？如果你对我保证过的实验有所尝试，试图描述移动的其他方面，那么你从中感受到的氛围和情感可能是一个更为艰难的挑战。同时，你会意识到自己很少注意到自身的移动性这一事实。从坐立不安到迫使自己去工作，到忘记自己如何到达此地，再到愤怒地拍击网球，你从未真正意识到自己可能做出的各种运动。段义孚（1975）以开车为例质疑这样的命题，即我们构建了所谓的精神地图，使我们能够被引导或者指引我们的日常生活历程，找到回家、工作或去其他地方的路。对段义孚来说，所有这些都可以是无意识发生的，因为当他发现自己身处已经距起始点有一段距离的地方时，并不记得他是如何到达那里的。在这段路途中，他的心似乎飞到了其他地方。

正是基于该立场，围绕着术语性能、实践和"非表征性"概念的社会科学出现了学术性转向。这些都有利于我们理解不同于第二章所说的移动性。虽然我所采用的手臂的例子并未很好地解释这个概念，但是该领域的研究者们想要验证的是手臂或者肢体在移动时，除了机械性表述外还留下了什么。正如我们已经看到的，还有大量的经验、情感和知觉等待被挖掘。

140

三、实践、表现和"超表征性"的移动性

学术界曾尝试超越以身体为中心的经验和以哲学传统（如现象学） *141* 为基础的知识形态。在这一部分，我们将检验三种相互关联的方法，它们都试图从复杂化且质疑移动性、思维方式和呈现方式之间关系的角度来理解移动性。

（一）习惯和实践

哲学家梅洛-庞蒂（1962）的唯象论已经成为一种使人难以置信的通用方法，以弥补精神和实体肉体之间的不可分割性。梅洛-庞蒂有关

各种精神失调的调查均试图去了解运动中的身体。他认为："这可以让我们更好地理解它。"（Merleau-Ponty，1962：117）梅洛-庞蒂支持他所描述的身体主体，反对笛卡尔的信徒对精神和肉体的划分。这些都以表象的方式看待世界——在反思和有意识的思想发生之前的一个世界。在这种主动和预先认知的理解中，移动体排斥意识或表征性思维决定意向性思维的假设并不存在于一个简单的时间和空间容器中，但是它积极地假设他们是主体和世界之间的直接中介。

在地理学和其他学科中，源于行为学和心理学领域的移动性研究已经设想出一套完全不同的研究方法，即研究何种因素促使或导致了移动的发生。在接下来的核心观点 4.1 中，我们聚焦于大卫·西蒙（David Seamon）有关此论点的感慨。他在 20 世纪 70 年代末期质疑了研究移动性的认知和行为主义的方法。

核心观点 4.1　现象学和移动的"身体主体"

人文地理学家大卫·西蒙（1979）的贡献在身体实践和日常生活移动性中起到了重要的干预作用，他用从行为主义和认知科学中得出的方法来研究移动。

受到同代人的启发，特别是哲学家梅洛-庞蒂的文章的影响，西蒙认为学者更需要注意的不仅是人类经验本身，还有人类经验的发生。他假设经验直接通过身体来理解获得，并以此作为其研究起点。

西蒙接受了梅洛-庞蒂有关身体—主体的提法，调查了日常社会关系和社会地位形成中习以为常的、普通的身体移动（参见下文）。正是通过这些研究以及对现象学的阐释，西蒙驳斥了当时许多有关移动性的理论。根据西蒙（1979）的说法，行为主义者确实关注身体动作，但是仅仅把移动视为一种行为，如同将驾车当作"对外界刺激的一系列反应"。

另一方面，一种认知方法（Downs and Stea，1974）则认为："这种明显的'刺激—反应'序列并非如此简单。"唐斯（Downs）和斯泰亚（Stea）提议："在这种情况下，你正深谋远虑（兼具字面和隐喻意义）并且使用了脑海中的认知地图。"（Seamon，1980：153）西蒙为了解答这些问题，转向了梅洛-庞蒂有关身体主体的概念。该方法设想了身体如何将规律的需求和行为转换为"满足日常生活要求"习惯。他克服认知假设，即日常生活需要心理地图或者反思思维，持续关注"手的姿势，脚跨越的每一步，每一个起点"（1980：156）。身体主体不会简单地将移动的身体视为行为主义者所认为的一系列神经反应，而是"其指向一种智能、全面的过程"，因此就要克服把身体视为"只能做出反应的被动反应的集合"（1980：156）的观念。

>> 延伸阅读

（Downs and Stea，1977；Seamon，1979，1980；Buttimer and Seamon，1980）

西蒙深入研究了移动性的实践——移动——以何种方式发生，怎样组成了有意义的社会行为。他的观点明显受到了目前我们熟知的人文关怀的影响。这是对人类生存稳定性的关注（参见第二章）。西蒙继续探索特定的"提前反应的"身体移动如何实现身体的"生活阶层"。我们的生活空间、日常活动和习惯似乎都是由微型姿势组成的，如"迈步、转弯、到达"这些日常活动，或是慢慢积累成有意义的习惯、重要的地方 *143* 和环境。

　　洗碗、耕地、建造房屋、制造陶器、打猎、烧水、煮咖啡都是由微小的身体移动组成的，这些移动已经融合在一起构成了一种可识别且可重复的实践，进而能完成特殊的任务，达成目的或满足需求。这些实践是由简单的"手臂、大腿和躯干运动"组成的，这些动作与任务和工作的完成是一致的。更重要的是，它们似乎都是"自发地去引导自身的运转"（Seamon，1980：158）。通过研究这些移动，人们应该获知"一个特定生活世界的稳定的惯有力量"（1980：162）。

　　基于这种方法，这些身体运动都被混合在一起，进而形成了一种更庞大的行为习惯，也就是西蒙所描述的时空芭蕾。每一个自发重复的微移动的"连续性"或者"稳定性"都被人的感官放大了，甚至可以进一步组成日常街道生活的图景。西蒙所引用的简·雅各布斯（Jane Jacobs，1962）的经典著作《美国大城市的生与死》（*Death and Life of American Great Cities*）的确非常恰当。

　　　　我所居住的汉德森街区一带每天都上演着错综复杂的人行道芭蕾剧。我第一次进入这个街道是在八点之后。当我拿出垃圾桶时，这当然是一项很平常的举动，但是我享受我的生活和我的小铃铛。成群的中学生走过舞台中间，扔下糖果的包装纸……清扫完包装纸，我便开始观赏早晨的其他仪式：哈尔佩特先生把洗衣房的手推车从停车区放到地下室的门口，乔·科尔纳基亚的女婿正从熟食店里向外清理空箱子，理发师也拿出了他的人行道折叠椅。

　　　　　　　　　　　　　　　　　　　　　　　　（Jacobs，1962：52-53）

　　除了雅各布斯所回忆的各种生活街道场景，其他移动性理论家也认为移动性能够促成社会秩序的再生产。基于这种方法，移动不仅是单纯通过惯性或无意识的行为形成有意义的社会交往，而且正是因为其习惯性且无意识的发生而不断重复加强了社会理念、规范和意识形态。由此，我们可以转入本章的第二个核心观点，它主要源自已故法国社会学家布尔迪厄的理论。

核心观点 4.2　移动和习惯

在布尔迪厄有关阿尔及利亚部落社会的著名研究成果中，《理论实践摘要》（*Outline of the Theory of Practice*，1977）和《区别》（*Distinction*，1984）已经被视为文化分析中的经典教科书。布尔迪厄认为，社会规范和价值通过身体运动、实践和日常行为进行内化和重复，即他所说的习惯。这些他所描述的"原则、实践和表现"可以形成规律，并且无须通过有意的目标指向以及"全体无意识指向的精心策划"达成一定的成就 (1977：77)。

在关注身体的移动性时，布尔迪厄提供了一些有关男女移动特质的有趣范例，以此来证实身体秉性。对于布尔迪厄来说，这是"已实施并具象化的政治感生神话"。他所观察的地方社会的规范和价值被"转为永久不变的地方性"，正是身体移动性的不断重复造就了特定感受、思考和行动方式的持久性。特别是，这些规范具有性别特征。

布尔迪厄指出，性别移动的最大差异是如何通过对移动的态度而被转移。对于女性而言，她们的移动具有向心倾向，指向家和壁炉。而对男性而言，他们的移动相对离心，通常指向市场和野外。一个男人"知道他要去哪儿，并且知道要准时到达。不论遇到什么障碍，他都会展现出他的力量和决心"（1977：94）。

女人的向心性倾向则意味着她可能"走路时会弯一点儿腰，低着头，看着她下一步要下脚的地方……她走路时会避免过度摆动臀部"（Bourdieu，1977：94）。

更重要的是，这些倾向被视为超出了"意识的掌控"，进而也几乎不可能经过深思熟虑而发生转变（1977：94）。

>> 延伸阅读

（Bourdieu，1977，1984；Thrift，1983；Cresswell，2002）

尽管是由哲学观点衍生出来的，但是人们到处在重复提及女性的向心倾向。质疑梅洛-庞蒂现象学方法的普遍主义更加贴近布尔迪厄的理论，艾丽斯·玛莉安·杨（Iris Marion Young，1990）的著名文章《像女孩一样抛掷》（"throwing like a girl"）最终也得出了类似的结论，即女性的身体移动表征是向心的、被动的和"自我参照的"。杨否认了梅洛-庞蒂对身体的探索成果以及布尔迪厄所说的移动是无差异的、本能的行为。她发现了女性是如何避免全身运动，而实现在"身体某单独部分的"集中运动的（1990：148）。通过移动身体的一部分，相对静止的部分会引发甚至拖着身体的其余部分静下来。杨认为，女性的运动往往很矛盾，此运动由移动部分远离固定部分，使他们的移动显得既迂回又浪费精力。女性的运动更加向内。女人被视为运动的对象而非发起者，因此，她倾向于作为运动的结果。这些动作都具有不确定性，正如她感受不到身体的"运动完全受到她的控制"（1990：150），而且必须区别她所专注的手上任务和引发身体移动的部分。杨最终结论是，女性运动是为了引起别人的关注。这就是一个"观察和表演"的过程（1990：150）。

从"像女孩一样跑步、爬山、荡秋千和击球"（1990：146）中，布尔迪厄和杨看到了不同性别的个体在通过移动处事时所产生的巨大不同。对于杨来说，这种差异是在社会秩序下表现出来的，布尔迪厄则把这种运动的运作定位得更加外向。移动是一个男人或女人的一系列社会规范、价值和思想再生产的产物。正如玛丽·戈登（Mary Gordon）在有关男女移动性交互作用的研究中所显示的，这些思想已经在流行的神话和文化假设中被不断提及。例如："女人是有向心力的，不仅把英雄从自然欢愉中拖出来，而且将其从英雄主义中拖了出来。"（Gordon，1991：15）在这里，我们共同面临一个移动和社会相互交织的时代。这三种方法都把"移动"描述为他们所认为的那样，即移动是原始的、前认知的、无意识的行为。

（二）表现和非表征性（non-representational）理论

我们已经看到了相对稳定的移动形式如何反映和再现一个真实的社会秩序。在西蒙的人文理论中，习惯化的移动性带来有意义的地点的相对永恒，以及重复接触的沉积。布尔迪厄则解释了身体移动，这反映并强化了海克西斯（*hexis*）的政治深化，再现了性别划分等关系。在借鉴类似思维方式的情况下，用于此类分析的其他方法的研究目的也有所不同。通过参与到行动的瞬间——注意做某事的行为，同时通过强调上述研究目的所同样呈现出来的无意识性和前反思性，他们质疑移动性如何超越了我们思考和表现的能力。

大多数这种类型的文章都源自舞蹈和表演理论等领域，鲁道夫·拉班（Rudolph Laban，1960）举例说明了舞蹈类表演性质的活动具有非表征化的特质。拉班对人们因舞蹈而产生的内心世界的波动很感兴趣，他进而比较了舞蹈和散文式诗歌的异同（1960：91）。在发现这两个过程不尽如人意后，拉班又考虑了伐木、拥抱甚至恐吓等移动。他认为这些动作都无法被称作移动的符号（1960：92）。"无声运动的人饱含情

146

感，举止奇怪，显得没有意义，或者至少令人费解。"任何试图通过文字描述这些运动的尝试都只能触及其一角，因为"运动比用动词描述的文章更为丰富"（1960：92）。

拉班的表述中含有重要的主题，即他所说的动作中难以理解的部分——身体运动已经超越了我们通过文字描述进行解释的能力。拉班对因移动而产生的一系列感觉、情绪、状态和经历进行了分类，但仍然认为难以用语言来描述。原因不仅在于移动行为的主体，还在于观看移动性行为演出的观众。

从这个意义上说，移动的表演可能是"不可再生产的"，因为有些东西已经从最开始的状态中被遗漏了。表演理论家佩吉·费伦（Peggy Phelan）描述了观看的艺术：移动性的表演其实暗示了运动的实时性。对于费伦来说，因为观众不遗余力地吸收着他们在"激情洋溢的现场"看到、听到和感受到的景象，所以这里没有"遗漏"（1993：148）。费伦所描述的表演中的元素就如同我之前引发你们对运动进行思考，这些因素逃离了表征形式的捕捉和知识。照片、录像带所呈现的表演只记录了那难以计数的复杂维度的一小部分，使其"难以成为表演艺术"（1993）。

你可能会试图自己去理解。录制你自己的运动视频——踢球、跳高、冲下山坡，或仅仅抬起手臂，回放这些运动，然后，你解读出了什么？你可能记得这些经验的图像和声音，毫无疑问，还会记得活动发生的地点和背景。但是你遗漏了什么？是图像中你的脸对风的感觉吗？是你所描绘的运动速度极限的动感吗？疼痛可能是印在你脸上的古怪表情，但是它能重塑肌肉或带来令人兴奋的速度吗？可能不会。卢瓦克·华康德（Loïc Wacquant）有过这样的描述："如何从人类学的角度解释实践如此强烈地具有物质感，文化是完全具有移动性的，其中所有的基本要素都是在语言和意识下传递、接受和运用的？"（Wacquant，2004：xi）舞蹈、奔跑、跳绳、跳高等一系列运动都是文化实践、运动、游戏、姿势和角色扮演的一部分，所有这些运动都能产生经验。"没有任何意义之外的感觉、运动、丧失和物理控制的恢复。"（Radley，1995：4）换言之，它们是"身体所能感受到的物理存在"（Thrift，1997：148）。

关注移动性的瞬间体会比尝试抽象化和表述移动性更有意义。迪 *147*
尤斯伯里所描述的"在沉思产生前的瞬间感受"（Dewsbury，2003：1930），就是为了引出如何思考移动性这一艰难的问题。他们如何通过有意识或无意识的认知确定目的和方向？我们可以从西蒙和简·雅各布斯有关街头生活的著作中获知，无论这些运动的产生是多么无意识，移动性的习惯化芭蕾都可以产生重要的、有意义的结果。

一个人可以运用能力学习如何控制自己的身体运动。我们知道，在试图完成困难或者复杂的身体运动时，头脑和身体之间会出现抗争。社会学家卢瓦克·华康德提道："训练过的身体正是一个自发反应的策略家，这样的身体能够在第一时间认识、理解、判断和反应。"（2004：97）把一个人训练成一名拳击手，就是要让他学会下意识的移动。通过对比训练过的肢体和业余肢体，新手很容易认识到他们的"生硬和纸上谈兵"，"他们难以用意识来控制身体的协调"（Wacquant，2004：97）。换句话说，我们所学到的只是"看得清动作"而已（Dewsbury，2000：472）。山姆·基恩（Sam Keen，1999）在学习成为高空秋千艺术家时展现的非凡的反应能力强调了表征性知识的弱点。基恩说，他就是通过发展他所说的动态智慧找到了属于自己的方式，进而"头脑所想，身体力行——跟着感觉走"。基恩解释了他为何不得不"放弃概念、分析、图像和文字"，而直接去感觉"肌肉和神经末梢的"信号和刺激。基恩塑造了一个"即时的、直觉的意识，它能意识到我的身体在空间中的位置"，他逐渐知道了如何去感知"运动中的身体"（Keen，1999：147）。可以以这种方式学习移动，而不是一定要通过看、读、有意识地吸收知识或者仅仅通过文字、图表、想法。基恩的高空秋千表演能力直接源于对运动及体验的直观感受。

华康德的拳击人种志（ethnography of boxing）论证了移动性的代表方向是如何被直接驳斥的。他和教练迪迪（DeeDee）在讨论拳击手册的使用方法时，氛围总是剑拔弩张。在这里，我会引用华康德有趣的记录：

> 在用毛巾擦拭身体的时候，我说："嗨，迪迪，你知道我前几天在学校图书馆找到了什么吗？一本叫作《拳击手的完整练习》（*The Complete Workout of the Boxer*）的书，里面有拳击的所有基础动作和练习。我是否可以通过阅读来学习拳击基础呢？"
>
> 迪迪表现得非常厌恶："你无法从书本里学习拳击，你得在训练场学。"
>
> 148　　"但是这本书可以帮助你看到不同的出拳动作，让你更好地理解这些动作，不是吗？"
>
> "不，这根本没用。你没法通过阅读来学习拳击。我知道这些书里有很多图片呈现你的双脚、手臂和角度的摆放，但是你体验不到动感。拳击是运动的，只有动起来才是最重要的。"
>
> 我坚持道："所以，我不能从有关拳击的书里学习到任何东西吗？"
>
> "是的，你不能。"
>
> "但是，为什么不行呢？"
>
> 教练被我的坚持激怒了，只能不停地重复自己的观点："你就是不能这样，现在你不能这么做。书里所有的东西都是静态的，它们

无法向你展示真正的运动。这根本就不是拳击。路易，你不能从书本中学习，就是这样。"

（Wacquant，2004：100-101）

在很多例子中，正确的动作和移动技巧都需要从手册中阅读、理解和学习，拳击也不例外。但是，上面的例子驳斥了这一点。这是一种内在的、运动的、原始的方式——在当下的移动中，迪迪想让华康德体会的就是这种方式。只是静静地站着，没有实战经验，他不可能掌握运动的正确技巧。这个例子并非意在说明移动实践是无意识的，而是想要表明针对特定活动的简单、有意识的思考并不是学习经验的关键。

移动方法 4.1　研究的具象化

如何呈现我们的研究这一问题引发了有关移动性概念的强烈讨论。地理学家莎拉·沃特莫尔（Sarah Whatmore，2003）借用了科技理论家伊莎贝尔·斯滕格（Isabel Stengers）的研究来质疑最初有关"领域"的定义。研究方法中的一个普遍观点就是一个人的采访、民族志、观察或者社会调查的领域是一个被动的世界，它静止不动地被研究者探究、捕捉，如同世界已停止不前（Whitehead，1979；Ingold，2000）。

这样的问题可以从数据收集的预感和事件追溯到研究写作的表征策略。正如玛丽-路易丝·普拉特（Mary-Louise Pratt，1986）在很多人类学专著中对"到来的特罗普"的批判所显示的那样，在人类学中，惰性或原始的思想占据主导地位。在学术探讨中，对一个部落的描述一般都已浪漫化和小说化，如"日出的场景""一堆堆动物皮和毛毯"，醒来的村民"在寒冷的早晨堆煤，生火取暖"

（Pratt，1986：43）。

　　整个场景好似"一个民族志的乌托邦"：传统社会从事传统劳作，全然不顾外来者的虎视眈眈（Pratt，1986：43）。但是，这不可能是一个质朴的、不可明确分割的世界。将充满意外的野外看作流动的、复杂的、混乱的场所可能是更精确的研究描述，也是对研究的尊重。"能量交换"也是通过实践研究而被认定为运动的（Latour，1999）。实践的字面含义是使世界运转（或者更多是在运动层面）（Ingold，2000）。通过将证据带回实验室，压缩地球和脚下的土壤，带着礼物和新想法去欢迎陌生人，或者仅仅是向路人分发问卷，实践见证了研究者之间的互动。

实　　践

　　·意识到你的研究中运动的移动性：你带来了什么？你带走了什么？

　　·在研究分析和撰写论文的过程中，很重要的一点是不要去浪漫化，并且不要抹杀一个可能是偶然的过程。

>> 延伸阅读

　　（Pratt，1986；Thrift，1999；Ingold，2000；Whatmore，2003）

（三）"超表征性"（More-than-representational）的移动性

　　很多在此方面有所著述的学者都质疑了非表征性理论是否注意到了
150　行动和转变的前认知领域。实际上，他们曾认为非表征性理论致力于培育二元论，其本意在于超越。学术界曾质疑它是否在思想和行动之间、在社会和"反思与预判下不可分析的世界"之间画出了一条隐含的界限（Nash，2000：657）。凯瑟琳·纳什（Catherine Nash）一直认为，只有假装舞蹈高于任何一种社会空间，通过想象舞蹈作为一种独立领域经验低于或高于其他社会和文化领域，它才可以被视为一种语言和前社会的身体经验（2000：658）。

围绕移动性的争论曾一度被中止。一些研究者将重点放在浪漫主义的命题上，即身体的非表征性移动不知如何逃避权力的介入。克雷斯维尔在案例研究 4.1 中对该问题的阐述可能是在此假设下最著名的阐述了。

案例研究 4.1　表征和调节现代移动性

移动中（on the move）是针对非表征性理论最有力的评判之一。当移动性被抽象化和表述时，克雷斯维尔设定了西方现代中的多种瞬间。特别值得注意的是，通过各种形式的身体调查和理性化的形式，在知识重新回到移动的身体之前，存在系统的过程可以使人们认识到这一点。

从维克托·西尔威斯特（Victor Sylvester）在伦敦的舞蹈学校，到宾夕法尼亚州的伯利恒，到泰勒的钢铁工厂里出现的科学管理人员，甚至是莉莲·吉尔布雷思（Lillian Gilbreth）有关家这个场所的分析应用，都只是克雷斯维尔向我们展示的一些瞬间。人们不断尝试着使移动性为人所知，使用各种可视化工具使不可见的移动性变得可见。时间移动的研究把难以理解的身体移动和临时标签结合在一起（Rabinbach，1990），使平滑的运动分解为机械组合的组成部件。

一旦研究抽象化的移动性的各种方法得以实施，有关移动性的知识便会受限于各种评判和计算，而这些都是为了呼应并且加强各种社会价值、原则和理念。在资本化的转型时期，身体移动可被测量，因此可被视为低效、迟缓、懒惰甚至动物化。在与种族倾向和社团相一致的情况下，西尔威斯特的舞蹈学校一直致力于取缔不正规的舞步。换句话说，社会含义深深刻在运动和步伐类的移动中，从不曾远离。从中，我们可以看到一些自由表达的含义，即使存在一些正当或不正当、正确或不正确的小瑕疵。

>> 延伸阅读

（Crary，1999；Bahnisch，2000；Solnit，2003；Cresswell，2006a）

克雷斯维尔坚持认为，移动性往往受描述管控，因此不能独立于权力。从运动概念到时间运动的研究，各种捕捉和表现移动性的系统都将身体经验转化为抽象的量进行测量和计算。以这种方式研究移动性，能够使身体被理解、合理化和富有意义。特定的移动性可以被接受，有些则不被接受。移动性可以通过表征进行学习和管理。舞蹈类身体运动并非一种直截了当的否定关系，它试图限制纯粹的玩耍和快乐，反而变成了"表征力量的一部分"（Cresswell，2006a：74）。将舞蹈仅仅描述为非表征性的身体动作，就需承担对思维与动作、表征和演示进行划分的风险。克雷斯维尔对这类划分所回答的延伸含义就是为了指明"人类的移动性本身便具有表征性质"，将"实际表征视作实践，将实践视作表征"（Cresswell，2006：73）。

我认为，我们应该赞同这些观点，虽然这种批评会夸大非表征性理论学者所创造的区分度。德里克·麦考马克（Derek McCormack，

2002，2003，2004）的研究则尽量避免采用受人指控的二分法。根据
格雷戈里·贝森特（Gregory Bateson）针对舞蹈的描述，通过思考我
们所说的思想本身是什么，麦考马克对韵律的研究质疑了这种将思维从
运动中分离出去的趋势。

> 伊莎多拉·邓肯所说的"如果我能说出来，就没必要以跳舞的
> 方式进行表现"实际并无意义，因为她的舞蹈就是语言和运动的
> 结合。
>
> （McCormack，2002：439-440）

这并不是说麦考马克所验证的身体运动超出了思考或表征认知的范
围——纯粹是在认知的领域中，但它们需要或涉及对思维和感觉的不同 *152*
理解，而这种理解是相互关联的。

这种方法不是受限于表征性的思考和感受，而是另辟蹊径，使思考
和感受融为一体。这是一种对于舞蹈包含多种思想、行动、感觉和表达
的移动性的认同。蒂姆·英戈尔德（Tim Ingold）同时针对行走提出了
一个类似的反思。他认为："认知不应该从移动中分离出来，就像把头
和脚分开一样。"（2004：331）从这个意义上出发，行走就是无意识的
身体知觉和感觉的重要组成部分（2004）。进一步进行思考，正如洛里
默（Lorimer）和伦德（Lund）在他们对高地登山运动研究中所展示的
那样，步行是其他令人难以置信的科学测量、数据收集或制图的一部分
（Lorimer and Lund，2004）。

移动性自发表现出表征性和非表征性。移动性时常被赋予含义并被
表现出来。移动性可以被深思熟虑地构想出来，训练和身体适应就是一
个思想和移动性相结合的明显例子（Latham，2008）。移动性的表征甚
至可以用于跟踪和控制移动性。然而，移动性的有些因素却难以表现，

如规避内涵或无意识地发生，但这并非意味着需要权力。虽然移动性难以表现，但这并不意味着人们会放弃。重要的是，我们不能忘记移动性在这两方面相辅相成。

在本章接下来的两节中，我们将举例从几个维度展示移动性的实践和表现。我们将特别关注移动性中的感官和情感，因为我们已经见证了它们难以表达和表现。

四、观察、感觉、移动：移动实践范例

153　　在第一部分，我们将讨论作为实践和表现的移动性如何与许多不同的感官体验结合起来，这些体验可能构成、组成甚至开始解释移动性。我要研究的内容与之前有关闲逛者（flâneur）的讨论具有颇多相似之处，而闲逛者推崇的是在人们漫游的方位上用视觉去理解景色和景观之美。因此，在这里，移动性首先被理解为视觉活动。

（一）观　察

一种对视觉实践活动最深入的描述，可能来自社会学家欧文·戈夫曼（Ervin Goffman，1961）。他对城市环境中人们散步的行为进行了令人难以置信的极其原始的观察。对他来说，城市中的移动性由眼睛引导和指挥。他的视觉研究关注移动步行者如何四处浏览，因此步行几乎完全被认定为"视觉活动"。戈夫曼把行人当作初始实验对象，他们"需要用眼睛引导身体行动"（Ingold，2004：327）。同样地，心理学家詹姆斯·吉布森（James Gibson，1950，1979）在有关生态观念的研究中也提出了视觉承受能力理论，认为这种情况下的视觉理应能够"承担"或促成人们在指定空间范围内的移动。

吉布森探讨了一个开放空间或"环境提供任何方向的运动，而杂乱的环境只允许在空地上移动"（1979：31）。当视野被障碍物阻碍时，移动性就不太可能产生。为了从心理学的角度解释这种行为，吉布森认为行走是"受视觉控制的运动"，其中"小路能够让行人从一个地方移动到另一个地方"（Gibson，1979：36）。在他的"自然视觉和运动"理论中，吉布森更充分地描述了他的方法，突出了用一种预先认知的视觉方式来理解我们周围的环境。如果有看上去允许移动的空间，那么自然视力会塑造人们的移动倾向。当视觉系统未被约束时，"我们环顾四周，步行到有趣的地方，我们在它周围移动，从一个街景转到另一个街景，以便从各个角度进行观察。这就是自然的视觉"（Gibson,1979：1）。

吉布森的自然视觉理论发现，在城市环境中，通过规划、建筑和软件（如空间句法）来建模和预测人类活动，已经超出了心理学的范畴。行人动力学等类似领域试图模拟移动个人的行为。在对城市建模中移动主体的特征性质的感性价值产生怀疑时，特纳（Turner）、佩恩（Penn）等人纷纷借鉴吉布森的自然视觉和运动理论，把视觉感知纳入他们的模拟研究中（Hillier et al.，1993）。正如第三章所述，我们质疑模拟的准确性和主导地位，将移动的行人看作原子、粒子。有研究者问道："一个人遇到一群人时，会迎头撞上去还是从人群的缝隙中穿过去？"（Turner and Penn，2002：474）特纳和佩恩烦恼的是现有模型缺乏"观察的能力"。从字面上看，如果没有视觉，他们的模型就只是在黑暗中向人类刺了一刀（Turner and Penn，2002：474）。

通过直接把吉布森的视觉承受能力理论编入他们的"体外视觉架构"，模拟主体（移动个体）现在被赋予了可观察的能力。可用的行走地面为移动的行人提供了占用空间的机会，使得附近适宜步行的地面皆可用于运动。他们的假设表明：

> 在自然状态下移动时，一个人会简单地引导自己移动到更远的可步行的地面。而可用于行走的地面的存在一般都是通过最直接的人类感官进行确定的，最典型的就是他或她的视觉范围。
>
> （Turner and Penn，2002：480）

此外，希利尔（Hillier）和汉森（Hanson）提出人们在对城市空间进行谈判时会受到他们的"高低线"的影响（Hillier and Hanson，1984）。最长的高低线或者"轴线"将决定他们最可能的移动路径。

这种讨论颇为重要。虽然上述讨论已经被有意简化，但它们证实了一些对我们有关移动性实践的观念和想法具有一定指导意义的假设——如同前述章节所示。移动性的这些现象说明了一个相对普遍的概念，即移动发生在不知不觉中，同时一个人可以根据自己的视觉感官预测下一步移动。下面，我们将进一步探讨为何他人研究得出的移动性和视觉性之间的关系不只是单纯的视觉观察，也不只是简单的预测实践。此外，我们认为，多样的特定视觉感官的文化和经济实践可能是由各式各样运动着的多感官活动的组成形式加以呈现的。我们可以先考虑旅行的艺术。

（二）观 光

游客的移动实践已经被定位为一种主要的视觉活动，它包括在移动中对场所、方位和人员进行观察的特殊方式（更多详细研究参见核心观点 4.3）。正如第二章所述，视觉在旅游中的中心地位恰恰是被电影和传媒理论家捕捉到的。这些理论家认为，观影或看电视的经历和游客的旅行经历类似。在下面的章节中，我们将更深入地探讨"旅行理论"，该理论把"电视节目和电视机前的观众"的形象等同于"行者、游客、寄居者、流亡者、流浪者、朝圣者或游牧民族"（Harrington and Bielby，2005）。观众可能会从他们的长椅、沙发或电影院座椅移动到其他时空中（Friedberg，1993；Bruno，2002），如泰姬陵、纽约、冰岛、巴格达这些备受观光客青睐的目的地。

我们可以探讨旅游业为何成为一个主要的视觉感官活动（参见核心观点 4.3），如同电影和电视观众可以被他／她的视觉感知所吸引一样。然而，尽管"旅客凝视"的概念似乎暗示它是一种不可理解的视觉活动，但旅游业和电视转播文化的相关研究都已经证明，旅行对于其他各式各样的视觉型的移动体验而言很有建设意义。

核心观点 4.3　旅客凝视

在寻求验证旅行是"现代化"的界定特征之一时，厄里强调了休假如何涉及一系列运动和停顿：停留和行走、离开和到达，这些同时组成了作为现代社会地位象征的旅游业。正如人们在暑假时的一些正常化举动，这些活动都具有一种独特的视觉味道。对于厄里来说，有一系列视觉移动实践贯穿在旅游的形成和组织的过程中，他称之为"旅客凝视"。

甚至在旅行开始之前，游客就可能通过"白日梦和幻想"受到旅行目的地形象和景观的影响（1990：3），并通过其他移动传媒，如旅行手册和电视广播进行传递。

进一步说，旅客凝视是捕捉和收藏的艺术。曾经的旅行地的图像，旅行体验的快照，都能使再现的反转过程成为现实。假期旅行可能会被转述给朋友，或在其他时刻被突然记起，或在归程旅途中被再次回味。旅客凝视是对于不平常生活和超越日常生活体验的进一步观察。游客可能会从中找到差异、惊喜和意料之外的事物。但同时，这些惊喜可能是经过事先协调或设定好的。旅行空间通常是非常脚本化的，旅客凝视也常常被一些标志、符号和画像等特定事物指引。例如，巴尔干和南斯拉夫长期战争的结束使东欧旅游业重整旗鼓。当停战兜售了农村逃避主义以及布拉格和萨拉热窝的国际化经验时，这些战争也使历史和遗址成为旅游资本。

厄里谈及的最后一个问题是上述所有活动共同组成了现代经历的一种特征，即极富移动性和视觉性（1990：4）。正如第二章所述，景象的旅游消费象征着所有事物的消费和大众商品化（the mass commodification）。

>> 延伸阅读

（Urry，1990；Sheller and Urry，2004；Hannam，2008）

虽然厄里的方法不排斥其他类型的移动体验，但旅客凝视由于对移动性的视觉模式优先化而颇受诟病。凝视和通过多种观察实践活动所构建的方式确保旅游移动成为一种有别于其他形式的休闲领域。批评者认为，旅游活动是整体的身体体验，而非仅用眼睛去观看的活动。事实上，厄里后来的著作也反映出这些维度。旅游学者保罗·欧布拉多·庞斯（Pau Obrador Pons）简要地指出了这一点，而且他认为："实际上，整个身体都参与到了旅游过程中。"（2003：57）从气味、触摸到兴奋、刺激和恐惧，你可以想象一系列与旅游体验有关的化身。

庞斯解释了旅游实践如何深深扎根到其他种类的移动活动中。海滩上的景点就是一个很好的例子。例如，皮肤和沙子的景观（Fiske，

1989；Shields，1991），甚或橙红色夕阳地平线、一直持续到日出的迷幻狂欢，是果阿、泰国或伊维萨岛典型的海滩场景。这不仅仅是视觉空间，在这里，海滩变成"声色俱佳的旅游环境"。这是一种视觉旅游活动，通过与身体、时空和物体的物质连接而形成，是一种特殊的音乐才能实现的场景（Obrador，2003：57–58）。

这种方法使我们更接近前述讨论的更具代表性的移动性。当考虑整个身体沉迷于移动旅游的空间和实践时，我们就可以思考"积极的、富有表现力的"运动中的身体体验。这确实不仅仅是去探索移动身体所蕴含的价值、规范和理想的社会和表征的重要性，还要考虑移动身体的肉感、触觉、"试探和欲望"如何使沙滩狂欢变成一个"似物化的乌托邦和充满难以描述的快乐"的地方（Orbrador，2003：55）。在古典音乐演唱会中，我们可能希望"看到音乐家用身体创作音乐"，使听众听得"若有所思、沉默和静止"。然而，在果阿或伊维萨岛的海滩上，观众、表演者和移动性之间的关系完全不同："物理运动"变成了"想要倾听的内容的必要部分"（Malbon，1999：84）。

厄里清楚地知道很多其他感觉如何对旅游体验产生重要影响。凝视的重要性在于视觉的优先性，或许更重要的是，它搭建并描述了一系列实践和布局来消费这些体验。游客实践和行为通常由一系列本能性格组成，同时还包括在旅行阶段其他实践和规范是如何行动的。对蒂姆·伊登索尔来说，这些行为是从"引导"到"表述性取向"和"关于该做什么的工作共识"（Edensor，2001：71）。他们甚至会以文本形式出现。例如，旅游指南告诉我们该观光哪里、触碰什么、站在哪里、去哪家博物馆以及去哪家餐馆吃饭。让我们以伊登索尔笔下的一个美国游客为例，她曾在泰姬陵附近转悠。伊登索尔描绘了这个游客如何被周围游客的行为激怒：

157

　　她愤怒地高喊："我觉得印度人真是垃圾游客。他们完全不知道怎么成为一个合格的游客，到处横冲直撞，时刻都在说话，从不停驻观察任何事，甚至在泰姬陵也是这样！"

（Edensor，2001：78）

　　在此背景下，英国游客的旅游习惯突然被暴露出来，因为她和她的印度伙伴在习惯上有明显的差异。作为一个游客，她与其他人的习惯和准则有着根本差异，她的身份也在这一瞬间暴露无遗（Frykman，1996）。对于英国游客来说，正确行事意味着不容置疑的视觉欣赏、收集和沉思，但旅客观光显然没有一个普遍的标准。

　　更加批判性地思考一个人应该如何看待这个问题，导致了其他研究者对视觉消费者的重新想象。他们以一种更灵活、具体的方式看待视觉消费者，他们的视觉和目光都是结构化的，并且引起了人们的注意（Crary，1999）。朱丽安娜·布鲁诺（Giuliana Bruno）指出以前的观光记录如何倾向于夸大观光经历的静态视觉性质，称之为"一动不动地，迷失在孤单的幻想狂喜中"的体验（Bruno，1992：114）。同样地，克朗也对观光旅游的理念表示了质疑，认为观光旅游就像"电视迷每天在客厅里被成千上万的图像轰炸"（Crang，2002b：14）。欧文·帕诺夫斯基（Erwin Panofsky）是德国艺术史学家，他解释了观者如何"永远处于移动状态，因为他的眼睛和其后的相机镜头在不停地转换方向和距离"（Friedberg，1993：126）。此外，布鲁诺（2002）之后的研究还检验称看电影是与其他观众一起产生的彻底的多感官体验（Jancovich et al.，2003）。

158 移动方法4.2　时空拼接

　　鉴于我们对表征性的限制和移动体验的表征问题进行了讨

论，这里便产生了一个遗留问题，即移动方法论如何解释这种过度。的确，如果移动的社交实践被视为"非认知性的，并且在很大程度上是非言语性质的，那它们如何被纳入研究中"（Latham，2003：2001）？简而言之，我们如何超越这个话题来研究移动性？（Latham，2003）

莱瑟姆努力严谨对待"实践流程"，他基于时间地理学提出了一种方法，改造了相对传统的研究方法。莱瑟姆试图通过奥克兰的城市案例阐述受访者移动性的流动感和感受，为此他结合了受访者的日记、日常采访，以及照片等进行研究。这些图表被置于一个时间和空间轴上，构成了语录、照片和研究评论的集合体。X轴代表住所、工作地点和庞森比路的空间位置，Y轴则包含一定的时间范围。箭头的连接组织把白天的活动联系在一起，确实构成了日常实践的大部分内容，引领"读者进入了日记作者的世界"。

实　践

· 思考关注谈话如何掩饰一系列活动的无意识和惯性行为。
· 让你的受访者展示出各自的运动时空日记。
· 日记、非正式的照片和笔记可以有效地表现日常移动。

>> 延伸阅读

（Latham，2003）

（三）行　走

正如我们迄今所看到的，当我们再一次重回对行走的移动实践的关　*159*
注时，对观光的其他感官组成部分的关注便来自地理学家约翰·怀利（John Wylie）的有力论证。受梅洛-庞蒂现象学写作的启发，阿方索

（Alphonso）、林吉斯（Lingis）、英戈尔德和怀利（2005，2007）对移动视线进行了有力探索并对其加以批判。沿用梅洛-庞蒂对身心分离这一观点的反对，怀利（2002）见证了观察景观的移动步行者和风景本身相互交织的紧密关系。从这个角度来看，正如英戈尔德极力宣扬的，我们可以开始拒绝一个粗略扫过"已被绘制和构建好的世界表面"的步行者的想法，而去接受一个把风景和行人看作互有建设意义的组成部分的方法（Ingold，2004：328-329）。

保罗·亚当斯（Paul Adams，2001）描述了路过某地时如何要求各种感官，如"视觉""听觉""触觉""嗅觉""动感，即所谓的本体感受"，甚至"味觉"参与其中。声音包含"从鸟鸣到交通和喇叭的声音"，触摸的感觉则可能"包括蒿草刷过身体时的触感，过往车辆在湿滑路面上溅起了浪花和在拥挤的地方陌生人之间互相推搡"（2001：188）。更广泛的哲学著作甚至认为，移动性和运动如同一种复合触感。交流情感的接触能力是由移动本身激发出来的，建筑理论家达利博尔·维斯利（Dalibor Vesely，2004）持同样的观点。他解释道：

> 我们的手指划过桌面，感受到了它的光滑，并以此作为该物体的质感。触觉感受是一系列运动完成后的结果。当触觉运动停止时，触觉感受也就消失了。
>
> （2004：82）

视障人士对于公共空间的谈判强调了步行穿梭在景观时触感的重要性（Hetherington，2003）。在博物馆这样的地方散步，人们所获得的感受可以增强可视和非可视的寻路行为。

重要的是，这些感觉可能甚至无须经过有意的思考。凯文·赫瑟林顿（2000a）讨论了有视觉障碍的寻路者如何做到不假思索地导航。移动触摸的参与可以发生在反思前，"像我们心脏的跳动"一样（Vesely，2004：82）。如同路易斯（Lewis，2000）所讨论的，触摸和各种触觉感官可以进而补充我们的其他感官。地图等表征知识可以结合路易斯称之为"触觉导航"的物品，其中，"攀登者通过感觉其穿梭世界的方式确定自身的位置"（2000：76）。通过这种方式，"对于登山者来说，知识即抓住绳索"（Lewis，2000：76-77）。

这也许是一种老生常谈的说法，即人随着这些触觉移动性而变化。*160* 常见的民间传说会告诉我们，人们下山后是如何改变的。如果在阿伯里斯特威斯的威尔士海滨小镇附近的伊德里斯住一夜，就意味着一个人要么疯掉，要么成为诗人！因此，怀利将这种移动性描述为自己和格拉斯顿伯里突岩之间的互动。以旅程中的气味、口味、触觉和主观性为例，案例研究 4.2 探讨了人们的思考总结。

案例研究 4.2　攀登格拉斯顿伯里突岩

为了质疑景观的视觉和活动的解释标准，怀利将个人叙述与概念分析结合起来，回忆了在英国布里斯托尔附近的格拉斯顿伯里的攀登经历。怀利说攀爬突岩不是简单地观察别人，也并非从这种观察中得到什么。

怀利记录了他一路上的各种感觉和感受，说明了攀爬突岩是如何被界定为一种折叠行为的。"胸部和腿部的沉重感"塑造了他的高视角（2002：451）；在其他时间，他的视角还结合了"一种轻盈，一种坠落感"。眺望的移动者与风景融为一体。景观将弯曲的攀爬者拥抱其中，"如同两个冷暖锋形成的闭合地带"（2002：451）。从这个封闭山脉的角度来看，高山和运动主体相互补充说明，形成一步一景。登山者作为观光者出现，与被视为更恒久的山脉风景，这两者略有不同。

观光和移动的行为相互嵌套，如同它们在山上那样。如果说仅仅是人被运动改变，这种想法未免过于简单。

>> 延伸阅读

（Ingold, 2000; Wylie, 2002; Ingold, 2004; Wylie, 2005）

对于怀利来说，行走并非经常被反映为有意识的过程，但它似乎包含了"持续折叠又展开的环境，其中视觉、气味、触感、滑倒和坠落不断相互交织，又不断相互分隔"。正是因为这一切，"主观性和意义"才可能出现（2002: 445）。

（四）骑　行

161

在骑行运动中，视觉作为一个维度在许多其他感官中得到了补充。这表明对视觉的关注等同于对表征的关注，但贾斯廷·斯平尼（Justin Spinney）最近的探索试图理解骑行经验的非可视和非表征性维度。斯平尼并不仅仅把他的自行车当作空间运输的技术性工具，他写道："我们从中获得乐趣。"（2006: 729）

斯平尼的描述引人回味，使我们能够想象出令人难以置信的高温、痛苦、节奏和纯粹的意志。通过引用参加冯杜山骑行比赛的经历，他在民族志中这样回忆道：

尽情呼吸，坐在鞍上，用不同的肌肉发力，开始感觉疼痛但尚可忍受，进入阴凉处……感觉膝盖疼痛，试图找到运动的节奏，进

入阴凉处，呼吸变得费力，深呼吸，时速9英里，换到二档，只剩
一个档便到顶峰……离开鞍座，遇到转弯，看起来像是一个坡道，
只能看见路……大腿感觉要燃烧起来了。

（Spinney，2006：724）

斯平尼骑行的一系列感觉有助于把人体内脏的移动性联系在一起。
他的故事由一系列简单、直观、前反思的骑行表现进行描述。我们了解
到他的身体如何在未经过对阴影的分布形态、道路的坡度变化以及停机
坪的轮廓改变的思考便能够有所回应。

暂停一下，我们需要考虑在这里被阐述得最为强烈的感受之一：疼
痛。正如我们将在下一节探索的，移动性的感觉和经验往往和感情、情
绪交织在一起。奔跑时，约翰·贝尔（John Bale）自问："运动员强忍
疼痛可以成为一种反常的快乐来源吗？"（2004：91）贝尔的答案是这
常被视作不可避免的，而对于一些人来说，它是跑步的目标和移动性目
的本身。疼痛可以是个人实现最好成绩或赢得一场比赛的重要组成部分。
在此意义上，疼痛是产生愉悦心情的方式。对于其他人来说，则恰恰相
反，移动性和痛苦组合体现出一种受虐主义。贝尔观察到："越是疼痛，
我们尝试奔跑就变得越艰难。"（2004：99）疼痛可能只是斯平尼骑自
行车经验的一部分，他的行为并不一定经过深思熟虑。身体移动的各个
方面都是通过非认知行为而非故意或者视觉来识别的。对于斯平尼来说，
身体肌肉的所有意识其实都意味着各种感受的优次等级之分。"在运动
时，视觉是次级官感。"（2006：724）显然，他旅程中的某些部分是令 *162*
人难以置信的视觉识别和思考，另外一些则不然。

将观光、行走、骑行这三个例子综合起来，我们可以看到，一种对
视觉的关注使我们接触到大脑对知觉和感觉的认知，虽然有时候大脑好

像罢工了。也就是说，移动性的感官故事并非意味着认知脱离。身体肌肉意识的激活可以使思维和计算变得更加激烈，正如移动性为生活带来了一种触觉。哲学家简·雅克·卢梭（Jean Jacques Rousseau）将艺术漫步视为行为思想的本身（Van den Abbeele，1992），移动实践允许他的"灵魂"得以释放，使他的想法更"大胆"（Van den Abbeele，1992：114）。卢梭提出步行有一些特别的产物。就像电灯开关的开启一样，它帮助"推动"和"激活"他的想法。他写道："当我待在原地时，我几乎无法思考；我的身体需要运动，因为我的脑子留在那里。"（1992：114）相对于笛卡尔的冥想之旅，卢梭所需的心灵运动只能通过肢体运动触发。思想和运动是交织在一起的，"只要我停止脚步，我的思考就会罢工，我的头脑只和我的双脚一起运行"（Van den Abbeele，1992：114）。

移动方法 4.3　边走边聊

行走的"自我恢复"对于有关记忆和联想恢复的定性研究有着很有趣的影响。乔恩·安德森（2004）利用身体运动的边缘传统以及对"行走"（Pink，2007）的新概念的预测，探讨了"散步"作为研究环境直接行动（EDA）的合适技术的可能性。在布里斯托尔的艾什顿法院，通过与参与者一起散步，他挖掘了被调查对象的记忆、价值观和对野生花卉的联想。你的思想、身体和世界可能会结成联盟。丽贝卡在《漫游癖》（*Wanderlust*，2000）中说：

（步行）是一种精神、身体和世界的一致状态，如同是三个人最终一起交谈，三个音符之间突然产生了共鸣。

（2000：5）

在安德森的案例中，行走即"悠闲"散步的移动形式，也就 163
是埃文斯所说的"漫无目的的闲逛"，如同"从容漫步"，但是听
起来更花哨（Anderson，2004：257）。这样的运动在安德森、他的
调查对象以及他们经历的环境中产生了共鸣。"悠闲"的移动促成
了相遇。李（Lee）和英戈尔德继续写道，通过步行，"我们可以
看到并感觉到两个人在一起时确实是一种学习的过程，在调整一
个人的身体和别人演讲的节奏以及分享（或至少来看）一种观点"
（Lee and Ingold，2006：83）。

实 践

·让你的调查对象参与到移动活动中（如散步），可以激发你
的记忆和感觉，反之则不利于记忆和感觉的开发。

·咨询你的调查对象，仔细考虑你所遇到特定环境和物理环
境的潜在影响。

>> 延伸阅读

（Anderson，2004；Bassett，2004；Lee and Ingold，2006；
Hein et al.，2008）

五、运动和情感：移动性的影响和感觉

正如我们可以把移动性当作能够根据我们的各种能力去感知的东 164
西，移动性就是那些被移动的事物和可以移动我们的事物。换言之，移
动性是我们所感觉到的情绪和情感意识。一些哲学家和社会理论家试图

说明移动性和情感之间的亲密关系。朱丽安娜·布鲁诺认为，物理运动和情感之间存在因果互动，即"事实上，运动产生了情感"和"类似地，情感中包含运动"（Bruno，2002：6）。对于文化理论家布莱恩·马苏米（Brian Massumi）来说，影响和移动性是分开的："移动身体是因为移动而移动，移动身体的感觉因感觉而感觉。"（Massumi，2002：2）此外，社会学家咪咪·谢勒（2004）认为："运动和情感……正在交织并通过组织综合技术和文化来产生实践。"（Sheller，2004a：227；Ahmed，2004）心境和情绪甚至会被视为自身内部的运动。巴什拉描述了我们的希望和恐惧如何产生"垂直差异"，并且如何使我们变得"更轻或更重"（Bachelard，1988：10）。积极的情绪可能涉及"在我们自身意识中释放自己，或欢乐，或轻盈"（1988：10）。恐惧和焦虑这类负面的情绪所涉及的路径则是"下降"或"跌落"。

虽然情感和影响的概念存在细微差别（我们将在稍后讨论），但身体的运动似乎能够唤起情感，反过来也可能会干扰、加深、补充或取代它。同样地，情感和情绪似乎都可以刺激移动性。这些问题已经引起了著名理论家威廉·詹姆斯（Robinson，1998）的注意。在他提出的一个著名例子中，詹姆斯问如果遇到一头熊，人逃跑时会发生什么。是什么原因导致我们逃跑？是情感。因为害怕，所以我们逃跑？反过来说，因为逃跑，所以我们害怕？你可能也会问类似的问题："我哭了是因为我很难过，还是我之所以很难过是因为我哭了？"答案并不简单。在身体运动中，一种复杂的情感过程似乎在起作用。詹姆斯认为，感觉不是一种情感的认知经验，而是经常逃避。从这个角度来看，受到惊吓的感觉与运行中的移动性息息相关，并定性了情感本身。人们如果没有逃跑的行为，就不会感觉受到惊吓。

毫无疑问，你可以把各种各样的感觉、情绪和各种类型的移动性联系在一起。谢勒将驾驶行为当作一种特别强有力的形式，即驾驶的自动移动性以不同的方式联系起可以"打动"特定机构的行为，从而产生不同的"印象"（Ahmed，2004）或不同的情感倾向。驾车运动和对移动风景相关的感觉、对微风的感受、运动的过渡、发动机的线头、转弯的力量和急转弯的速度，这些都可以产生各种感情，如"幸福、激动和期待；对其他人来说则会变成恐惧、焦虑或胃痛"（Sheller，2004a：227）。

移动的许多形式都旨在体验，并且产生特别的感觉。勒·布莱顿（Le Breton，2000，2004）将不同类型的冒险运动描述为"寻找压力"。感情并不是单一的，但是某些种类的移动性可能会扰乱或遵循一个又一个情感链，它们之间又彼此反馈。在蹦极时，"跳跃"之前，"第一步"可以说是"眩晕感"的恐慌，这可能会将"情绪推向极限"，并借助"呐喊"释放出来（Le Breton,2000：4）。此外，移动的感觉也会有一致性，是通过更持久的形式实现的移动。许多种情绪、感觉和状态至今都难以被展示出来。通过引用罗杰·班尼斯特（Roger Bannister）在自传中所描绘的自身经历，贝尔展示了一个人如何才能感受到班尼斯特所必须经历的边缘感。

> 每隔一段时间，当我跑步的时候，我会感到一种迎面袭来的巨大的幸福感。我的一切都是和谐的。我感觉很平静，我的呼吸很放松，以至于我感觉自己可以一直跑下去。我没有意识到时空——只感到一种非同寻常的平静。
>
> （Bale，2004：106）

"变得平滑"是一种感觉，也许我们只能通过亲身体验来真正理解或感受。

正如思里夫特（2000b）所建议的，理解这些感情状态颇有必要，因为它们经常被纳入更广泛的经营和销售情感、感觉和经验的产业中——从充满肾上腺素的冒险旅游到主题公园，再到汽车。在本节其余部分，我们将用两种不同的方式来理解移动、影响和情绪。虽然它们出现在不同体系的哲学和学科语境中，但我们将看到移动的身体如何渲染那些令人难以置信的想象力、交流和参与。

（一）影响、感情和能力

我们第一次试验的假设类似于微观实体宇宙，在书的开头卢克莱修就向我们介绍了这些。在把所有东西分解为碎片和原子材料后，卢克莱修描述了我们的情绪如何从与环境的联系中浮现出来。我们的感情和"生命精神"似乎是由构成我们的最小的分子组成，因此它们是"首先要被搅动的"。很多人都知道，我们极易受到天气变化的影响（Ingold，2005，2007a）。卢克莱修证明了我们的情绪是如何被"温暖、无形的风，然后是空气"所影响的（1951：103），而且一切都被唤醒了。接受能力是关键，感受事物的移动如同一支蜡烛在微风中飘动。受到刺激后，"血液加速"就像多米诺骨牌一样，"脉冲传遍整个肉体。最后，所有的骨头和骨髓都充满欢愉或者异常兴奋"（1951：103）。

卢克莱修设想的敏感的身体同时表明了具象化以及自由意志的问题。移动或者由"心脏"产生，动员"他身体中的每一个组成"，或者来自"别人伴随强迫力的打击"。在这种情况下，所有"我们的身体不自觉地被设置和推动的问题"只有相互制衡，方可维持身体一动不动

（Lucretius，1951：68）。如同卢克莱修，斯宾诺莎（Spinoza）暗示身体总是受到物体波动和其他个体、事物的攻击。

运动和情感。因和果。一波未平，一波又起。斯宾诺莎想象了个人无休止地影响其他个体（Gatens，1996；Damasio，2000；Anderson，2006）。我们的身体四处碰撞。身体在循环和碰撞。它们正在构建或减少，刺激或制服，并在协作下形成能力——移动和感觉的能力。以最近对于萨拉·艾哈迈德（Sara Ahmed）观点的探索为例。艾哈迈德探讨了恐惧等感觉能力。以我们对于熊的案例探讨而言，恐惧是移动形成的能力。恐惧会减少和收缩身体可能产生的行为。对于艾哈迈德（2004）而言，实际上恐惧涉及双容量，因为"它限制了人体的移动性"，同时"似乎导致身体的出逃"（2004：69）。这里存在一种复杂的政治，一种权力几何学，即以一个人的恐惧命运封锁另一个人的移动性。艾哈迈德借鉴了法农（Fanon）讲述的一个白人男孩在遇到一个路过的黑人时逃跑的故事。

> 我们可以看到，白人男孩明显的恐惧不会导致他拒绝生活在世界中，但显然他对于世界的安全感是由爱他的人建立的，爱他的人也因为他的恐惧而恐惧。他们被恐惧压迫，身体紧紧缩成一团，占据的空间变少。换句话说，恐惧通过运动或扩大他人的空间来限制身休。

（Ahmed，2004：69） *167*

在这个例子中，母亲抱着孩子的身体。孩子的恐惧使他们冲回母亲的怀抱，这是他们正在经历的并且在世界上移动发生的。然而，母亲对孩子的心疼意味着她们认为这种恐惧是"粉碎性"的、无法移除的以及带有限制性的。

艾哈迈德描述了恐惧和移动性的种族动机（另一个例子是白人的抗争），可以与有关这些能力的种族主义假设进行比较。贝尔（1996）解释了黑人运动员如何由于明显的训练和从危险中逃离的本能反应而被广泛视为"天生的短跑运动员"。引用对非洲人本能行动能力的典型解释，"他的速度"和"短距离的快速行动的维持"，毫无疑问源自对丛林本能的原始反映（Bale，1996：143）。其他配置也被吸收到种族和民族的基础中。贝尔还引用了20世纪30年代德国作家的一段话，他在描述芬兰人的情感气质时，阐明了自己的种族政治观念。显然，芬兰人喜欢奔跑的特质已经融入血液中，当他身处"明朗深远的"绿色森林里，或"开阔茂密的平原"，或"树木丛生的高地"，他便被"兴高采烈""深度需求"和"想要奔跑"（1996：143）的内在感受压倒、战胜和诱惑。

（二）交流与社区

这些情绪与影响是如何成为它们自身的移动的？处理这个问题的大部分工作集中在身体的移动性及其完整性上。根据思想家艾米莉·马丁（Emily Martin，1998）的研究成果，身体并非被视为封闭阻挡外部力量的"堡垒"，其皮肤类似于渗透膜。根据特里萨·布伦南（Teresa Brennan，2003）的喜好神经—生物学试验，这意味着"从它所经历的影响而言，解除自我信念的负担是自足的"。在讨论的最后一个领域中，我们探讨情感与影响怎样在人的体内起伏。当人们一起运动时，身体会延伸到更宽泛的个人纽带和联系中。情感与影响会彼此反馈，随着在人与人之间的跳跃，它们会更加紧密地联系在一起。

前述果阿海滩聚会的例子为我们提供了一种有用的方式，我们可以参加定期的自身活动——闲逛和去俱乐部跳舞。你可能是阅兵式、武装部队的一部分；我在想象演习和行军。你可能经常在球场上参加墨西哥队的比赛，或者和球迷一起为足球或篮球的一个进球而欢呼。你能想象到这些活动的感觉吗？一些人可能会回忆起团结的感觉，一种群体的感觉——比你自己更伟大的东西。一些人可能有一种骄傲的感觉，一种提高士气或赢得周围人尊重的感觉。你可能感觉到自己与周围的人有天然的联系，感到自己有一种归属感。也许它是一种高高在上的感觉，一种会在你和周围人之间油然而生的喜悦感。

168

案例研究4.3　随着时间一起移动

历史学家威廉·麦克尼尔（William McNeill）的著作《与时间同步》（*Keeping Together in Time*）认为，人们的共同移动为社会与文化的联合提供了情感黏合剂。在这种情形下，麦克尼尔比较了舞蹈与其他形式的有节奏的运动（如军事训练），探索舞蹈如何在小部落和聚落中对小而孤立的社区起到稳定作用。麦克尼尔认为，舞蹈的情感唤醒（和较少活力的有节奏的活动，如游行和军事演习）在拓宽和区分社会中的社会关系方面起着至关重要的作用。有韵律的运动有助于在社区、乡镇以及军事环境中产生归属感。有节奏地团结起来，创造一种原始、强大的社会纽带，已经成为动员部队团结的普遍方法。演练需要大量士兵以完美的时间和节奏进行运动，这样不仅有利于群体协调和同步，而且会带来更无形的回报。以这种方式产生的"强烈的同伴感觉"或"原始的社会储备"通常被称为"团队精神"或"士气"。对大多数指挥官而言，确保部队响应指示，不擅离职守，并在战斗中变得更加凶猛，这对于保持士气而言非常重要。

从这种军队训练到岛屿的社区部落舞蹈，到移动、形状、颠簸和研磨（你可能会在每周五晚上看到），麦克尼尔看到他们采用基本相同的原则。

169　　　通过追寻这些超过一千年历史的实践，麦克尼尔总结说，正是这些身体活动把人们聚集在一起。它们如此重要，以至于复杂的人类社会如果没有被束缚的运动感觉就不可能维持自身。拒绝意识形态和话语的力量，这是麦克尼尔真正关注的感觉，这种感觉离不开人们的手势和表情肌。

>> 延伸阅读

（McNeill, 1995；De Landa, 1997；Gagen, 2006）

除了使用符号与话语交流，在体育活动中和在其他社区聚会上，在一段时间内一起移动对于建立和加强集体目标感，以及理解"幸福"感的产生都极为关键（Brennan, 2003：70）。理解不会分离身体的物理与实践运动，感觉可能超越并覆盖一起移动的群体。相较于没有口头交流和象征性的行动形式，按照一致的原则行动会带来团结和归属感。

这些纽带和共同的感受不一定要在时间上移动，而是简单地移动。我们已经知道一起移动意味着与某种情感纽带相对应。齐美尔通过对城市环境的观察发现，身体、物体等的节奏导致闲逛者的个体图像。闲逛者从外向内离开现代性冲击下的紧张刺激。但这只是众多解释中的一种。马费索利（Maffesoli, 1996）描述的不是直面分离，而是身体间形成他所说的"群体的活力"和"温暖有情的人们自发形成的团队"的协调。

核心观点 4.4　社会性的阿拉伯

回顾一下我们是否在第二章中讨论了碎片化的主题，闲逛者代表对现代世界的迷恋以及使自己尽可能摆脱现代世界困境的特殊努力，二者又具有一致性。闲逛者与当代牧民象征着通过自我意识突破社区和社会枢纽的个人主义（Sennett，1998）。

在其著作《时间部落》（*The Time of the Triber*）中，社会学家马费索利拒绝日常生活的碎片与个人化趋势，劝说读者考虑将人们联系在一起的"情感星云"。部分星云是由他所说的触觉关系组成的，这让我们联想到之前讨论过的理论家——尤其是埃利亚斯·卡内蒂（Elias Canetti，1962）的思想。马费索利写道："在大众中，一旦穿越、碰撞和摩擦到别人，就会建立相互作用，形成结晶和组织。"（1996：73）

马费索利的部落的特点是偶尔聚会和分散流动性。他提出可以在现代城市的街道上发现案例，如"跑步、朋克和复古时尚爱好者、学生及街头艺人邀请我们进行路演"。它通过重复的行为制造审美氛围，瞬间凝聚联系，"是脆弱的，但是这一瞬间成为感情投入的重要对象"。

类似之前大卫·西蒙与简·雅各布斯讨论过的时空芭蕾，马费索利认为这些活动不仅充满了意义，而且不自觉地归因于情感投入。

通过详述鲍德里亚关于美国公路交通的著作，马费索利承认奇怪的仪式与规则改变了个人的命运。对马费索利而言，鲍德里亚似乎得出只有通过集体强迫的推动才能找到社会互动或"温暖的存在"这样的结论：移动性（类似于鲍德里亚对交通的讨论）。

马费索利为我们呈现了一个近乎兽性或原始的社会，认为个体移动和活动是他们很少意识到的"庞大芭蕾"的一部分。身体在芭蕾舞中是一个紧密联系的系统。处理意向与反射对马费索利来说不会有意识地发挥作用，这就是社会性的阿拉伯。

170

>> 延伸阅读

（Canetti, 1962; Baudrillard, 1988; Maffesoli, 1996）

171　　感染人的情绪的转移甚至可以在群众暴乱、爆发的示威游行或者快闪族这类当代产物中看到，并且被当作一种协调的交际活动。凯瑟琳·斯图尔特（Kathleen Stewart, 2007）说明了快闪族如何通过短信或其他通信方式迅速地组织群众进行示威游行。在其著作《平凡的影响》（*Ordinary Affects*）中，斯图尔特列举了几个近期案例：

> 在玩具反斗城，一个快闪族盯着一只电子雷克斯霸王龙，然后在分散之前迅速地尖叫，挥着手摔倒在地。在纽约，参与者聚集在纽约中央火车站的美食广场，组织者（通过他们手持的《纽约书评》进行辨识）指导印刷说明书的群众下一步该做什么。不久，晚上七点之后，二百人突然聚集在纽约中央火车站旁边的君悦大饭店中层楼，大声鼓掌十五秒，然后离开。
>
> （2007：67）

这些事件说明了影响的爆发力和移动本质。快闪由小世界、坏的冲动、充满变化的事件点燃。虽然快闪族可能是自发出现的，但他们通常是高度组织化的，这并不会让他们"令人兴奋"的表现掉价。

可以对这类事物和包含经验分享的移动性进行比较。像以前一样，身体移动经验的实际参与可能比人们认为他们共享的具象或反射时刻更多，但对地理学家麦考马克而言，这更像是"一种运动展示"。继贝森特有关舞蹈表演的著作之后，麦考马克试图认真研究在运动和舞蹈的共享经验中，身体如何超越"我"或自身的概念，但外部路径中断了其他身体，穿过或超过了它们 [第一章探讨了齐普夫（1949）的身体概念]。贝森特说："这就是我称之为通路的个人关系。""我"似乎不再那么重要或宝贵。这种联系是身心更大程度的结合体的一部分（McCormack，2002：474）。

在描述 2001 年在伦敦美术舞蹈空间中的体验时，麦考马克回忆道：

> 我们围绕身体工作、刷牙、触摸，看着他们紧张不安地上下前后移动，试图在我们的运动中找到周围的空间。集体焦虑，连接的影响。
>
> （McCormack，2002：194）

通过共同行动，情感似乎提供了连接个人与集体潜意识的途径。情感星云可以出现在其他指定的环境中，如俱乐部。 *172*

案例研究 4.4 情感活动俱乐部

正如已经提到的夜总会空间形成集体情感的具有先见之明的例子，通过身体、音乐、运动的交织，本·马尔本（Ben Malbon，1999）的《俱乐部》（*Clubbing*）说明了完全不同的个体怎样联合起来创造情感联系。遵循埃利亚斯·卡内蒂的人群理论化和马费索利的部落行为分析，"我们"和"凝聚"的感觉，是跳舞和一起跳舞的乐趣的一部分。

音乐自身包括能够通过听与移动的实践进行客观思考的鉴别力。马尔本提出了构建一种特别的狂喜或置于其中的感觉—身份与认同之间的联系。它是通过移动性，通过在舞池中"运动、接近且有时接触他人"，成为更大事物的一部分，"在自我意识与意识之间游走"（1999：74）。

我们仍然难以理解，因为在夜总会的感觉与过程很难被表达出来。马尔本认为："思想与行动之间的关系是中心，尽管这种关系很难定义或解释。"

>> 延伸阅读

（Canetti，1962；Malbon，1999；Saldanha，2007）

我们可以把这些种类的身体路径扩展到一种更广泛的集体中。一个有效的集体可以在移动中产生。赫瑟林顿（2000b）采用由新时代的旅行者形成的人际社区。作为一组旅行者——车队——一起移动，可以激发人们的归属感，向参与者提供"根植于强烈情感体验和共同的考验感"的成员感。作为共同体一起移动，可以建立起情感或进行情感交流，类似于朝圣（Bajc，2007；Bajc et al.，2007；Eade and Garbin，2007；Cavanaugh，2008）。体验车队在一起以"氛围"和"嗡嗡声"来表达，甚至是旅程的情绪与基调。这似乎是同胞情的情感认同基础，即"朝圣途中的情感交融"（Hetherington，2000：75）。

173

在更广泛的范围中，我们可以考虑这些关系如何通过更复杂的地方舞蹈艺术形成。以移民到达和离开新的地方和环境的那一刻为例，大卫·康拉逊（David Conradson）和艾伦·莱瑟姆（Alan Latham）通过移动性来处理成为集体或聚集在一起的感觉，产生新的邂逅以及人物和事件的新的关联（2007）。相遇的事件是由"活泼"的互动组成的，形成短暂的情感电荷场、移动能量和感觉的结构，在下沉和上升之前，在其他地方进行重组（Conradson and Latham，2007：238）。正如他们所论证的，如果不难把可识别的地方看作提供特定的情感可能性，那么当你迁移到新的地理环境时会发生什么？人们在情感上有多少可能，可以让他人进入、穿越和改变这片土地？

一个移民在新的城市最初遇到的是一连串全新的"声音"和"气味"、不同的语言词汇或方言，以及迥异的处事方式。在移民可能有机会解释或描述正在发生的事情之前，作者展示了这些移动性如何引起各种各样的感觉和直觉反应：

> 在面临这些新的城市生活形式的每一个时刻，一个个体有必要能够解释正在发生的事情或为它取名。情感反应将会发生——可能是肌肉收缩、瞳孔扩大和肾上腺素释放。这些反应可能包括惊讶、喜悦、愤怒或恐惧，有时甚至结合在一起：在伦敦市郊拥挤的火车上旅行，一定能够在短时间内引发所有这些情绪。
>
> （Conradson and Latham，2007：236）

六、结 论

移动性怎样运行？现在讨论这个问题似乎为时过晚，它反映了整个 *174* 学术界应对移动性时的迟缓。我们探索发现，视觉化和具象化常常以实践问题、表象和更多活动本身的感官体验为代价。

通过一系列关注运动、表征和主体的文献，本章探讨了如何组成一系列社会进程。实践的移动性远超过我们在第二章中所认为的那种简单、有意识和可计算的行为。基于不同理论与一系列移动性的概念，移动性被视为多感官活动而非总是有意识的思想或表征性。我们关注的这些问题并不仅是高高在上的理论，而且是社会实践经验不可分割的一部分。它们解释了当我们开车到最近的加油站而未考虑汽车行驶情况时，通常情况下，机动性是如何表现出来的。它们解释了我们在移动时的感受：移动使我们的思考更加清晰，或引起相当大的痛苦。但这不是简单的表象与实践或思考与未思考的问题。这些问题使我们对于什么是思想与表象的思考更加清晰。

多方面表征性情感的优势和移动性的情感维度使我们能够继续超越单一移动和理性个体。联系、集体、地址和组合，所有这些术语都与移动性的行为、实践或表现密切相关。移动性与人和事物相匹配，它似乎能解除身体之间的障碍，让思想、情感和同伴情感得以传递，从而使感情成为移动本身。正是由于它具有这种能力，本书将探讨移动性如何提供一种调解。

第五章

中 介

所有事物皆必须以一定的方式移动。

（Abler, Adams and Gould, 1971：389）

一、引 言

你从香港起飞的航班已经到达多伦多机场。当抵达目的地，离开飞
机时，你会遇到几个安全和移民局的工作人员，他们会用一个奇怪的
装置指着你。当看到大量乘客和工作人员戴着口罩——仿佛即将进行手
术——的时候，你会非常不安。这是 2003 年在南亚旅行或者从南亚出
发的许多乘客都面临的情况。严重急性呼吸综合征（SARS）疫情已引
发了安全和卫生应急措施。这种病毒通过往返中国的游客的移动进行传
播。从新加坡到加拿大和美国西部，以及中国香港、台湾和大陆地区，
有些商务旅客、游客和移民感染了一种类似肺炎的疾病。伴随着这趟旅
程，它已经感染了八千人。机场边防的工作人员使用温度检测装置来识
别乘客升高的体温——用于鉴别病毒携带者的重要临床表征。

稍后，我们将在这一章更详细地审视这个例子，但是现在，我们可
以基于该事件进一步思考未来几个月公众焦虑的爆发。我提到的这种口

罩在亚洲和加拿大边境地区以及机场航站楼司空见惯。很多人决定不出门。新闻广播进行了多种预测，并使用计算机模拟来说明危机的潜在传播。各种管理和调节人们活动的机制均已启动。凯尔（Keil）和阿里（Ali）将这些机制描述为"与人类和非人类紧密相关——携带或怀疑携带病毒"（Keil and Ali，2007：853）。

本章开端 SARS 的例子令人不安。凯尔和阿里（2007：853）用"携带"描述这种移动性行为，无论其主体是人类还是非人类，甚或卫星传输。这些移动设施成为容器和路径，成为其他事物移动的管道。人的移动性意味着潜在的疾病移动。SARS 可以在全球迅速蔓延，可以在城市间迅速扩散。它可以在飞机舱内传递，有关它的新闻能够通过不同媒体快速传播。其中，移动性——人的移动——使其他形式的生命体的移动变得完全可能。同时，人也不是唯一的中介。飞机和列车成为乘客的中介。印刷品和其他形式的电子通信在全球范围内进一步传播关于疾病的消息。一种移动性推动着其他形式的移动性。不同的移动中介（如飞机）既是乘客移动的中介，也是病毒移动的中介。移动性调解其他移动体的移动。

本章将通过几种似乎在概念上互不相关的移动性来探讨这些中介载体的几个方面。马歇尔·麦克卢汉（Marshall McLuhan）也许是第一个注意到"通信"这一术语如何逐渐与交通分开的人，导致后来思里夫特断言"交通和通信无法分道扬镳"（1990：453）。麦克卢汉（1964）认为，这种划分使信息媒介（如文字、观点和图像）和实物及商品（如石头、硬币和莎草纸）之间的流动性具有了隔阂。从这些媒介中将信息剥离出来意味着道路、货车、物流基础设施的流动性将随之解体。虽然本章侧重于可以被同时视为通信或交输的各种电子、信息和物理的移动性，但正是通信和交通不同移动性交叉的地方——它们如何调解——可以提出更加令人满意的问题。

思里夫特（1990）总结了这种相互作用的方式，解释了运输和通信如何"利用各种方式"对对方产生依赖。我们被告知报纸的演变与"伴随铁路（或铁路）和电报"的邮局历史紧密耦合（1990：453）。正如思里夫特进一步所说的，中介有关连接、复杂性以及日常生活。这些中介活动无处不在，"充斥着人们的生活"（1990：453）。

为了探讨这些事宜，本章节将论述不同的移动调解。它们包括：

- 移动性通常如何扩散
- 移动性的中介
- 移动体和其他的移动之间如何联系

首先，本章简单地论证了社会如何神奇地调解移动社群，这些移动社群允许、促进并促成社会关系。中介旅行已经变得如此重要，以至于中介物——旅行的方式——成为识别国家文化、当地身份和集体爱好者的对象。本章随后讨论中介的扩散过程——移动性如何携同和传递其他事物的移动性。本章还将研究移动物体作为中介，如何携同移动，进而依据彼此之间连接与断开的能力，研究中介距离对人类、环境、景观之间相互关系的影响。最后，我们将探讨被各种技术扩大的移动性的属性，以及可以移动、追踪、启用、调节通道的对象。

二、移动中介：汽车与航空

汽车通常被视为现代社会的一个标志。厄里写道："现在人们认为的　*178*

'社会生活'" 如果不能让人们灵活地使用汽车出行，那么也谈不上便捷可行。汽车可以随时使用。几乎不需要事先规划或准备，人们便可以开车去上班、看望家人和朋友（2000：190）。现在，人们无法想象缺乏汽车出行的日常活动。文献中衍生出不同的短语，如汽车乌托邦和汽车文化（O'Connell，1998；Thomas et al.，1998；Miller，2001a；Wollen and Kerr，2002）。然而，不仅仅是汽车有这种解读方式，飞机等其他交通工具也有同样的概念。媒体和文化研究学者吉莉安·富勒（Gillian Fuller）和萝丝·哈利（Ross Harley）运用美妙的术语 "aviopolis" 来形容这个日益增长的航空运输世界（Fuller and Harley，2004）。当然，交通学者已经阐释了移动性是 "人类活动与需求的基础"，是 21 世纪的 "试金石"（Knowles and Hoyle，1996：4）。

在进一步详细讨论移动中介之前，首先要说明我们的社会是如何进行调解的。值得注意的是，如你所猜测的，对交通系统如汽车和飞机的研究不能被归结为同一种学科方法，而是很多种。核心观点 5.1 介绍了交通地理的子领域。

核心观点 5.1　交通地理

戈茨（Goetz，2006：231）最近指出："交通的核心是研究地理，如同地理的核心是研究交通。"交通地理学对城市交通系统、州际与城际网络、机场枢纽系统和航线网络的深入研究已经成为热门的研究子领域。

在一段时间内，交通地理并未完全做到与时俱进，如第二章所描述的方法。大卫·克凌（David Keeling）最近通过分析苏珊·汉森（Susan Hanson）的观点而得出以下结述：

交通地理学家并未在理论与方法上与时俱进，交通已经失去其学科中心地位，尚停留在 20 世纪 60 年代的分析框架中。

（Keeling，2007：218）

其他人也有相似的问题，如霍尔和他的合著者提道：为什么交通地理没有跟上这种新思想下的知识挑战？（Hall et al.，2006：1402）。

虽然缺乏人文地理学与社会科学概念的复杂性，但交通地理也有其独特作用，对它的批判也许并不公平。有些人说在这些争论中，交通地理学的贡献被低估了。克凌进一步评论了普雷斯顿（Preston）和戈茨的观点，解释了近来交通地理学家如何刻画"地理概念结构与实证语境"之间的关系（Keeling，2007：218）。

移动正在响应新的"流动范式"，以便学习更细致入微地将交通运输理解为一种社会对象。对于克凌来说，"交通以多种实践的方式塑造社会和空间，社会也通过对空间、地方和人的秩序进行批判的方式来塑造交通"（Keeling，2008）。当然，这是一个挑战，克凌提出一些想法——"超出'静态的'社会科学方法会促进移动性的和谐还是带来分立"（Keeling，2008：277）。

至少目前，这种征兆是积极的。诺尔斯和他的合作者（Knowles et al.，2007）的经典著作《交通地理学》（*Transport Geographies*）通过定性分析与定量统计相结合的方法，提供了一种更加全面与综合地看待移动性问题的方式。

>> 延伸阅读

（Hoyle and Knowles，1998；Keeling，2007，2008；Knowles et al.，2007）

180 我们可以着手的两种主要的中介形式可能是如今最具有支配地位的中介形式：汽车和飞机交通系统。汽车技术已经在许多文献、专题著作、特刊中被加以讨论。"汽车移动性"这一术语作为汽车介入移动的主要描述而出现。在厄里和谢勒的架构中（2000：739），机器和人类的结合创造了"汽车驾驶员"。此后，汽车移动意味着人体、汽车以及更广阔的"道路、建筑、标志和整个移动文化"之间出现的新的移动可能性。

厄里强调，汽车意味着移动性增强、社会互动更为直接，以至于"人类通过（这种）移动实现居住和社会互动"（Urry, 2000：190）。换言之，汽车移动不仅仅意味着第二、第三章所示的汽车意义上的个人自由，也有第四章所述的这些自由带来的新的社会关系。汽车和飞机带来的不仅仅是"个体简单的延伸"（2000：190）。

航空与汽车的移动促进人们进行社会活动，也利于人际关系网络的形成和维系：在或短或长的距离内，外出度假，休闲，拜访朋友，家庭共处，以及工作或商务会议。航空旅行创造了克劳斯·赖森（Claus Lassen, 2006）所描述的"旅行廊道"。这些是连接场所的通道，将通勤者和普通旅客与公司会议、会议或销售预约联系在一起，从而创造出新的社会经济空间和连接形式。企业、国家事业单位和其他组织在场所间形成网络连接：2002—2005 年，伦敦飞往日内瓦、法兰克福、奥斯陆、巴黎、斯德哥尔摩的航线占欧洲所有商务航空旅行的 45%（Derudder et al., 2008）。通过戴鲁德（Derudder）等人对欧洲航空公司数据库的重新解读，表 5.1 呈现了这些网络的层次结构。

航空与汽车的移动促进了社会实践在技术领域的发展。埃里克·劳里埃（Eric Laurier, 2001, 2004）结合许多致力于研究驾驶与工作的关系的项目分析了这一趋势，发现受访者在开车时经常进行与工作相关的实践。这些活动包括持续与办公室秘书通信、呼叫投诉的顾客、阅读和传递文档（见图 5-1）。所有这些活动都试图与驾驶同时进行（Laurier，2004：264）。

181

图 5-1 在高速路上工作[①]

表 5.1 欧洲商务连接度[②]

城市	商务旅行
伦敦—日内瓦	3281117
法兰克福—奥斯陆	2026604
巴黎—斯德哥尔摩	2019845
阿姆斯特丹—杜塞尔多夫	1737635
哥本哈根—法兰克福	1096543
慕尼黑—伦敦	1080402
斯德哥尔摩—苏黎世	863045
米兰—哥本哈根	853438
维也纳—慕尼黑	764851
布鲁塞尔—维也纳	763111

182

① Source：Copyright © 2006 by E. Laurier，reprinted by permission of Sage Publications.

② Source：Adapted from Derudder，Witlox，Faulconbridge and Beaverstock（2008，orig. table 5）.

劳里埃和其团队运用人种志方法使研究人员了解练习或表演的意义，允许被访者做更多的事而非简单地讲述他们的行动。研究人员对其进行观察和记录，构成工作移动的身体实践。下面摘录的是他们如何用这种人种志方法描述一个受访者的工作活动：

> 阿利在高速公路上急速行驶……在对前方路况扫视中，她瞥了一眼平放在我膝盖上的电子邮件打印稿。如果她身边没有一个人种学家，文档会安稳地放在乘客位置上。我帮忙对一堆文档进行分拣，她选择了两个文件，在打电话之前把它们放在方向盘上。当文档被放在方向盘上时，阿利轻声讨论文件，说出她下一次必须通话的人，以及打电话会有什么困难。
>
> （Laurier，2004：266）

从这个角度而言，航空和汽车移动不仅对来回移动的人的工作很重要，而且向他们提供工作及相关活动的空间。这个空间的出现实质上是一个时空的建构，它可以用于反对"被浪费"。驾驶和乘坐赋予了其他公共交通设施（如铁路旅行）的"旅行时间"复杂有用的价值（Lyons et al.，2007；Holley et al.，2008）。

（一）灵活性

对于如何管理控制工作的时间和地点，以及掌握自己的模式、惯例和时间，显然存在灵活性和控制性。汽车和飞机也提供了一些控制一个人周围可能的社交和可用时间的方式。厄里认为，汽车已经成为"家外之家"，"一个开展业务、恋爱、经营亲情、维护友情、进行犯罪的地方"（2000：191），一个反映和展示个人身份的地方。事实上，虽然公共交通被视为不具备汽车构建一些私人空间形式的优势，但飞机舱正逐步引入这些形式，只要你负担得起。

即使汽车和飞机已经成为用户和乘客具有某种形式控制权的环境，但怎样利用它们具有灵活的边界。为了表示各种技术与人员的基础设施或组合释放了驾驶员自主性，"系统"或"体制"这些术语被置于汽车移动性中（Bohm et al., 2006）。相对于火车旅行而言，个人汽车出行是移动中介最灵活的形式之一，能够支配许多活动。厄里（2000）提出了"对个人而不是社会的反思性监督"。人们试图维持"连贯、不断修改的叙事传记"（191）。火车的时刻表规定了所有旅客上下车的时间（Schivelbusch, 1986；Giddens, 1990），而汽车创造了许多"时间"的可能性，允许人们"以个性的、主观的时间性"自由选择移动时间，并到他们想要去的地方，不需要诉诸严格的系统（如铁路）。快速增长的低成本航空旅行和私人与企业飞机的使用推动了国际间旅行的灵活性。

与其他移动中介相比，汽车似乎更具有灵活性，但事实可能相反。在航空旅行产业中，考虑到机场规模和复杂程度的惊人增长，航空系统的灵活性有所下降（Urry, 2007）。任何长途旅行的人都会意识到国际机场航站楼庞大的基础设施的复杂性，它们必须运送大量的乘客、行李和货物，如伦敦的希思罗机场、芝加哥奥黑尔机场、阿姆斯特丹史基浦机场或新加坡樟宜机场（Graham, 1995；Kellerman, 2008）。虽然这些空间曾经很简单，穿越它们只需要很短的时间，但现在为了有时间进行检查、完成安检并感受商城式购物环境，在飞机起飞前四小时到达机场已颇为正常（Wood, 2003）。而且，著名的机场枢纽布局也意味着乘客必须通过航空网络中相当有限制性的航道到达他们的目的地

（ Derudder et al.，2007 ）。然而，空中旅行的调解刚性似乎能通过放松
管制和自由化政策来减缓，低成本航空公司和支线机场的点对点网络就
提供了更灵活的系统（ Dresner et al.，1996；Francis et al.，2003 ）。

（二）不平等性

184   在第三章中，我们讨论了移动中介的基础设施（如道路）的排他性。
汽车与航空被视为特别不平等的移动中介。单一的汽车环境主导"转
换我们所看到的、听到的、闻到的以及接触到的"空间和时间（Urry，
2000：193）。贝克曼（Beckmann，2001）描述了一个"只用脚的人"
所遇到的障碍，如需要驾车抵达的电影院、在只能道路导航的环境中
遇到困难。一些人无法负担个人汽车这种交通工具，"他们更多时候被
迫选择人行道"。在以汽车为主的城市中，步行"已经从公众的移动概
念中消失了"（Beckmann，2001：598）。机场通过干扰附近地区的物
质、经济、政治和社会变化，在当地环境中发挥着相似的作用。机场基
础设施通过改变土地与地表而影响着环境（Fuller and Harley，2004；
Pascoe，2001）。它们最终带来排斥、扰乱当地环境，造成两极分化的
噪声和空气污染。

　　移动中介有调节与预先选择人们的能力，使用它们的人几乎与其
改变的景观一样多。有证据表明，航空旅行使用者主要是社会富裕群
体。即使是欧洲与美国低价航空的快速增长也未能使其民主化。民航局
2004 年对英国机场十八万乘客的调查显示，许多伦敦斯坦斯特德机场
（伦敦低成本枢纽机场）的乘客来自平均收入超过五万英镑的家庭。低
价航线能使更多无法预先付款的人乘坐飞机，但结果也只是增加富裕人
士的出行频次（Adey et al.，2007）。

（三）附属物

尽管交通已经世俗化，交织着社会与文化，但依旧受制于利益与身份。在较早的时候，人们习惯于谈论空想——相信航空旅行的承诺（Adey，2006a）。当然，汽车一直都是爱好者、收藏者、热衷者关注的焦点。社会身份与交通技术相联系有许多原因，其中一部分是为了实现企业抱负、国家建设和社会政治项目。

蒂姆·伊登索尔（2002）提供了一个窗口或一种方式来"凝视"这个国家。航空和汽车热情的文化形态既有符号表征，也有物质实践的具身化形式。航空历史学家提供了飞机在各种社会环境中所使用的符号资本的鲜明例子。彼得·弗里切（Peter Fritzsche，1992）的惊人分析表明，德国飞机的激进部署源于德国国家社会主义党的有力宣传与说服运动。正如历史学家罗伯特·沃尔（Robert Wohl，1994，2005）所展示的那样，飞机在空中飞行时戏剧性的视觉力量代表着艺术表达的各种文化运动（Pascoe，2003）。

185

交通学者凯文·拉谷拉曼（Kevin Raguraman，1997）举出一个符号化资本的例子——新加坡航空的"标志承载"。也许比旅行更重要的其他意义是，民航作为国家的象征或寓言，也是国家建设的有效工具。正如在英国，几周前伦敦希思罗机场 5 号航站楼出现的一系列问题，被报纸描述为国家的耻辱。和机场一样，航空公司是国家的脸面，代表回国的公民并面向外部的人员。航空促进和提升国家意识。航空符号的力量推动人们团结在一起。在前述章节中，移动性不仅仅是符号和表征。民族身份的认同与重构可能出现在日常的移动活动中，如驾车。

案例研究 5.1　印度汽车空间

蒂姆·伊登索尔在《物质文化与国家认同》（Material Culture

and National Identity，2002）中认为，汽车通过日常生活中平凡的实践行为融入国家意识。反之，"汽车为中心的"文化实践又位于独特的文化空间之中，比如一个关于印度汽车的有趣例子。

印度的道路规则规定了印度式公约和社会规范（Merriman，2005a）。这些包括"由于后视镜很少使用所以通常不存在，因此有必要发出鸣笛警告你希望超车的车辆"（Edensor，2001：120）。其他规范要求道路使用者遵守优先避让最大车辆的规则。汽车让路给巴士和货车，就像人力车让路给汽车，自行车让路给自动人力车和摩托车。道路旁布满临时住房，工业和服务遍布其中："自行车修理工人和电话亭，路边的小咖啡馆和茶店，以及其他服务，如理发师、牙医和各种卖家"（Edensor，2002：120）。人与车辆在多个方向上"纵横交错"的交通阻挡了西方化道路空间的存在。这些包括"从车、牛、公共汽车和其他形式的交通工具'提供编排流畅的舞蹈'，到其他具有明显秩序和控制的西方公路"（2002：121）。最后，独特的印度汽车驾驶体验会猝不及防地与你相遇，这是一种"持续性的操纵：踩着喇叭、猛拉车轮并刹车"（2002：121）。烹饪的气味、牛粪和路上的烟雾冲击着嗅觉。这个声场具有自己的特质，形成了一个管弦乐队表演的交响乐，融合了"人和动物噪声"、音乐和汽车喇叭声。

显然，这些体验和对这些道路空间的可达性是不均匀和不平衡的。汽车是一种昂贵的奢侈品，大多数人不是从车内体验汽车，而是从路边的位置、驶过的公共汽车的座位或者在繁忙交通间穿梭的自行车和人力车上获得体验。

>> 延伸阅读

（Dimendberg，1995；Edensor，2002，2003；Merriman，2005b，2006b）

根据前述章节所讨论的感觉和触觉，所有这些感知使得物质交通更加具体化。其他地方的道路和航空的设施空间已经充满强大的附属形式和意义，如英国 M1 高速公路（Merriman，2007）和德国高速公路（Dimendberg，1995），或旅行作家皮柯·耶尔（Pico Iyer）所展示的机场航站楼（2000）。

三、扩 散

我们已经讨论了汽车和航空移动最常见的、具有争议的和主要的中 *187* 介形式是如何调解社会的。在该部分，我们将讨论中介的核心元素：移动性如何传递或携带某物，从而传输或传递某些内容。这被称为"扩散"过程。

关于该议题的最有影响力的著作之一涉及扩散过程，如全球化。波莉·托因比（Polly Toynbee，2000）关于起泡、蠕流和渗出巨型草莓奶昔的比喻，帮助我们想象思想、商品、物品和其他东西的起伏波动，这些都使西方文化的边界不断蔓延。文化的载体由人类学家阿尔让·阿帕杜莱（1990）提出，指不同的异常活跃的中介之间的各种脱节。阿帕杜莱设想由"人、机器、金钱、想象和构思"的移动"伴随着越来越多的非同构路径"组成不断变化的媒介景观（1990：301）。阿帕杜莱说明了这些移动如何常常连接在一起。这是因为强有力的想法和想象通过电影等商品传播传递出去，进而创造出更多的移动与流动。

对于电影的文化流，如米拉·奈尔（Mira Nair）《印度歌厅》（*India Cabaret*）如何跨越距离和边界，阿帕杜莱发表评论，认为年轻的妇女受"大都市浮华"诱惑，前往孟买市内，从事夜总会舞女和妓女的工作，

"以来自印度电影的色情舞步的舞蹈形式取悦俱乐部的男人们"（1990：301）。具有讽刺意味的似乎是这些做法如何进一步引发女性想象力的"松散"，以使男人产生真正的移动性前来探望她们（1990：301）。同样，泰国和亚洲的性旅游业在"全球贸易的经济学"和横跨时空的"野蛮流动性幻想"中得到加强（1990：303）。

核心观点 5.2　全球文化经济形势

　　阿帕杜莱的论文详细地展示了一系列复杂的等级"标志"，它们使文化在空间边界以及经济、政治和社会边界之间流动。阿帕杜莱构建的前三种景观大致可以在三个主要领域中找到：人员、技术和资本。

188 　　第一种是民族景观，实际是指人或者一种流动的人文景观，这些人"构成了我们生活中不断变化的世界"。这些人可以是"游客、移民、难民、流亡者、临时工人和其他流动的团体和个人"（1990：297）。第二种是技术景观，是指新的景观和日益流动的技术配置。第三种是金融景观，阿帕杜莱在这里主要讨论的是货币流通职能。货币市场的流通、股票交易所和商品流通设施促进了资本流动，为更多的流动性提供了动力。

　　这些景观不是独立的，分离以不可预测的方式将它们紧紧联系在一起。因此，虽然印度可能会把服务员、司机和附近建筑商的劳动力输出到迪拜这样的地方，但它也可能会将软件工程师派往美国，使其成为富裕的"外国居民"。

　　上述景观使另外两个景观得以实现：媒体景观和理念景观。媒体景观包括多种多样的传播数据技术所产生的信息景观。这些技术包括报纸、杂志、电视台、电影制片厂等（1990：299）。

反馈循环的出现是因为媒体景观为观众提供了复杂的"图像全集"以及具有远见的"民族景观"叙事（1990：299）。正如我们所看到，这些景观的传播可能反过来导致运动的进一步欲求和"获得"。通过搭载这些流动，其他的理想旅行具有了相当大的政治意义。这些是术语、图像和想象的"串联"，如"福利""权利""自由"（1990：299）。

>> **延伸阅读**

（Appadurai，1990；Wark，1994）

阿帕杜莱对于文化传播的探索一点也不新鲜。讨论该问题首先的着眼点是人的规模，其移动几乎总是涉及将某物从一个地方运到另一个地方。"人力搬运"被认为可能是商品和食品货物穿梭和交换的"最普遍和最原始的运输手段"（Vidal de la Blache，1965：350）。陆上运输对于社会发展、确保家庭和亲属关系得以存续、贸易联系以及形成简单关系是必不可少的。

（一）传 染

除了实体和笨重的物体的重量扩散外，还存在更多轻量事物的扩散。哈格斯特朗在时间地理学方面开创性的工作源于他在移动创新性领域的研究。哈格斯特朗以瑞典中部地区为例，探讨了农民和农业社区如何接受各种农业创新，包括改善放牧的经济补贴，甚至疫苗接种的技术创新（Hägerstrand，1967）。理解了波浪式移动，创新将跨社区和在包含乡镇、村庄的空间区域中传播，并最终达到饱和点。与索尔的文化传播（1952）分析相比，哈格斯特朗的方法是对扩散进行更系统的定量 *189*

分析。

创新传播是调查广告业、农村社区和制造业等各种不同背景下思想传播的有用模式。当其他人开始研究有线电视（Brownetal，1974）、火器（Urlich，1970）等扩散的作用时，人类学家研究了商品和食品贸易的扩张和扩散（Adams，1974）。在某些情况下，创新扩散被喻为一种传染扩散（Brown，1968，1981）。这可能类似于"谣言如野火般在学生群体中扩散，或者新农业技术移动到另一个农业区"（Abler et al.，1971：390）。该理论表明，思想能通过社交群体、朋友和邻居迅速传播。正如某人告诉其他人的一个想法会在人群中以其方式扩散。由于人们会在社交聚会场所聚集或到彼此家中拜访，因此农业技术和流程的创新仅通过面对面的交流传递（Morrill，1970）。

对创新来说，传染并不是一个妥帖的比喻，它描述了疾病在空间内蔓延和扩散的重要物理过程。正如我们在本章开始所叙述的，传染病或疾病的移动是其他类型的非人类体以一定的速度和复杂不确定的方式跨过距离移动和扩散的重要方式（Gatrell，2005）。流行病学的分支、医学社会研究、健康地理学和其他不同领域的研究已经验证了这一结果。的确，流行病的研究已被用于改进对扩散本身的理解（Cliff et al.，1981；Meade et al.，2000；Cromley and McLafferty，2002）。

移动人群可能是疾病传播的中介。纵观历史，欧洲帝国主义在全球范围内传播疾病反映了汤因比和西方文化帝国主义中其他人群的当代扩散。特别是游牧和流动人口往往具有传播疾病的风险。调查表明，蒙古的半游牧民族（Foggin et al.，2000）已经具有这种倾向。游牧民循环移动以年为间隔周期返回行政中心，这增加了传染病蔓延的风险（Mocellin and Foggin，2008）。

但欲据此确定疾病的主要传播者未免过于简单化，实际上动员和调解其他移动的疾病携带者较为困难。在 2001 年英国爆发口蹄疫时，人们已确定了口足病毒能够传播的几个非人类通道。社会学家约翰·劳（2006）认为，病毒变异的能力使它们"成功地沿着其他位置和通道进行寄生"。这意味着风可以真正地传播病毒。动物本身的流动性也可以做到这一点。其他因素包括动物是否与感染动物混在一起、是否共享了畜牧以及最终是否经过感染空间流通肉类产品（Law，2006：3-4）。

回到本章开头讨论的 SARS 病毒这一议题。阿里和凯尔（2007，2008）提出，多伦多和香港的物质连通性日益增强，为 SARS 传播创造了大量的全球路径和通道。在这种情况下，行动者网络的拓扑几何（Latour，1993）为这些连接的可视化提供了一种合适的方法。物体、猫、人、空调、空间，所有这些都是疾病传播的起点（Keil and Ali，2007：849）。正如米克·狄龙和路易斯·洛博格雷罗（Dillon，2007；Dillon and Lobo-Guerrero，2008）所述，艾滋病和亚洲禽流感等疾病有机体使身体、生物和其他事物成为传染媒介（Braun，2007）。有机和无机、动物和人类的移动性被"复制"（Dillon，2007），将疾病的"偶然性、复杂性和流通性"转化为迫在眉睫的社会威胁（Hinchliffe and Bingham，2008）。梅琳达·库珀（Melinda Cooper，2006）提出了一个因疾病的复杂性（Elbe，2005，2008）而变得不安全的生物威胁新世界（Chyba，2002）。库珀描述了威胁生物运动的许多方面，并总结了 21 世纪如何被这些扩散定义：

> 新的病原体越过了本应该不可渗透的边界，包括物种之间的边界（疯牛和克雅氏病）；传染病正在困扰着自由贸易（放松监管的流通市场促使发生污染导致的疾病丑闻）；涉及疯牛病的食物的跨界复杂移动；移动中介甚至可能涉及转基因作物和治疗剂。
>
> （Cooper，2006：115）

191   但这些移动性的社会影响是什么？很明显，国际安全和各国领土之间以及机构和人口之间的治理和安全化模式存在诸多问题和复杂的影响（Foucault，2007）。在本章开篇，我们看到加拿大机场采取了严格的边界管制措施，以应对南亚和东亚爆发的 SARS。由移动性调解疾病的可能性已导致众多生物政治治理和管理手段，以便过滤这些偷渡者并将其留在城市和边界外。凯尔和阿里（2007：853）称："治理是人与细菌之间谨慎防范的区别……现在面临意想不到的挑战。"正如他们所述，这些挑战旨在过滤和限制人员、机构和人群的可靠的政策和监管实践。

根据约翰·劳的观点，旨在调节流动性的防御策略有时会使中介移动问题变得更糟。劳再次回顾了英国口蹄疫事件，说明 20 世纪 80 年代后期疯牛病的早期问题如何引发文化安全。大型食品和卫生安全限制意味着加强对屠宰、处理肉类的空间和场所的控制。更严格的监管措施实际上增加了肉类对屠宰登记场的移动性，可能会导致"大规模的口蹄疫"（Law，2006：10-11）。

当我们考虑疾病传播和其他移动性的社会后果时，各种学术研究也在通过传播前一章讨论的各种情绪感受而不是思想或疾病来解决其对当前社会的影响。然而，在这种情况下，当情绪和影响在事物之间传递时，它们本身就变得移动起来——这是一种不良的传染。埃尔斯佩托·普罗宾（Elspeth Probyn，2004）揭示了在教室空间中"冷笑话、共同的笑声和老师与学生之间以及学生自己之间的共谋，可以导致相互影响的蔓延"（Probyn，2004：36）。媒体理论家安妮·吉布斯将影响的传染定位为电视中介技术传播的东西。电视是一种"中介"，因此对电影或政党政治广播的感觉可能意味着"从身体到身体的影响迁移"（Gibbs，2001）。一种情绪激昂的氛围，即战争，可以促使人口移动并激发感受，这可能会导致人们陷入恐慌和非人化的状态（Jones et al.，2004，

2006；Bourke，2005）。

从其他角度看，感觉的扩散更像身体自身的感染。布伦南（2003）的研究解释了生物学家发现人类如何释放信息素、外激素以及如何被他人吸收。一个房间内的情绪会通过生理上产生新的情绪或影响其他情绪而"增添"某种东西，会通过不同的渠道参与。阿帕杜莱的科技图景中的新移动中介为吉布斯（2001）引入了"这种状态中一个强大的新元素"。电视交流（Parks，2005）能够"通过放大脸部和声音的音调、音色和音高"提高影响力，同时显著提高传播速度和覆盖范围。当然，其他文化活动也可以为这些移动形成不同的渠道。正如前述章节所示，影响可以通过有节奏的身体动作来传递。跟随音乐一起移动可以促成表达"情感和物质身份的集体信息"的人际交流形式（Cohen，1995：443）。

移动方法 5.1 电视机的移动和移动凝视

电视、电影和电影院——或者帕克斯（2005）提及的电视转播——与移动性研究有何关系？正如我们所看到的，旅游者、消费者甚至火车乘客经常被视为有电影偷窥行为。在火车旅行的语境中，施菲尔布施（Schivelbusch）将此描述为"全景感知"，它反映了电影屏幕的动画图像（Schivelbusch，1986；Kirby，1997）。电影和实体旅行都可以产生"移动凝视"，"屏幕上的图像会移动，相机也会移动"（Cresswell and Dixon，2002：5）。

但是电视、电影院和影片要如何成为移动性研究的一个对象或方法研究的焦点？克雷斯维尔和黛博拉·狄克逊（Cresswell and Dixon，2002）在这场辩论中认为，可以通过观众观看电影的方式研究电影："当我们观看电影时，我们跟随影片旅行——我们到了别的地方。"（2002：5）伴随着研究者在文化、媒体和传播研究方面的足迹，电影可以被构建为某种旅游，即我们来到遥远或不同的地方，实际上是不同的主体位置。

电影和电视也在移动，阿帕杜莱在他对印度歌舞表演的评论中表明了这一点。通过沿着电影分布的路径前进，电影可以将特定的文化信息和价值传递给受众。从这个意义上讲，电视可以被当作文化观念流动的中介物。经过卫星通信和互联网广播的推动，这种观点可能会以令人难以置信的方式广泛传播。

电影和电视的内容可以被更近距离地观赏，在雷蒙德·威廉斯（Raymond Williams）之后，帕克斯（2005）将其定义为"视觉移动性"。这让人联想到克雷斯维尔和狄克逊提到的摄像头移动，"移动凝视"可以成为交流情感和意识的重要的文化和政治手段。因此，"视觉流动性"可以在流行的文本方法（如话语分析）中发挥重要作用。

193

回到观看自身的物质和体力活动，电视体验通过观看、聆听和关注等身体实践而形成。研究人员可能不会仅仅关注图像，而是像安娜·麦卡锡（Anna McCarthy，2001）那样，对街头和机场的电视消费进行调解，告诉我们关于公共和私人领域的有用信息，以便使用和管理。

实　践

·电影和电视可以被随意欣赏和分析，因为它们传递文化价值、意义和意识形态。

·当一个人被运送到其他想象中的地理区域时，可能会被视为经历了一场虚拟旅行。

·可以调查电影和电视通过独特的移动图像、声音、感觉和集体观看所带给人的体验。

>> 延伸阅读

（Williams，1974；McCarthy，2001；Cresswell and Dixon，2002；Parks，2005）

（二）音　乐

对音乐的思考可能有助于我们将声音视为另一种移动扩散和调解的中介。吉布森（Gibson）和康奈尔（Connell），鼓励我们"以最基本的方式"将音乐想象为"声音从微观层面（在卧室、酒吧、汽车、耳机之间）到宏观层面（通过各种手段，包括全球媒体）的传递"（Gibson and Connell，2003：9）。从最基本的形式来说，音乐本质上是一种物质传播或通过空间的运动，它调解了我们可能会或不会称之为音乐的模式（取决于人的品位）。因此，音乐的移动性不仅仅是以多种方式通过空气波状运动的物理机制。音乐就像"与人一起移动的神器"一样，可以跨越边界和距离，并可以作为对"本土知识、口头传统或记录"的传递（Gibson and Connell，2003：9）。

地理学家塔里克·扎则尔（Tariq Jazeel）认为，"声音不只是固定和简单的定义"，并且它的流动性使其"很难具有边界"（Jazeel，2005：237）。音乐沿着旅行者、移民、通信和商品的路线移动，因此非常难以固定和定位（Leyshon et al.，1995：430）。我们之所以可以很容易地探讨音乐是如何移动的，是因为它可以通过几种不同的中介、交通和通信形式被购买、出售、试用、检测和传输。但即使不难想象通过 MP3 和其他物理便携式格式（如 CD、磁带和唱片）传播音乐，我们也无法忘记"其他形式的音乐传播主要基于人的移动而不是产品或资本"（Gibson and Connell，2003：160）。正如凯文·罗宾斯（Kevin Robins）所说，"移动带来相遇"（2000：196），随着人的移动和音乐的传递，文化形式可能得以传播。

音乐通过运送不同文化的内涵带来可观的价值。传递到不同环境的"家""地点""有界身份"的概念会产生音乐。这并不是说音乐简单地覆盖其占据的文化空间。音乐文化实际上是由于人们和音乐的移动而发展起来的。以说唱音乐为例，保罗·吉尔罗伊（Paul Gilroy，1993）的《黑色大西洋》（Black Atlantic）随着文化路径移动并发生转化。吉尔罗伊质疑普遍的"传播说唱就是解释的假设"，因为说唱作为音乐文化形式具有"否认移动性、可变性和作为全球中介"的风险（Matless et al.，1995：429）。吉尔罗伊的研究基本上说明了音乐文化如何在扩散中根植并形成（Bhabha，1994）。许多音乐文化不是固定的而是移动性的。三角贸易、欧洲帝国主义到南美洲的文化移民，或"发展中国家内外的经济和政治难民移动"（Gibson and Connell，2003：187），这是移动性在新的音乐传统产生中起关键作用的例子，如美国的灵魂乐、蓝调和爵士乐。正如人类移动产生新的空间和文化，音乐文化中的移动也在平行进行。

在我们强调音乐令人难以置信的移动性的同时，音乐的固定性仍然非常重要，特别是它的销售和消费方式。对吉布森和康奈尔来说，流动和流动性的隐喻"仅仅解释了移动性的一部分"（2003：46），实际上移动性"带来了固定性的新进步"。如果有人考虑到音乐如何销售的重要性，则会发现地点和起源至关重要；这通常对音乐本身非常重要。音乐是通过场所销售的，而场所是通过音乐销售的。利用其作为披头士乐队故乡的文化遗产，利物浦将披头士当作文化更新的节点，把自己打造为音乐文化中心（Cohen，2005）。

四、从中调解

人类学家蒂姆·英戈尔德（2004）指出，人们在世界上的行为方式 *196*
几乎总是由技术和策略的技巧来调解或改变的。对于英戈尔德而言，我
们对世界及其环境的看法和知识是通过我们使用的各种技术来加强或获
得的。这些可能包括"滑雪板、溜冰鞋和雪鞋；跑鞋和足球鞋；马镫和
踏板，以及潜水员的脚蹼"（2004：331），或其他设备，如"手杖、拐
杖和划艇桨"（Ingold，2004：331）。环境是通过一种具体化的移动性
被感知的，反过来又可以被物体的调解增强、改变或淡化。

根据英戈尔德的提示，本章会继续讨论两个主题。首先，用英戈尔
德的话来说，移动性一再出现在改变我们策略的各种技术、物体和物品
中——这些物质和因素在两者之间进行调解。其次，英戈尔德的论文提
醒了我们移动性的另一种调解能力：除了与这些物体一起移动外，移动
可以借助物体本身充当中介物。移动性不仅涉及调解，还涉及从中调解。
我们已经探讨过迁徙如何进行，已经讨论了当代社会中交通技术的普遍
性，但我们还必须考虑其他移动事物、地方和人之间的移动性。以携带
一个物品为例，如公文包。公文包是被携带的东西，由某人携带，可以
存放重要的文件和信息——可能是笔记本电脑。在携带和移动公文包时，
其使用者成为一个"弥补性的"主题（Lury，1997）。弥补性物体从根
本上改变了用户在空间内的方向和体验。公文包可能会使跑步追赶列车
变得困难，其庞大的外观可能会使使用者通过一个狭窄的通道变得很麻
烦。公文包也可以进行连接，可能会提供象征性的资本和声望。它可能
引发与具有相同情况的人的远程对话。它携带的笔记本电脑可以允许人
们在互联网上进行交流。

正如公文包既支持物理连接又支持社会（断开）连接一样，本节，
我们将探讨两者之间的移动性如何修补社会、空间和时间分歧，或者

相反——可能进一步推动分离。在核心观点5.3中，米歇尔·塞雷斯（Michel Serres）通过两个关键事物——天使和寄生虫——来概念化这些关系。

核心观点 5.3　天使和寄生虫

在这场辩论中，一个重要的对话者，即哲学家米歇尔·塞雷斯，提出了发人深省和非常有用的信息概念。塞雷斯（1995a）所提出的知名的概念之一就是天使。塞雷斯所说的天使并不是超凡脱俗的天使，而是指移动实体如何能够发出信息。塞雷斯所说的天使是指信使，是有能力传递通信的实体。塞雷斯告诉我们："看看天空，天使就在我们的上方。"它受到飞机、卫星、电视、广播、传真和电子邮件的电磁波的影响。对于塞雷斯来说，过多的通讯使我们沉浸在信息的天堂中。因此，天使代表"邮递员的系统，即传递行为中的传输系统"（Serres and Latour，1995：118-119）。

但另一方面，与天使对应的是塞雷斯提及的另一个事物，即寄生虫（Serres，1982）。寄生虫调解移动性或移动中介，不一定有利于沟通。寄生虫不会产生太多的传播，但会产生噪声和干扰。它不能改善事物或明确沟通途径，但可以阻碍和堵塞事物。这两个事物——天使和寄生虫——呈现在塞雷斯方程的两端。

>> 拓展阅读

（Serres，1982，1995a，1995b；Serres and Latour，1995）

塞雷斯的想法衍生了很多与本节相关的问题。一方面，它们要求我们思考某种行为如何召唤天使——允许信息自由流通带来各种连接、靠近和交流。另一方面，对于寄生虫，我们可以思考中介物发送自身的大量信息从而阻碍顺畅交流。

（一）连　接

也许开始关注移动中介连接属性的最明显的地方是现在人们熟悉的术语"时空压缩"。大卫·哈维（1989）等研究者已经将其归因于铁路和飞机等移动技术的影响。跨时空调解旅程的能力被视为空间"压缩"198的关键因素。19 世纪的铁路网络以及电报、航运、无线电、X 射线、电影、自行车、汽车和飞机等其他调解技术的发展"建立了重要基础"（Kern，2003/1983），使人们能够加快身体和空间信息移动的速度，同时改变感受。

这些技术的复杂性意味着将我们的注意力从显著改变中介移动性的更简单的发明中转移出来。最简单的是，保罗·维希留（Paul Virilio，2005）论证了马车的发明如何能够在地点之间架起桥梁，使得地图上的点更加接近。这匹马的躯体变得非常重要，因为它是一个"躯体桥梁"。空间分散的能力将底座视为高架交叉路，字面意思是"交汇"（2005：51）。车轮和马被视为另外的重要发明。在与人、其他动物和机器结合时，它们帮助减少了人的运动（Mumford，1964；Toynbee，1977）。

这些时空压缩过程被赋予了其他一些名称，如"时空交汇"——交通运输带来速度的增加逐渐缩短了抵达目的地所需的时间（Janelle，1968；1969）。通过计算这些交汇速度，贾内尔（Janelle）发现各种创新带来了运输速度各种各样的进步、跳跃和飞越。这个过程（Janelle，1973）对于人类的行为和能力的意义率先被媒体理论家麦克卢汉（1964）注意到。威廉斯·米切尔（William Mitchell）随后提出，"我们并未完全被束缚在我们的皮肤下"（Mitchell，2004：38），使我们成为"空间和时间上不确定的实体"（2004：38）。麦克卢汉（1964）早在四十多年前已经预测到了这一现象。麦克卢汉看到了一种全新的人类拓展（参见贾内尔 1973 年有关延伸的研究），看到了道路或报纸等通信和移动技术如何能够扩展人们感知、接收和传输信息的能力，进而构建一种扩展的人工神经系统。

贾内尔的时空融合和哈维的时空压缩理论描述了空间似乎紧密联系在一起的事实。根据从一个地方到另一个地方所需的时间，而不是根据英里或公里来考虑移动性可能更有意义。以这种方式将地点联系在一起似乎对人际关系更具意义（Meyrowitz，1985；Allen and Hamnet，1995）。正如哈维所说："时空压缩的体验是具有挑战性的，令人兴奋、紧张的，有时甚至是令人深感不安的，因此能够引发各种各样的社会、文化和政治反应。"（1989：240）我们将在短时间内讨论更多的消极影响，因为在许多方面，如果不考虑在克服距离所具有的显著的积极意义，便无法理解时空压缩的积极影响。鉴于"为增加生产总值和利润率，加速资本移动具有巨大压力"（Harvey，1989：86），克恩（Kern）和其他一些研究者认为，中介物"在资本主义历史中具有非常重要的意义"（Harvey，1989：232）。作为思想进步的象征，移动中介常常被当作自由化技术来讨论。在沃尔夫冈·施菲尔布施（1986）的铁路历史中，思里夫特（1996）探讨了流转的移动性如何被视为"健康的"和"进步的"。"沟通、交流和移动"已经克服了"隔离和断开"的障碍，带来了"启蒙和进步"（Thrift，1996，200）的观点确实是一种古老的思想。移动性和沟通不仅将社会关系融合在一起，而且跨越了不断扩大的距离。吉登（Gidden，1990）认为，这种时空缩小或社会义务关系网络具有在相当大的空间内发生的能力。因此，厄里（2002）探讨的许多潜在联系都需要某种空间移动性，这"既成为社会互动的先决条件，也是社会互动的后果"（Beckmann，2001：597）。这些可能包括我们已经讨论过的各种实践和新的沟通手段。

尽管调解移动性看起来像积极的社会联系和关联，但这取决于你看待它们的方式。飞机技术在带来全球一体化的同时也引发了焦虑（Kaplan，2006）。邻近度越来越高的可能性意味着随之而来的"担心被邻居认为过于靠近"的感觉（Kernin Harvey，1989：270）。国际安全长期受到地方融合和主权国家能力越来越强大，从而可超越空间和领土的威胁。我们在麦金德所展示的马车、船舶和铁路的移动力量中看到了这一点。"冷战"时期的洲际弹道导弹的问题与此类似（Der Derian，1990），而我们同时代的恐怖主义则导致了普通人作为潜在的中介，可以在任何地点和任何时间提供炸弹。文化和政治理论家杰里米·帕克（Jeremy Packer，2006）写道："我们都成了炸弹……无论你喜欢与否，战争已经开始（一旦进入美国国土），你正在变成一颗炸弹。""日常运动变成威胁向量"（Adey，2004）的移动性——"地形交叉"——已成为"武器的主要形式"（Packer，2006：378）。

迄今为止所讨论的各种联系主要源自大规模的地域扩张。调解技术可能会在全球各地联合不同的观点，但我们对通过中介移动性而建立的更亲密的身体之间的关系——特别是与机器和技术不可分割的身体——关注很少。不可能将人类主体和机械技术看作特别独立的东西（Thrift，1996：112）。"镜子、信号、策略"（Merriman，2006a）的监管义务比被规定的驾驶习惯更为严格，但与汽车这样的组合机械技术一起使用的技术同样如此。通过受控机体接受介体（Haraway，1991；Lupton，*200* 1999），移动体突然变成了一个移动的"假体主体"（Lury，1997），随着身体与技术和物体的组合一起移动，其移动性可能得到增强、改善和加速，或者减慢、受阻和减弱。

蒂姆·丹特（Tim Dant）所称的"驾驶赛车"（2004）——通常被视为20世纪典型的数位化赛车结构，被解释为肉体、金属、电线和橡胶的组合体。驾驶提供了身体与空间之间的独特沟通。司机做出小规模的身体动作和行动，他们能够感觉到"与他或她的身体接触时路上的颠簸"。人们可能在做曲线运动，仿佛他们的体重移动会影响赛车的运动轨迹（Urry，2000：32）。从案例研究 5.2 中可以看出，滑板承载的最小行李可以与下面的地面进行类似的增强连接。

案例研究 5.2　滑板和中介

伊恩·波登（Ian Borden）的《滑板和城市》（*Skateboarding and the City*，2001）是我们理解公共建筑和移动形式中介的基准文本。波登设想共同建构一个积极的人体和空间，使人联想到英戈尔德的现象学和更具代表性的思维方式（参见前述章节）。身体、工具和结构组合成一个总能自我复制的事件。滑板运动员的构建通过被其他滑板者和观察者观看的表演实现（2001：124）。

身体和板的合作由滑板运动员用板随着轻微的身体运动进行协调。这种感觉并不是滑板将使用者从他或她周围的景观中分离出来。通过滑板这种中介，滑板运动员似乎以某种方式获得了与周围空间截然不同的更完整和直接的互动。"你一定觉得自己的思想处于重心的中心。你必须从自己的中心思考和行动。"波登的一位受访者说。这是与空间的直接接触：身体、滑板、运动和地形均相互联系。滑板既是外在的，也是"吸引滑板运动的动力"。这一举动意味着滑板成为"滑者与地面联系所必需的中介和工具"（2001：125）。

201

滑板以不同的和令人瞩目的方式释放了与地面联系的潜在可能性。如同步行者成为空间的实践者一样，空间被"赋予生命"，因为"垂直""曲线"和"对称"从它们以前静态和死气沉沉的状态中活跃起来。路线、轨道和步骤变得非常不同。

>> 扩展阅读

（Borden，2001；Woolley and Johns，2001；Macdonald，2005；
Nemeth，2006）

这些中介有助于改善机体与其他机体之间的导电性。卡茨（Katz）提醒我们注意，驾驶员如何通过"松开并拧紧方向盘控制车辆"的微小手势运动与其他驾驶员进行互动（Katz，1999：32）。在这个过程中，情绪和影响可能会被分享或挑起。驾驶员通过简单推断它们的存在，不断提醒其他驾驶员回到现实中来：喇叭的嘟嘟声和手势，或者碰撞拐弯者和进行明显自私的操控。黛博拉·勒普顿（Deborah Lupton）写道："我们不再是在安全的世界中相遇，而是呈独立与自主状态。我们陷入了与他人的敌对关系中。"（Lupton，1999：70）因此，驾驶车辆不得不受制于外界的交通状况。莱瑟姆和麦考马克引用李若普（Lerup）对这个特别的移动空间的回忆性描述：

> 舞蹈和舞者融合在旋转、自我产生的运动中，通过驾驶员的眼睛投影到（因为如此亲密，如此熟悉）街道、树冠、房子、相邻车辆、红灯、小街、特哈诺音乐电台106.5、汽车、乐器、树干、慢跑者、吠叫的狗、漂流的树叶、宽大的装饰贴边以及阳光普照。
>
> （Latham and McCormack，2004：713）

驾驶等调解移动性行为可能是为了创造一个属于自己的空间。这是移动的空间和空间的移动。"通过一个无须决定如何填充时间的问歇"（Edensor，2003），驾车上班可以成为"沉思"的空间。伊登索尔解释了在平稳驾驶时如何进行思考、未来遭遇的前瞻性规划或者重温先前的规划。

（二）断开连接

我们已经看到，移动性如何以一种促进连接的方式进行调解和被调解，它们可能是人与地点之间或者身体与环境之间的桥梁。在这些情况下，中介流动并被连接起来。这还可以以另一种方式运行：中介可以断开连接。在仔细研究该问题前，我们可以联想一种最常见的断开程序晕车——你可能不会立刻想到。从心理学角度来看，詹姆斯·里森（James Reason）引人入胜的《移动中的人》（*Man in Motion*）解释了"当两种重要的心理过程被运动的非自然情境干扰时"引起的不便（Reason，1974：6）。晕车就是我们的身体与世界之间的信息交流。

身体对其运动的反应和适应取决于前庭系统，前庭系统包括内部神经的感觉器官和接收并感知身体活动的其他受体系统。据里森介绍，对于大多数人来说，这类受体能够非常有效地感知和参与自推进运动。它们使身体能够对运动做出反应，因此如果人的身体靠近或远离物体时，视觉能够补偿其焦点。中介的移动性会导致这些经过训练的动觉感知系统产生冲突。在小汽车、公共汽车或船上，许多人可能会感到晕眩。

里森举了一个站在船边看着海浪的人的例子（1974：28）。船舶的运动使两种运动信息（从眼睛看着波浪和跟着船舶运动保持平衡与惯性）向大脑的传递断开。这样的断开可能使我们离开同行旅客，去往洗手间！这个例子不仅告诉我们一些关于身体对待运动反馈的信息，而且用微观形式向我们展示了调解会混淆或引起信息冲突的重要意义。

在其他情况下，调解移动性可能会阻止信息的传输。通过步行靴的特殊例子，迈克尔（Michael，2000）的步行分析解释了塞雷斯的寄生虫观点。迈克尔认为，靴子不一定促进脚和山之间的沟通。相反，靴子对"应该"存在于身体与山脉之间的简单信息流动构成"干扰"："在山

上行走时，靴子干扰、缩小和削减信号"（Michael，2000：115-116），
靴子是山与脚之间的信息流动的噪声或干扰。同样，英戈尔德指出，靴
子和鞋子"囚禁了脚，限制了它行动的自由并钝化了它的触觉"（2004：
319）。对脚的束缚改变了人类的脚步。一双破旧有洞的靴子可能会迫
使穿着它的人避开水坑和沼泽，特别是尖锐或粗糙的地面（Michael，
2000：116）。

长期以来，作家和思想家都认为散步是与自然、环境和景观唯一真
实和真正的交流。其他人提醒我们马匹作为中介者如何远离景观，因为 *203*
它是一种非灵活性的安排。散步是愉快的，因为它是自主的；当然，一
个人在骑马时也可以看到他想看到的东西。按照卢梭的观察：

> 你可以随心所欲地走走停停，尽可能多或少地步行……如果注
> 意到一条河，可以沿着它走。树丛？走在它的阴影下。一个石窟？
> 进去看看。采石场？观察石头。不管是哪个地方，只要我觉得喜欢，
> 我就停下来。
>
> （Vanden Abbeele，1992：111）

这些观点应该与那些解释为何骑马或骑驴旅行可以让我们获得不同
感受，或骑马、骑驴旅行有时与环境更加协调的观点相平衡（Game，
2001；Merrifield，2008）。

虽然汽车可能会在驾驶员和景观之间形成某种联系，但它也可以被
当作驾驶员、风景和其他驾驶员之间的完全缓冲区（参见核心观点5.4）。
玛格丽特·摩斯（Margaret Morse，1990）关于高速公路上的流行作
品提供了更类似于电影或小说的虚构空间。如同第二章所探讨的抽象节
点和线，高速公路便是如此。对于摩斯来说，高速公路不仅是"时间的

浪费，通常在铁网中形单影只"，而且也是一个"从社会空间中解脱出来的密集的私人空间"（1990：199）。在高速公路上高速行驶使得"当下部分失去联系"，仿佛看电影一样使注意力分散。因此，沿着高速公路进行的汽车旅行也是一种虚拟旅行，驾驶员沉浸于"另一个世界"。

核心观点 5.4 舒适政治

保罗·维希留的《消极视野》（*Negative Horizon*，2005）为我们提供了一个惊人的发现，即大众旅客旅行与乘客身体舒适度呈现一定的关系。随着速度的加快，旅客越来越多地被进行"肉体包装"——旅客如何"蜷缩在披肩里，摊在扶手椅上，其形象就如同一具移动的木乃伊"。当你被挤在公共汽车的座位上，或坐在自己舒适的小汽车里，抑或是坐在飞机上那种两边有扶手的座位上时，你可能会熟悉自己的包装（Bissell，2008）。

这些发展有助于保护旅行者，而他们构成了一种表达富人和特权阶层的审美趣味的舒适政治。

这种方式的旅行变得越来越轻松。旅行者失去的不仅仅是这些触觉，而且是具有实际身体的"物理实体"本身，触觉感官被粗俗地剥夺了。因此，对于维希留来说，乘客是掺杂欺骗的；他们逐渐沉溺在这种平顺且被控制的过程中。乘客被那些保护他们不接触肌肉的中介欺骗，而让路给一系列爱抚、轻拍和顺滑的感觉（2005：55；Schivelbusch，1988）。

所有这些加起来就是维希留所认为的一种强加——不受欢迎的"中介元素"来访者注定会使我们完全失去与原始材料的联系。乘客完全无法找到他们的方向或获得他们的位置（2005：55）。此外，乘客与他们真正想要的那种感觉和感情相距甚远（Adey，

2007）。汽车司机可能会寻找能够提供更多感官和体验接触的汽车
（Merriman，2007），而另一些人则可能探索更多冒险或充分体验的
旅行活动（Thrift，2000b）。

>> 延伸阅读

（Virilio，2005；Merriman，2007；Bissell，2008）

另一方面，共同存在的舒适性与真实性使驾驶变得与身体因为众多
中介而更紧密地联系在一起。牵引力控制系统、防抱死刹车系统和更复
杂的软件管理形式等各类车载系统管理和增强了驾驶员的判断，它们可
以微调驾驶员的体验。这些被认为会在身体和道路之间产生更为重要的
介导交互作用，同时，也许会更好、更准确或更合理地加强接触（Thrift，
2004a：51；Dodge and Kitchin，2007）。在某种意义上，似乎汽车越
介入，就会变得越无形。

虽然我们可能会假设中介移动性可以促进人与地点的错位，但是
同时也会有人从中介移动的社会空间中撤出。欧文·戈夫曼（1961，
1963）著名的公共空间社会学分析描述了当代高度中介环境中驾驶
偶然接触和非自愿接触的问题。通过解释少数陌生人聚集在火车车
厢的封闭空间时发生的情况，戈夫曼发现乘客有避免其他乘客注视 *205*
的倾向，特别是避免凝视。这似乎需要"非常尖锐地看着其他方向"
（Goffman，1963：137）。这种做法似乎不是无意识的态度和习惯，而
是有意识的行为，可能"过于生动地表达了无法忍受或厌恶与在场者交
往"（1963：137）。

电梯的垂直移动技术提供了一个相当有趣的例子，我将在案例研
究 5.3 中更详细地进行探讨。我们中的大多数人可能都会意识到，在电
梯内部暂时不动时，有时会非常尴尬。电梯本身出现了"礼貌性忽视"

的社会学。乘客会过度注意"操作员的后脑勺"以及"地板上闪烁的小灯",仿佛行程的安全取决于这种深度集中(Goffman, 1963: 138)。机场和机舱提供了类似的非接触地点。对于城市理论家马克·戈迪特纳(Mark Gottdiener, 2000)而言,机场是一个充斥着非接触、注意力不集中和失去社交场景的地方。戈迪特纳认为(2000: 34):"休息室以外通常不是社交交流的场所。"在继续将机场与齐美尔对城市的想象之间进行多种比较之前,他认为这是一个不需要人们互动的卓越的工具空间。戈迪特纳(2000: 35)写道,"机场规范是非互动的",人们陷入自己的茧中:"我们不打扰别人,别人就不会打扰我们。"当人们这样做时,由此产生的情况会变得相当令人不舒服(2000: 35)。乘客通过看杂志、剪指甲等世俗活动尽量避免"与一个唠唠叨叨的邻居相遇"(Gottdiener, 2000: 35)。

这些实践反驳了许多有关移动主体和对象的假设和错误。大卫·比塞尔(David Bissell, 2007, 2008)对这场辩论的一系列贡献与移动性和生产力之间的联系相矛盾,或者固定性会与任一种意义的被动性产生矛盾。比塞尔的火车旅行交通空间现象学表明,在火车上待着的固定的身体主体不符合这种简单的二分法,旅行和中介机动并不需要简单的易激动的主体。需要尽力保持不动。乘客体验可能是从陌生人与他们的谈话中默默退出。他们可能会因为火车摇摆而缓慢入睡(Harrison, 2008; Kraftl and Horton, 2008)。或者乘客固定却沮丧的活跃。对信息显示和行李的持续监控可能令人筋疲力尽(Adey, 2007, 2008)。旅客经常被激怒、惹恼和难以置信地感受到压力(Bissell, 2007)。

案例研究 5.3　等待电梯

海查尔（Hirschauer，2005）关于电梯互动的一项有趣研究分析了人们如何通过与社会规范和行为价值有关的各种有意识的选择和无意识的性格表现得"像个陌生人"。对海查尔来说，人们在城市空间中的巨大活动产生了大量"无足轻重的他人"和陌生人，这些人在无法预测的无关联遭遇中相互冲突。此外，在电梯等狭小空间里待着使这种不相关的关系成为问题，因为与其他陌生人在一起的时间一定比平时要多。因此，他们的不相关性需要"交互式维护"。

在对电梯的评论中，海查尔认为，产生和维护陌生性不能通过被动完成，而是通过乘客积极的行为来实现（2005：59）。这些漠不关心的做法可以被贴上"不活跃"的标签，包括看向别处，甚至在与其他人非常接近的位置上时也是如此，以避免与其他乘客接触。这样的做法是在否认"身体上的亲近是人际关系的标志"。

因此，和比塞尔一样，海查尔的发现也不符合这样简单的固定和活动之间的关系。为了在这些情况下"缺席"，乘客积极处于不活跃状态，"动作、姿势、模仿、声音受到抑制，外表变得模糊"（2005：34）。即使"身体是静止的，没有表情，没有声音"（2005：34），但实际上这种被动和脱离的状态需要相当大的努力来克服"活动""烦躁""不安"和"警觉"（2005：61）。

>> 延伸阅读

（Vannini，2002；Hirschauer，2005；Bissell，2007；Harrison，2007）

我们应该明白，这些连接和断开极其脆弱。波动、冲击、碰撞和接

触可以重新定位并且快速连接。在汽车的背景下（Katz，1999），虽然
驾驶可以断开连接并阻断很多种关系和交流，但是"缺乏相互交流的机
207 会可能是变化的关键因素"（Thrift，2004a：47）。

五、扩 张

208　　　什么样的通信技术正在推动移动中介？什么样的信息通信技术
（ICT）允许、管理、组织、控制或简单改变人和物的移动性和社交性？
在本章的最后一节中，我们可以将重点缩小到这些技术移动中介的几个
方面。

　　有研究者抱怨这一领域的研究明显不足。格雷厄姆和马文在对于大
多数"城市社会分析"如何继续"解决城市社会学、经济发展、治理与
政治、城市文化与特征以及城市社会学与环境问题"的阐述中表达出不
满，但是并未认真考虑"网络基础设施作为中介的作用"（2001：19）。
这一领域出现的一些工作位于不同研究机构的顶点，表明信息通信技术
所提供的社会活动将减少对身体能动性的需求。因此，虚拟运动否定身
体上的位移，因为面对面的交流已经变得不必要。这可以归结为电子邮
件正在取代物理信件，或者视频会议减少了实体会议的需要。

　　在核心观点 5.5 中，我讨论了一篇在媒体和传播研究中颇具影响力
的文章，它探讨了信息通信技术移动性概念的效用和潜在延伸。虽然电
话信号和互联网数据包等信息移动，与埋入地下的电缆、电线和基础设
施看起来相当枯燥、学术化且毫不相关，但是作者认为，事实上它们与
移动性的核心有着紧密联系，并关系到社会的变化和发展。

核心观点 5.5　技术移动、网络基础设施和信息通信技术

在一篇阅读和引用量很高的文章中，卡基哈让（Kakihara）和索伦森（Sorensen）着手讨论"移动性"对通信技术研究的意义，并致力于扩展移动性的概念（Kakihara and Sorensen，2002）。他们认为，移动不仅仅是一个物质上的位移问题，还"与人们的行为，即人们在社交生活中相互作用的方式有关"（2002：1）。

如同他们之前和之后的许多研究者，卡基哈让和索伦森似乎对移动性的定义感到失望。这一定义仅体现了人借助设施的地理移动。目前为止，我们看到，这种观点占据着主要地位。然而，卡基哈让和索伦森扩大了移动性的有意义的效用，以探索物理移动与通信技术之间的关系。

他们的文章和评论探讨了通信技术如何对现代运输系统的顺利运行起到至关重要的作用，并指出"通信技术是全球运输中必不可少的"的"血管"（2002：1）。在验证这一作用的研究中，他们探讨了信息通信技术引起的戏剧性移动的三个重要作用。所谓空间性，作者指的是物理对象和虚拟空间（如网站）的移动。第二个要素，即暂时性，指的是通信技术带来的速度和明显的共时性。从上下文来看，它具体指的是"被移动的情境性"，或者达成这种移动性的情境。

麦克卢汉表示，这些维度为探讨"沟通"与"运输"之间概念的脱节奠定了有用的起点。

>> 延伸阅读

（Castells，1996；Kakihara and Sorensen，2002）

从交通和沟通研究的角度来看，广泛的工作是通过隐藏所谓的移动

209

替代概念来揭示这种关系。这些公式在评估替代的重要性方面有所不同。对一些人来说，这意味着整个实体旅行的消失。对另一些人来说，则预示着旅行的缩短和改变。尽管在 20 世纪七八十年代（Harkness，1973），人们普遍认为该想法有限，但到了 1998 年，交通地理学家苏珊·汉森认为："信息技术带来的变化可能会引起道路的改变。"（1998：248）整体而言，移动性和新虚拟移动性的中介实际上具有刺激和增强真实旅行的效果。

"互补性"一直是交通和电信研究人员所使用的热门词汇，他们认为通信技术和其他形式的虚拟移动已经增强并实际上创造了新的物理旅行（Salomon，1985，1986；Mokhtarian，1990，1991）。普宁娜·普劳特（Pnina Plaut，1997）发现，有明确的证据表明两种不同的方式是如何实现互补性的。首先，虚拟移动性允许增加本来不会发生的新型移动。其次，它提高了各种物流系统的"效率"和生产力，从而使更多的移动能够在较短的时间内进行。

210

帕特丽夏·塔里安（Brown et al.，2005；Mokhtarian，2005；Choo et al.，2007）的持续研究进一步展示了这种关系如何能够同时发挥作用。虽然虚拟移动可以补充物理移动性，但物理移动反过来又可以增强和导致更多的虚拟移动。看来，运输和通信移动似乎是同步提升的。正如格雷厄姆所总结的："总体而言，运输和通信实际上不仅仅是简单地相互替代，而是相互补充。"

（一）理由和背景

对虚拟移动的和其消除物理运动需求的能力的庆贺伴随着这样一种想法，即这些移动在某种程度上得以从物理和空间位置中解放。也就是说，虚拟中介允许移动和社会关系脱离开来。然而，我们应该知道，这些对自由流动和游牧解放的概括绝不会如此简单。

再次回到马文和格雷厄姆（2001）的著作。我们提出了这样一个想法，即通过信息通信技术实现移动的虚拟调解，实际上依赖于大量已经固定和难以更改的基础设施网络、管道和密集的技术部件，它们组成了本书提及的类似移动——停泊动力学。我们可以推测出一定的调解移动（mediated mobilities）的根源。这并不是说移动一定受信息通信技术推动和调解的必然牵制，而是它们能够如此行动正是因为其基础设施是固定的。中介移动往往也会反映出其基础设施的实体设置推动者的形态和格局。正是曼纽尔·卡斯特所说的，这个原因使得一个重组的"网络社会"伴随着线路和信息通信技术的限制而出现（参见核心观点5.6）。

核心观点 5.6　网络社会

对于城市社会学家曼纽尔·卡斯特来说，一个新的社会组织结构已经出现了，它似乎根植于网络形态或围绕网络形态进行组织。它认为网络组织在信息技术为其提供"足以在整个社会结构中大肆扩张的物质基础"（1996：468）前就已经发生了，但卡斯特通过综合社会生活的不同领域，讨论了网络关系如何依赖于流动和交互的网络经济而产生。通过追踪经济"知识信息库"与其全球影响力和信息技术革命之间的联系，他发现正是这些因素产生了"一个新的、独具特色的经济体系"。对于卡斯特来说，该系统的逻辑和物质线已经为重组社区和各种社会活动做出了努力。

而为了支撑所有这些变化，一个空间物质结构或形式上的支持出现了，可以从三个重要的层面进行论述。

第一，构成一个线路的物质设备或基础设施为构建沟通网络

211

而不断运作。

第二，某些地方承担着组织中心或集散中心的角色，以便协调各种流，如"全球城市"中的金融系统和多国组织相互协调。其他点更多承担节点的角色，为所在地组织各类活动。

第三，主导者或"占主导地位的管理精英"，直接主宰着网络组织背后的利益分割。网络由社会主导者们"制定、构思、决定和执行"，他们的常规行动轨迹与其所组织的网络非常相似（Castells，1996：415）。

从工作到战争，卡斯特向我们展示了网络化社会体如何由完全不同的社会实践和活动构成，这反映了移动和沟通速度（几乎立刻）以及跨空间距离的能力。

>> 延伸阅读

（Castells，1996；Graham and Marvin，1996，2001；Dodge and Kitchin，2001）

正如格雷厄姆所提出的，聚焦网络的流量揭示了大部分"实际上代表并阐明真实场所和空间"（1998；Dodge and Kitchin，2001）的移动方式。因此，宽带速度将取决于和交换器的距离和线路的质量。无线网络连接的好坏完全由无线发送器的位置及其周围建筑物决定。在大量的移动蜂窝手机背景下，电缆、开关和协议这些固定基础设施需要满足谈话和通信需求。约翰·阿加（John Agar）表示："奇怪的是，移动性依赖于固定装置。"（Agar，2003：22）这些举措可以很好地支持和促使从中介交通系统到旅游的移动活动——进一步证实了材料移动（material mobilities）如何受激活它们的接地基础设施限制（Graham，

1998：173）。因此，这里存在一个矛盾，即增加流动性的障碍"只可能通过特定空间的产生（铁路、公路、机场、远距离传输等）"（Harvey，1989：232）和固定基础设施而减少。类似地，埃里克·史温吉道（Erik Swyngedouw）讨论了通信和交通技术如何只能"通过制造新领土来把活动从其扎根的空间中解放出来"，或者换言之，移动如何只能通过"（相对）新的固定和有限的结构建造"而产生（Swyngedouw，1993：306）。

再者，正如我们所认为的协同其他真实移动电子和虚拟移动的根源，有研究表明了信息通信技术如何嵌入日常的生活组织中。平凡的基础设施支撑着平凡的日常移动，以至于社会变得依赖它们。道奇（Dodge）和基钦（Kitchin）有关该问题的研究指出，某些空间只要没有计算机软件和信息通信技术作为中介，就会失去功能。这些代码/空间通过软件和信息的移动而产生（Thrift and French，2002），因此类似机场的空间便成为"购票、安检、监控、飞行、交通控制、入境和很多其他部分'环环相扣的复杂集合'"，这也是现在"民航运输本身的实践和经验"的定义（Dodge and Kitchin，2004：197）。

（二）监 控

如果我们认定通过软件和信息通信技术建立起来的中介移动已融入居民日常生活组织，如机场候机大厅，那么这些中介会在其他什么地方设置和使用？连接移动和网络城市不断增加的虚拟化意味着中介移动可能已经变得和与它们捆绑在一起的城市空间一样无处不在（Mitchell，1995；Amin and Thrift，2002；Thrift and French，2002）。

我在下面改写了一段道奇和基钦（2005）的话。他们详细描述了一个虚构人物伊丽莎白可能的运动。伊丽莎白住在伦敦，在城市走动的短短几小时中，她的运动中介沿途不断得到调解和增加。

> 伊丽莎白的一天从早上七点开始。经过一小时的准备工作，她走出房屋，打开 iPod，然后沿着艾尔登路走下去，穿过阁下巷，顺着摩泽尔街往前走。在街道尽头，她在房地产经纪公司门上安装的两台私人安全摄像机的注视下，右转走到了百老汇。她在公牛路边等待，期间经过了三辆双层巴士。她不知道，公共汽车把它们的位置信息传送至一个小型交换器。这个盒子被安装在灯柱上，它使巴士路线的"倒计时"数字显示器能即时更新其预计到达时间。
>
> （2005：168）

在上午八点之前，伊丽莎白的旅程已经遇到了许多不同种类的介质并被其推动。伴随着音乐声，伊丽莎白的 iPod 使她能够沉浸在自己的个人空间中（Bull，2007）。银行中 ATM 机的存在意味着她可以随时从账户中取钱。公交车既构成了一个交通环境，也带来了暂时的道路穿行障碍，这些都通过信息的电子传输进行调解和得到促进。

这里还有更多的细节，我们将提取伊丽莎白第二个小时的旅程经历：

> 八点十分刚过，她走进地铁站。她在感应器上挥了一下她的智能乘车卡，检票闸门随之打开，她的卡的借记记录也随之形成，她成功登录了地下监控系统。在她周围，以五个安全摄像机为一组的监控正运行着，这些监控摄像机是地下的集旅客管理和安全系统为一体的监控系统的一部分，其中安全系统涵盖了整个地下网络。这组摄像机追踪记录着她和其他乘客的移动，直到她走出站台。这里还设置了四台额外的摄像机。
>
> （2005：168）

现在，伊丽莎白旅程的中介已变得不那么固定，而是更有生机，特别是在信息的捕获方面。道奇和基钦提及的许多编码和信息通信技术系统（2005）实际上可能被视为监视的形式。伊丽莎白的整个旅途一直被闭路电视监控相机监视着。她在伦敦地铁使用的智能乘车卡使各种管理系统能监控她的移动。如果不选择这些中介，她难以拥有一张自己的牡蛎卡（Oyster card，图 5-2）；如果不提交 ATM 机的视频和电子监控，她就无法提取现金。换言之，这些系统对于她的活动来说是完全有必要的。

我们所提及的一系列系统都旨在增加旅客的移动性，虽然可能是通过监视的方式。在许多方面，监视在增强物体移动和中介移动中扮演着重要角色，它们对于系统的良好运行可能是必要的。这种情况下的监视可能被视为利于伊丽莎白横穿城市的良性工具。而在其他情况下，监视很可能就是移动中介本身的目的：移动性可能被调解，使得它们处在控制中。在结束这一部分时，我们可以简单地讨论一下监视（和各种软件和 ICT 系统的设定本身）如何参与移动中介（参见核心观点 5.7）。

图 5-2 伦敦"现购现付"的牡蛎卡 ①

---

① Source：Copyright © Transport for London 2005.

我们已经考虑到了工作场所监管系统的历史背景。从泰勒（Taylor）的科学工作管理（参见克雷斯维尔前文所述）到对工作中的电子邮件的现代化监察，对员工移动的监控其实是在试图评估其生产力和效率（Marx，1999）。在其他方面，旅游研究最近已经在对这些问题进行探讨。如今，游客接受监督和检查已成为公众监督和学术分析一个相当大的对象。然而，尽管"旅游移动性是新型监管组合的一个重要焦点"，如同摩根（Morgan）和普里查德所述（2005），令人难以置信的是人们"对致力于探索这种构建了监控辩证法的强大的话语霸权鲜有关注"（Morgan and Pritchard，2005：125-126）。

核心观点 5.7　移动性和监控研究

　　监测研究的新兴领域已经寻求去调查监视实践以及统治和控制之间各方面的关系。移动性的概念已成为这一领域的核心因素。正如罗杰·克拉克（Roger Clarke）所总结的，移动性描述的是监控技术对于处理移动区位和重要传输信息的能力（Clarke，2003）。

215

　　也许已有两个主要因素提到了该学科主要关注的移动性的重点议题。第一，大家已有认知，即需要监控来应对移动性越来越强的世界。科林·班尼特（Colin Bennett）和普里西拉·里根（Priscilla Regan）在《监控和社会》（*Surveillance and Society*，2004）中的评论指出："人们如何不再生存和生活在固定的地点和空间……从一个活动或一个地方到另一个场所进行的社会空间运动不是永久的，这更可能成为常规。"换句话说，正是因为存在移动、运输、迁徙和旅行，所以监控必须存在。这是因为我们和事物移动得越来越多，以至于这些必须被置于监控中。

　　第二，正是对这些移动性要求的监督回应，使监控实践本身已经变成移动的了。大卫·里昂（David Lyon）写道："全球监控的增长不是阴谋，记住这一点尤为重要。监控全球化的主要原因在于其基本特征是移动性……现在主宰世界的正是移动性。"（Lyon，2007：121）

>> 延伸阅读

（Lyon，2003a，2007；Adey，2004）

变化似乎正在推动日常移动性安全化，使监控的流动性不断增加。因此，里昂写道："今天监视本身即流的一部分。"（2003b）监控调解下不断增强的移动性似乎受到世界的日益信息化和在世界范围内传递信息的能力的驱动。所谓"数据行为监控"（Clarke，1988），是指一种有关我们的移动和行动轨迹的信息可能被收集和监控的系统处理方式。里昂（2002）描述了捕获和创建该信息的实际趋势，其过程就是"表型修复"处理，对现代监控系统来说极为流行。"表型修复"把物质和实际行为转换为数据，以便管理和使用。

因此，许多有趣而重要的工作已经演示了物理移动如何因为它们留下的数字痕迹而有迹可循。这些流程使道奇和基钦在伦敦的通勤能够被其电子和数字交易流程追踪。这些辩论中的一个关键方面是信息动作和人们真实的物理旅程的交互。马里克·德·歌德（Marieke de Goede）和路易斯·埃穆尔（Louise Amoore）近期有关这些过程的概述强调了航空安全、监督和财务交易的行程数据使用（2008）。在审查 2004 年乘客姓名记录（PNR）的协议时，他们指出了在欧洲航空公司和美国之间，航空公司如何被迫传输有关乘客行为和特征的 34 条信息。这些数据通过电子交易在欧洲航空公司和美国国土安全局之间来回穿梭（Bennett，2006；Bigo，2006）。他们总结了传输或交易如何"被视为

216

调和移动性的手段",对于国土安全局来说,这是"保证数据持续流动和飞机持续飞行"的方法(Amoore and de Goede,2008:1)。

因此,监测越来越具有移动性,因为有关移动个人的数据可轻松在有关数据库和持有它们的组织之间移动。鉴于我们生活在"个人信息经济"中,日常移动可能已把自己的数字签名嵌入护照、签证等事物中。这些事物会在世界各地移动(Lyon,2007:121)。这是由于数据被嵌入移动物体中,且相关信息可以长久保存在存储库中,因此它们变得更加松散和开放。凯文·哈格蒂(Kevin Haggerty)和理查德·埃里克森(Richard Ericson)的开创性文章所称的监控组合概述了监控系统如何紧密相连:"把系统整合在一起的意愿在于把实践和技术结合起来,并将它们整合到一个更大的整体中。"(2000:610)这似乎是在引领日益增长的连接性和数据流量。我们可能只通过接收邮件体验过信息共享,疑惑为什么自己收到了这么多的垃圾邮件。我们的个人信息可能具有经济价值,已被收集起来并出售给营销人员,后者试图宣传最新的金融产品。或如埃穆尔和歌德(2008)之前向我们展示的,它们可能具备安全性价值,使各种组织不得不分享他们所了解的我们和我们的行动。

但是,这一切到底意味着什么?你们中的许多人可能会对自己说:"嗯,我没有做错任何事,所以这真的重要吗?"有人争辩说,隐含之意比侵犯隐私更为深远,它意味着不管你是否做错了,那都不重要。里昂(2003b)在宣读那句古老的谚语时非常严肃,但"如果你没有什么可隐瞒的,你将有恃无恐"已不再真实。对于里昂和许多人来说,移动监控已经开始系统地影响着人们的移动和生活机会,因为这可以被视作一种积极的辨别系统。有些研究者推测,现代社会流动的"移动大众"实际上是"优势群体,被顶层设计并通过隐藏的软件世界隔离"(Graham,2005:564)。在日常生活的各个方面,我们都可看到各种例子。例如，在电话呼叫中心排队系统中首选客户的优先次序——即使是在电话呼叫中心的世俗领域中，都可能存在这样明显的不平等（2005）。在其他地方，大卫·福尔摩斯（David Holmes，2004）说明了悉尼的道路收费计划如何优先服务富裕的车主。

移动方法 5.2　追踪移动体

如上所示，监视移动性的能力提供了创新的方式去捕捉和记录移动性，并且这种方式通常是即时性的。全球卫星定位系统（GPS）意味着远距离和快速便捷地追踪有意答复者的位置已成为可能（Parks，2005）。

正如我们所看到的，对定性形式的研究方法有用的常规技术正变得更加具备移动性，通常是以开创新可能性的方式。埃文斯等人的最新综述这样写道："曾经服务于特殊人员的设备现在开放给了大多数学者。"（2008：1，272）骑行研究员贾斯廷·斯平尼使用了安装在头盔上的照相机，这意味着研究人员能够以人种志般详尽的视角更近距离地进行记录，并给予观众一个第一人称视角在特定环境中的移动。正如本章前文所述，劳里埃视频开发的方法使移动工作的复杂实践得以证明。

其他生物导向的生物医学监测设备可能会展现运动中的身体更多的细节。心率监视器和身体温度设备用于评估"身体所受的影响和在不同的环境中的参与度"（Hein et al.，2008），计步器则可追踪定量距离。另外，不要忘记，许多新的录音设备是数字的。鉴于这些数据的传输能够非常便捷地通过互联网分享并与其他研究和数据集进行比较，因此很多信息也变得颇为灵活并极具移动性。

所有这些移动性和数字化都意味着移动痕迹的增加。最近，新加入了数据输入和电子记录。特雷弗·佩格兰（Trevor Paglen，2006）的精彩作品"非凡的演绎"展示了在中央情报局指导下恐怖航班所留下一长串数据记录。

实　践

　·移动和轻量级设备的出现使更加侧重体验的研究活动和远距离的活动得以被记录下来。

　·数据库和记录系统的出现可能使追踪过去和现在的运动成为可能。

　·应当考虑道德和隐私问题。

>> 延伸阅读

（Laurier，2004；Spinney，2006；Hein et al.，2008）

（三）移动介质

我们所讨论的中介技术能够加快、减慢、增加和捕获移动性。虽然大多数此类技术均以某种方式为根基，但这些技术成功地使人们从地方局限中解放出来，允许社会实践变得既具移动性又具流动性。在上述伊丽莎白的步行路程中，移动假体（如 iPod）使她得以将以前和相对静止的音乐融入旅程中，这可能为她带来了各种文化世界的体验（Bull，2001）。在本章的最后一部分，我们可以考虑移动电话这类移动体技术如何使社会活动和实践变得更具移动性。

在本章开头，我们通过各种新的工作实践，如在汽车或飞机上开展的工作，使"旅行时刻"以更高效的方式被理解。旅行时刻变得不再是丢失的停滞时间（"dead" time），而是可能变得更实用和可行（Lyons and Urry，2005；Jain and Lyons，2008）。阿加（2003）使用一个 1986 年的英国电信广告，演示了停滞时间如何通过购买第一部移动电话得以复活。

六、把空闲时间变为工作时间

当你远离了办公室和手机时，实际上已经切断了和工作业务的 *219* 接触。人们无法和你取得联系。你甚至也不能轻易联系到自己。随身携带一部移动电话或一部手机，能为你带来双重好处。你与人保持着联系，随时准备获取任意时间和地点发生的商业机会优势。你可以最大限度地有效利用"停滞时间"——用于旅行的时间，将其转化为真正的生产时间。

（Agar，2003：83）

我们通过移动手机获得的是一种移动化，它推动并且"加强移动生活方式和物质的分散关系"（Wellman，2001：239）。固定的、随处都有的基础设施网络为移动手机提供使用系统，以便用户随身携带，将用户从"地点和组群"中解放出来。然而问题的关键在于，这种解放是不完整的。手机使得人们及其行动和实践能够"保持即时的联系"或"永久的接触"（Katz and Aakhus，2002）。通过这种方式，它就不是那些遗失了的社会关系停泊，而只是那些空间（合理解释为手机信号的强弱取决于距离信号发射器的远近）。

手机使用户的移动性得以和工作、沟通、交往的行为互动与连接。

鲍曼（2003）对这些想法进行了扩展，他研究了在这些流动性中手机如何保持关联和连接。鲍曼这样写道：

> 你一直保持着联系——即使你一直在移动，而且呼叫和消息的无形发送者和接收者也都在遵循他们自己的轨迹移动。手机为移动中的人群服务。
>
> （2003：59）

想象着一个网络图似的图像，鲍曼描述了网络中的节点如何可以被视为一个人的朋友或工作联系人。然后，鲍曼设置了该运动图表：一个人的朋友、同事甚至远房亲戚，在他们自己的日常路径、例行程序、旅行和休假中始终是短暂的。但移动电话即使在通信线伸展、倾斜和互相重叠时，都能保障这些网络之间的线路的稳定运行。这些关联和连接是"移动物体的宇宙"中的定点对象。即使手机用户在地理位置上有所移动，通信也可保持通畅，就像"保持联系是流沙之中的岩石。位居其上，你就可以计数"（Bauman，2003：59）。

220　　　成功连接到遥远和其他地方可能意味着切断与当地和背景的联系。受我们前述所讨论方法的触动，巴里·威尔曼（Barry Wellman）回忆他和妻子在多伦多的有轨电车上听到的一种体验，即一个年轻的女子与她的情人之间的一段"极度浪漫"的谈话。威尔曼解释说："她似乎无视我坐在她身边，她完全沉浸在自己的私人谈话中——她的大声通话打扰了我们轻柔的谈话。在公共空间中，她只考虑自己的需要。"（Wellman，2001：239-240）鉴于此，手机用户在移动时似乎能够为自己并拓出一个私密的空间。

　　科博马（Kopomma，2004）把这描述为私人"气泡圈"向外膨胀，这时用户正"从社交场合中退出"。如同早先讨论的积极无为一样,"演讲者行为的特征在于缺席和有些内向。凝视着空间并微笑都是退回手机社交的迹象"(Kopomma,2004:270)。在回家的路上横穿一个危险的街区时,给心爱的人打电话让这个气泡圈有了安全感。人们经常性地检查手机,一旦被振动或噪声提醒,便按键回应,这就是一组常见的有关短信回复的活动(Licoppe,2004;Licoppe and Inada,2006)。

正如威尔曼所说,这些内在的私人表达可以向外移动。陌生人可被一个响亮的电话交谈的圈子吸引,此时他们的注意力被打散,其对话被迫中断或被响亮的文字信息提示音干扰。随着移动电话的内置设备的出现,如音乐播放器、视频录像机——还有照相机,手机的使用具有了多个维度:人们在移动过程中可以收听音乐并交换心得,和朋友拍的照片可以立即传到另一台手机上。最近,我坐在公交车上,忍不住注意到前座的一名年轻男子正在和朋友视频通话。看到显示屏上的人,我立刻对这种巧妙的技术产生了兴趣。在这之前,我赶紧移开了目光,因为感觉自己实际上已经卷入他们的私人对话(如果我能看到显示屏上的人,那么他大概也已经看到座椅后的我直勾勾的注视)。这些个人的气泡圈可以重叠,并且可以以令人惊讶和不可预知的方式与另一个圈子相互干涉。

七、结　论

中介意味着什么?在我们研究移动性的背景下,这有多种答案。我们已经看到了几种不同的中介方式。移动性似乎总是在内部传送某物, *221*

无论你移除一个图层多少次，怎样一个接一个地移除，有些事情的确已经发生了。换言之，移动性具备寄生性。捎带其他移动性，移动主体在移动过程中受交通技术的推动，如常见的汽车、火车、公共汽车及其他交通方式。这些调解技术调解不同形式的移动。事实上，几乎每一种移动都能被某物所调解。

一些中介移动需要广泛、固定的基础设施，以便使其旅程顺利进行，而其他中介系统则需要控制和规范他们。监督被视为一种重要的机制。重要的是，正如前一章所述，中介在移动性的执行中扮演关键角色。监督与安全实践可能将移动性进行社会化分类，分为受青睐的高优先级群体与不受青睐的低优先级群体，这影响了人们的生活机会和未来的移动性，即他们的机动性。

正如我们所看到的，移动电话能够解放社会关系和帮助人们保持沟通，而步行靴可能会让身体与地面的交流陷入僵局。

连接与断开连接因而被视作中介移动的一个主要的复杂因素。中介可以作为关系之间的缓冲角色，或者改善通信，更紧密地加强联系。

第六章

结 论

我想以一种特殊的方式结尾——通过奥德丽·尼芬格（Audrey Niffenegger）的小说《时间旅行者的妻子》（*The Time Traveller's Wife*）来总结这本书的主题及其联系。这部小说讲述了克莱尔和亨利两人努力相互联系的复杂故事。他们为在一起而做的努力经常被亨利的时间错位症（一种病症）破坏。亨利常感到时空错乱。

我们可以把亨利和克莱尔的努力联系（生活中的时间同步）视作某种同时移动的比喻和移动存在体的形状。对同步性（接近性）的渴望已经变成我们看得见的许多移动世界中的显著符号。人们在不同时刻表上奔跑，努力和其他人、移动基础设施的时刻表以及他们依赖的运输系统相匹配。亨利迷失方向的经历，可能类似于我们中的许多人下飞机，进入混乱的机场航站楼时，或者一个移民进入新的城市时会遇到的场景。亨利移动性的迷失，内心的失落、遗憾与渴望被我们对社会亲属关系的认识影响。同时，他到了受欢迎的地方、回到家或到其他神圣的地方时，是充满欢乐的。

他丢失的不确定性类似于如今流通威胁和不规则的难以控制的移动性的断言。一直以来，进入本不属于他的空间以及与这个空间的格格不入，使他持续不断地因反对规定、监督、规则和法律而遭受挫折。当尽力适应不确定的移动时，亨利逐渐成为一个非法入侵、未成年盗窃和穿越边境的盗贼专家，但他并不擅长躲避空间感应器。

　　同时，也许这个比喻不是很恰当。亨利的时空旅行似乎否定了我提及的一些关于移动性的极为强烈的主张。从字面上看，亨利是一个个体。事实上，他并非以我们认为的方式移动。它涉及没有努力、经验和知识地在时间和空间中瞬间移动。亨利确实是孤独的。他独自一人旅行，不带任何东西——不穿衣服是个麻烦的问题。这些运动可以代表一个经常独游的人所体验到的隔绝感，但是根据我们提出的许多关于移动性的
223 观点，亨利其实并没有移动。他的运动与极端的运动不同，并且与人或其他事物之间各种各样的方式形成鲜明的对比。无论这些人对周遭事物是冷漠还是亲近，无论是否存在旅行中介或是否携带了带给别人的东西（友谊、家庭、关心者、同事、行李、购物、手提电脑、食物），移动性从来都不是单一的。移动性不仅仅是一个离开和到达的瞬时旅途，它如同一场火车旅程，需要体验感。也许很快或者很慢，也许很容易描述或者彻底不知道如何表达，但是移动性无处不在。

　　到目前为止，一切顺利，但这个故事略长，结论可能过于简单。也许我们遗漏了亨利的移动与他的经历、感觉和关系。这本书的书名为《时间旅行者的妻子》，因此我们所了解的不仅是亨利的故事，还有他的妻子克莱尔的故事。我们应该知晓克莱尔对亨利归来和离开的妥协，这是符合移动性的性别不平等特征的。但比影响更重要的是效果。移动性是相互关联的。我们明白了亨利、克莱尔和他们的朋友怎样以完全不同的方式参与亨利的移动。我们明白了归属感、场所和适居的地方（或者被称作"家"的地方）的重要性。我们也明白了离开的伤痛——联系断开的感觉。

　　而且，虽然我们不了解旅行的经历，但它对亨利和克莱尔的影响却清晰可见。如同我们所讨论的，移动性并不容易，它需要花费精力和时

间。有时候，亨利的滑动是痛苦的，大多数情况下都极其耗费精力，而且使他厌恶。有时候，滑动很顺利，而且亨利为它的发生感到愉悦，尽管他也会在等待离开的过程中感到恐惧。的确，最初亨利的被迫移动看起来不太可能，但它表达的是那些无法掌控自我和那些被迫移动的人的经历，这些移动性的体验是更加不活跃、顺从和默从的。

　　这本书通过社会世界的关键主题、问题和发展清晰阐释了"移动性"的概念。从不同的学科、主义、案例和技术中，我们需要明白移动性和我们的思想、方法、研究是如何协同运行的。对移动性的进一步研究需要我们继续思考移动。

参考文献

Aas, K. F. (2007) 'Analysing a world in motion: global flows meet criminology of the *224* other', *Theoretical Criminology*, 11: 283–303.

Abler, R., Adams, J. S. and Gould, P. (1971) *Spatial organization: the geographer's view of the world*, Englewood Cliffs, NJ; Hemel Hempstead: Prentice-Hall.

Adams, P. C. (2001) 'Peripatetic imagery and peripatetic sense of place', in Adams, P. C., Hoelscher, S. and Till, K. (eds.) *Textures of place: exploring humanist geographies*, Minneapolis: University of Minnesota Press.

Adams, R. M. (1974) 'Anthropological perspectives on ancient trade', *Current Anthropology*, 15: 239–249.

Adey, P. (2004) 'Secured and sorted mobilities: examples from the airport', *Surveillance and Society*, 1: 500–519.

—— (2006a) 'Airports and air-mindedness: spacing, timing and using Liverpool Airport 1929–39', *Social and Cultural Geography*, 7: 343–363.

—— (2006b) 'If mobility is everything then it is nothing: towards a relational politics of (im)mobilities', *Mobilities*, 1: 75–94.

—— (2007) ' "May I have your attention": airport geographies of spectatorship, position and (im)mobility', *Environment and Planning D – Society and Space*, 3: 515–536.

——(2008) 'Airports, mobility, and the calculative architecture of affective control', *Geoforum*, 39: 438–451.

Adey, P., Budd, L. and Hubbard, P. (2007) 'Flying lessons: exploring the social and cultural geographies of global air travel', *Progress in Human Geography*, 31: 773–791.

Agamben, G. (2005) *State of exception*, Chicago, Il; London: University of Chicago Press.

Agar, J. (2003) *Constant touch: a global history of the mobile phone*, Cambridge: Icon.

Ahmed, S. (2004) *The cultural politics of emotion*, Edinburgh: Edinburgh University *225* Press.

Ali, S. H., and Keil, R. (2008) *Networked disease: emerging infections in the global city*,

Malden, Mass.: Blackwell.

Allen, J. and Hamnet, C. (1995) *A shrinking world?*, Oxford: Open University Press.

Alliez, E. (2004) *The signature of the world: or, what is Deleuze and Guattari's philosophy?*, New York; London: Continuum.

Amin, A. and Thrift, N. (2002) *Cities: reimagining the urban*, Cambridge: Polity.

Amoore, L. and De Goede, M. (2008) 'Transactions after 9/11: the banal face of the preemptive strike', *Transactions – Institute of British Geographers*, 33: 173–185.

Anderson, B. (2006) 'Becoming and being hopeful: towards a theory of affect', *Environment and Planning D*, 24: 733–752.

Anderson, J. (2004) 'Talking whilst walking: a geographical archaeology of knowledge', *Area – Institute of British Geographers*, 36: 254–261.

Angus, J., Kontos, P., Dyck, I., McKeever, P. and Poland, B. (2005) 'The personal significance of home: *habitus* and the experience of receiving long-term home care', *Sociology of Health and Illness*, 27: 161–187.

Appadurai, A. (1990) 'Disjuncture and difference in the global cultural economy', in Featherstone, M. (ed.) *Global culture: nationalism, globalization and world culture*, London: Sage.

Appadurai, A. (1995) 'The production of locality', in Fardon, R. (ed.) *Counterworks: managing the diversity of knowledge*, London: Routledge.

Atkinson, D. (1999) 'Nomadic strategies and colonial governance: domination and resistance in Cyrenaica, 1923–1932', in Sharp, J. (ed.) *Geographies of domination/ resistance; entanglements of power*, London: Routledge.

Augé, M. (1995) *Non-places: introduction to an anthropology of modernity*, New York: Verso.

Auster, P. (1987) *The New York trilogy*, London: Faber.

Bachelard, G. (1988) *Air and dreams: an essay on the imagination of movement*, Dallas: Dallas Institute Publications, Dallas Institute of Humanities and Culture.

Bahnisch, M. (2000) 'Embodied work, divided labour: subjectivity and the scientific management of the body in Frederick W. Taylor's 1907 "Lecture on Management"', *Body and Society*, 6: 51–68.

Bajc, V. (2007) 'Creating ritual through narrative, place and performance in evangelical Protestant pilgrimage in the Holy Land', *Mobilities*, 2: 395–412.

Bajc, V., Coleman, S. and Eade, J. (2007) 'Introduction: mobility and centring in pilgrimage', *Mobilities*, 2: 321–329.

Bale, J. (1996) *Kenyan running: movement culture, geography, and global change*, London; Portland, Oreg.: Frank Cass.

———— (2004) *Running cultures: racing in time and space*, London; New York: Routledge.

Barber, L. G. (2002) *Marching on Washington: the forging of an American political tradition*, Berkeley: University of California Press.

Barnes, T. J. (2008) 'Geography's underworld: the military-industrial complex, mathematical modelling and the quantitative revolution', *Geoforum*, 39: 3–16.

Barnes, T. J. and Farish, M. (2006) 'Between regions: science, militarism, and American geography from World War to Cold War', *Annals of the Association of American Geographers*, 96: 807–826.

Bartling, H. (2006) 'Suburbia, mobility, and urban calamities', *Space and Culture*, 9: 60–62.

Bassett, K. (2004) 'Walking as an aesthetic practice and a critical tool: some psycho-geographic experiments', *Journal of Geography in Higher Education*, 28: 397–410.

Baudrillard, J. (1988) *America*, London: Verso.

Bauman, Z. (1998) *Globalization*, Cambridge: Polity Press.

———— (2000) *Liquid modernity*, Cambridge; Malden, Mass.: Polity Press; Blackwell.

———— (2003) *Liquid love: on the frailty of human bonds*, Cambridge: Polity Press; Malden, Mass.: Distributed in the USA by Blackwell.

Bechmann, J. (2004) 'Ambivalent spaces of restlessness: ordering (im)mobilities at airports', in Bærenholdt, J. O. and Simonsen, K. (eds.) *Space odysseys: spatiality and social relations in the 21st century*, Aldershot: Ashgate.

Beck, U. (2000) *What is globalization?*, Malden, Mass.: Polity Press.

———— (2006) *The cosmopolitan vision*, Cambridge: Polity.

Beckmann, J. (2001) 'Automobility—a social problem and theoretical concept', *Environment and planning D*, 19: 593–608.

Benjamin, W. (1973) *Charles Baudelaire: a lyric poet in the era of high capitalism*, London: NLB.

———— (1985) *One-way street and other writings*, London: Verso.

———— (1986) *Illuminations*, New York: Schocken Books.

———— (1999) *The Arcades Project*, Cambridge, Mass.: Belknap Press of Harvard University Press.

Bennett, C. (2006) 'What happens when you book an airline ticket (revisited): the computer assisted passenger profiling system and the globalization of personal data', in Zureik, E. and Salter, M. B. (eds.) *Global surveillance and policing: borders, security, identity*, Cullompton: Willan.

Bennett, C. and Regan, P. (2004) 'Surveillance and mobilities', *Surveillance and Society*,

227

1: 449–455.

Bergson, H. (1911) *Creative evolution*, New York: H. Holt and Company.

——— (1950) *Matter and memory*, London, New York: G. Allen and Unwin; Macmillan.

Berman, M. (1983) *All that is solid melts into air: the experience of modernity*, New York: Verso.

Bhabha, H. K. (1994) *The location of culture*, London: Routledge.

Bigo, D. (2006) 'Security, exception, ban and surveillance', in Lyon, D. (ed.) *Theorizing surveillance: the panopticon and beyond*, Culhompton: Willan.

228　Bissell, D. (2007) 'Animating suspension: waiting for mobilities', *Mobilities*, 2: 277–298.

——— (2008) 'Comfortable bodies: sedentary affects', *Environment and Planning A*, 40: 1697–1712.

Blomley, N. K. (1992) 'The business of mobility—geography, liberalism, and the Charter of Rights', *Canadian Geographer—Geographe Canadien*, 36: 236–253.

——— (1994a) *Law, space, and the geographies of power*, New York; London: Guilford.

——— (1994b) 'Mobility, empowerment and the rights revolution', *Political Geography*, 13: 407–422.

Blunt, A. (1994) *Travel, gender and imperialism: Mary Kingsley and west Africa*, New York: Guilford.

———(2005) *Domicile and diaspora: Anglo-Indian women and the spatial politics of home*, Oxford: Blackwell.

——— (2007) 'Cultural geographies of migration: mobility, transnationality and diaspora', *Progress in Human Geography*, 31: 684–694.

Blunt, A. and Dowling, R. M. (2006) *Home*, London: Routledge.

Bohm, S., Jones, C., Land, C. and Paterson, M. (2006) 'Introduction: impossibilities of automobility', *Sociological Review*, 54: 1–16.

Bonsall, P. and Kelly, C. (2005) 'Road user charging and social exclusion: the impact of congestion charges on at-risk groups', *Transport Policy*, 12: 406–418.

Borden, I. (2001) *Skateboarding, space and the city: architecture and the body*, Oxford; New York: Berg.

Bourdieu, P. (1977) *Outline of a theory of practice*, Cambridge: Cambridge University Press.

——— (1984) *Distinction: a social critique of the judgement of taste*, London: Routledge and Kegan Paul.

Bourke, J. (2005) *Fear: a cultural history*, London: Virago Press.

Bowlby, R. (2001) *Carried away: the invention of modern shopping*, New York: Columbia University Press.

Braidotti, R. (1994) *Nomadic subjects: embodiment and sexual difference in contemporary feminist theory*, New York: Columbia University Press.   229

Brand, S. (1994) *How buildings learn: what happens after they're built*, New York; London: Viking.

Braun, B. (2007) 'Biopolitics and the molecularization of life', *Cultural Geographies*, 14: 6–28.

Brennan, T. (2003) *The transmission of affect*, Ithaca, NY; London: Cornell University Press.

Brenner, N. (1998) 'Between fixity and motion: accumulation, territorial organization and the historical geography of spatial scales', *Environment and Planning D – Society and Space*, 16: 459–481.

Brown, C., Balepur, P. and Mokhtarian, P. L. (2005) 'Communication chains: a methodology for assessing the effects of the Internet on communication and travel', *Journal of Urban Technology*, 12: 71–98.

Brown, L. A. (1968) *Diffusion dynamics: a review and revision of the quantitative theory of the spatial diffusion of innovation*, Lund: Gleerup.

———— (1981) *Innovation diffusion: a new perspective*, London: Methuen.

Brown, L. A., Malecki, E. J., Gross, S. R., Shrestha, M. N. and Semple, R. K. (1974) 'Diffusion of cable television in Ohio – case study of diffusion agency location patterns and processes of polynuclear type', *Economic Geography*, 50: 285–299.

Bruno, G. (1992) 'Streetwalking around Plato's Cave', *October*, 60: 110–129.

———— (2002) *Atlas of emotion: journeys in art, architecture, and film*, New York: Verso.

Buck-Morss, S. (1989) *The dialectics of seeing: Walter Benjamin and the Arcades project*, Cambridge, Mass.: MIT Press.

Bull, M. (2001) 'The world according to sound: investigating the world of Walkman users', *New Media and Society*, 3: 179–198.

———— (2007) *Sound moves: iPod culture and urban experience*, London: Routledge.

Buttimer, A. and Seamon, D. (1980) *The human experience of space and place*, New York: 230   St. Martin's Press.

Calhoun, C. (2002) 'The class consciousness of frequent travelers: toward a critique of actually existing cosmopolitanism', *South Atlantic Quarterly*, 101: 869–898.

Canetti, E. (1962) *Crowds and power*, New York: Viking Press.

Canzler, W., Kaufmann, V. and Kesselring, S. (eds.) (2008) *Tracing mobilities: towards a cosmopolitan perspective*, Aldershot, Ashgate.

Castells, M. (1996) *The rise of the network society*, Oxford: Blackwell.

——— (1997) *The power of identity*, Malden, Mass.; Oxford: Blackwell.

——— (2000) *End of millennium*, Oxford: Blackwell.

Castree, N. (2005) *Nature*, London: Routledge.

Cavanaugh, W. T. (2008) 'Migrant, tourist, pilgrim, monk: mobility and identity in a global age', *Theological Studies*, 69: 340–356.

Certeau, M. D. (1984) *The practice of everyday life*, Berkeley: University of California Press.

Chambers, I. (1986) *Popular culture: the metropolitan experience*, London; New York: Methuen.

Chang, S. E. (2004) 'Transportation geography: the influence of Walter Isard and regional science', *Journal of Geographical Systems*, 6: 55–69.

Chatty, D. and Colchester, M. (2002) *Conservation and mobile indigenous peoples: displacement, forced settlement, and conservation*, New York; Oxford: Berghahn Books.

Choo, S., Lee, T. Y. and Mokhtarian, P. L. (2007) 'Do transportation and communications tend to be substitutes, complements, or neither? US Consumer Expenditures Perspective, 1984–2002', *Transportation Research Record*, 2010: 123–132.

Christaller, W. (1966) *Central places in Southern Germany*, London: Prentice-Hall.

Chyba, C. F. (2002) 'Toward biological security', *Foreign Affairs*, 81: 122–137.

Clarke, R. (1988) 'Information technology and dataveillance', *Communication ACM*, 31: 498–512.

Cliff, A. D., Haggett, P., Ord, J. K. and Versey, G. R. (1981) *Spatial diffusion: an historical geography of epidemics in an island community*, Cambridge: Cambridge University Press.

Cloke, P., Goodwin, M., Milbourne, P. and Thomas, C. (1995) 'Deprivation, poverty and marginalization in rural lifestyles in England and Wales', *Journal of Rural Studies*, 11: 351–366.

Cloke, P. J., Goodwin, M. and Milbourne, P. (1997) *Rural Wales: community and marginalization*, Cardiff: University of Wales Press.

Cohen, S. (1995) 'Sounding out the city: music and the sensuous reproduction of place', *Transactions – Institute of British Geographers*, 20: 434–446.

——— (2005) 'Country at the heart of the city: music, heritage, and regeneration in Liverpool', *Ethnomusicology*, 49: 25–48.

Comaroff, J. and Comaroff, J. (2002) 'Alien-nation: zombies, immigrants, and millennial capitalism', *South Atlantic Quarterly*, 101: 779–806.

Connell, J. and Gibson, C. (2003) *Sound tracks: popular music, identity and place*, London: Routledge.

Conradson, D. and Latham, A. (2005) 'Transnational urbanism: attending to everyday practices and mobilities', *Journal of Ethnic and Migration Studies*, 31: 227–234.

———— (2007) 'The affective possibilities of London: antipodean transnationals and the overseas experience', *Mobilities*, 2: 231–254.

Conradson, D. and McKay, D. (2007) 'Translocal subjectivities: mobility, connection, emotion', *Mobilities*, 2: 167–174.

Cook, I. (2004) 'Follow the thing: Papaya', *Antipode*, 36: 642–664.

———— (2006) 'Geographies of food: following', *Progress in Human Geography*, 30: 655–666.

Cook, I., Crang, P. and Thorpe, M. (1998) 'Biographies and geographies: consumer understandings of the origins of foods', *British Food Journal*, 100: 162–167. *232*

Cooper, M. (2006) 'Pre-empting emergence: the biological turn in the War on Terror', *Theory Culture and Society*, 23: 113–136.

Coward, M. (2004) 'Urbicide in Bosnia', in Graham, S. (ed.) *Cities, war and terrorism*, Oxford: Blackwell.

———— (2006) 'Against anthropocentrism: the destruction of the built environment as a distinct form of political violence', *Review of International Studies*, 32: 419–437.

Crang, M. (2001) 'Rhythms of the city: temporalised space and motion', in May, J. and Thrift, N. J. (eds.) *Timespace: geographies of temporality*, London: Routledge.

———— (2002a) 'Between places: producing hubs, flows, and networks', *Environment and Planning A*, 34: 569–574.

———— (2002b) 'Rethinking the observer: film, mobility and the construction of the subject', in Cresswell, T. and Dixon, D. (eds.) *Engaging film: geographies of mobility and identity*, London: Rowman and Littlefield.

Crary, J. (1999) *Suspensions of perception: attention, spectacle, and modern culture*, Cambridge, Mass.: MIT Press.

Crawford, M. (1994) 'The world in a shopping mall', in Sorkin, M. (ed.) *Variations on a theme park: the new American city and the end of public space*, New York: Hill and Wang.

Cresswell, T. (1993) 'Mobility as resistance – a geographical reading of kerouac on the road', *Transactions of the Institute of British Geographers*, 18: 249–262.

———— (1996) *In place/out of place: geography, ideology, and transgression*, Minneapolis; London: University of Minnesota Press.

———— (1997) 'Imagining the nomad: mobility and the postmodern primitive', in Benko, G. and Strohmayer, U. (eds.) *Space and social theory: interpreting modernity and post-modernity*, Oxford, England; Cambridge, Mass.: Blackwell.

———— (1999a) 'Embodiment, power and the politics of mobility: the case of female tramps and hobos', *Transactions – Institute of British Geographers*, 24: 175–192.

———— (1999b) 'Falling down: resistance as diagnostic', in Sharp, J. (ed.) *Geographies of domination/resistance; entanglements of power*. London: Routledge.

———— (2001) 'The production of mobilities', *New Formations*, 43: 11–25.

———— (2002) 'Guest editorial Bourdieu's geographies: in memorium', *Environment and Planning D*, 20: 379–382.

———— (2004) *Place: a short introduction*, Malden, Mass.: Blackwell.

———— (2006a) *On the move: the politics of mobility in the modern west*, London: Routledge.

———— (2006b) 'The right to mobility: the production of mobility in the courtroom', *Antipode*, 38: 735–754.

Cresswell, T. and Dixon, D. (2002) *Engaging film: geographies of mobility and identity*, Lanham, Md.: Rowman and Littlefield.

Cromley, E. K. and McLafferty, S. L. (2002) *GIS and public health*, New York; London: Guilford.

Cronin, A. (2008) 'Mobility and market research: outdoor advertising and the commercial ontology of the city', *Mobilities*, 3: 95–115.

Cronin, A. M. (2006) 'Advertising and the metabolism of the city: urban space, commodity rhythms', *Environment and Planning D*, 24: 615–632.

Cunningham, H. and Heyman, J. M. C. (2004) 'Introduction: mobilities and enclosures at borders', *Identities*, 11: 289–302.

Cwerner, S. B. (2006) 'Vertical flight and urban mobilities: the promise and reality of helicopter travel', *Mobilities*, 1: 191–215.

D'Souza, A. and McDonough, T. (2006) *The invisible flâneuse?: gender, public space and visual culture in nineteenth-century Paris*, Manchester: Manchester University Press.

Damasio, A. R. (2000) *The feeling of what happens: body and emotion in the making of consciousness*, London: W. Heinemann.

Dant, T. (2004) 'The driver-car', *Theory Culture and Society*, 21: 61–80.

Davis, M. (1990) *City of quartz: excavating the future in Los Angeles*, London: Vintage, 1992.

De Landa, M. (1997) *A thousand years of nonlinear history*, New York: Zone Books.

Debord, G. (1970) *Society of the spectacle*, Detroit: Black and Red.

Deleuze, G. (1988) *Spinoza, practical philosophy*, San Francisco: City Lights Books.

Deleuze, G. and Guattari, F. (1988) *A thousand plateaus: capitalism and schizophrenia*, London: Athlone Press.

Der Derian, J. (1990) 'The (s)pace of international relations: simulation, surveillance, and speed', *International Studies Quarterly*, 34: 295–310.

Derudder, B., Devriendt, L. and Witlox, F. (2007) 'Flying where you don't want to go: an empirical analysis of hubs in the global airline network', *Tijdschrift Voor Economische En Sociale Geografie*, 98: 307–324.

Derudder, B., Witlox, F., Faulconbridge, J. and Beaverstock, J. (2008) 'Airline data for global city network research: reviewing and refining existing approaches', *Geojournal*, 71: 5–18.

Dewsbury, J. D. (2000) 'Performativity and the event: enacting a philosophy of difference', *Environment and Planning D–Society and Space*, 18: 473–496.

―――― (2003) 'Witnessing space: "knowledge without contemplation"', *Environment and Planning A*, 35: 1907–1932.

Dhagamwar, V., De, S. and Verma, N. (2003) *Industrial development and displacement: the people of Korba*, New Delhi; London: Sage Publications.

Dillon, M. (2007) 'Governing terror: the state of emergency of biopolitical governance', *International Political Sociology*, 1: 7–28.

Dillon, M. and Lobo-Guerrero, L. (2008) 'Biopolitics of security in the 21st century', *The Review of International Studies*, 34: 265–292.

Dimendberg, E. (1995) 'The will to motorization, cinema, highways, and modernity', *October* 73: 90–137.

Dodge, M. and Kitchin, R. (2001) *Atlas of cyberspace*, Harlow, England: Addison-Wesley.

―――― (2004) 'Flying through code/space: the real virtuality of air travel', *Environment and planning A*, 36: 195–211.

―――― (2005) 'Code and the transduction of space', *Annals – Association of American Geographers*, 95: 162–180.

―――― (2007) 'The automatic management of drivers and driving spaces', *Geoforum*, 38: 264–275.

Doel, M. A. (1999) *Poststructuralist geographies: the diabolical art of spatial science*, Edinburgh: Edinburgh University Press.

Doherty, B. (1998) 'Opposition to road-building', *Parliamentary Affairs*, 7: 62–75.

―――― (1999) 'Paving the way: the rise of direct action against road-building and the changing character of British environmentalism', *Political Studies*, 47: 275–291.

Doherty, B., Paterson, M., Plows, A. and Wall, D. (2002) 'The fuel protests of 2000: implications for the environmental movement in Britain', *Environmental Politics*,

235

11: 165–173.

———— (2003) 'Explaining the fuel protests', *British Journal of Politics and International Relations*, 5: 1–23.

Domosh, M. (1991) 'Toward an feminist historiography of geography', *Transactions of the Institute of British Geographers*, 16: 95–104.

———— (1996) 'A "feminine" building? Relations between gender ideology and aesthetic ideology in turn-of-the-century America', *Ecumene*, 3: 305–324.

———— (2001) 'The "women of New York": a fashionable moral geography', *Environment and Planning D*, 19: 573–592.

Downs, R. M. and Stea, D. (1974) *Image and environment: cognitive mapping and spatial behavior*, London: Edward Arnold.

236 ———— (1977) *Maps in minds: reflections on cognitive mapping.* [S.l.], Harper and Row.

Dresner, M., Lin, J. S. C. and Windle, R. (1996) 'The impact of low-cost carriers on airport and route competition', *Journal of Transport Economics and Policy*, 30: 309–328.

Drèze, J., Samson, M. and Singh, S. (1997) *The dam and the nation: displacement and resettlement in the Narmada Valley*, Delhi; Oxford: Oxford University Press.

Dutta, A. (2007) *Development-induced displacement and human rights*, New Delhi: Deep and Deep Publications.

Dyck, I., Kontos, P., Angus, J. and McKeever, P. (2005) 'The home as a site for long-term care: meanings and management of bodies and spaces', *Health and Place*, 11: 173–185.

Eade, J. and Garbin, D. (2007) 'Reinterpreting the relationship between centre and periphery: pilgrimage and sacred spatialisation among Polish and congolese communities in Britain', *Mobilities*, 2: 413–424.

Edensor, T. (2001) 'Performing tourism, staging tourism: (re)producing tourist space and practice', *Tourist Studies*, 1: 59.

———— (2002) *National identity, popular culture and everyday life*, Oxford: Berg.

———— (2003) 'M6 – junction 19–16: defamiliarizing the mundane roadscape', *Space and culture*, 6: 151–168.

Ekman, P. (2003) *Emotions revealed: understanding faces and feelings*, London: Weidenfeld and Nicolson.

Elbe, S. (2005) 'AIDS, security, biopolitics', *International Relations*, 19: 403–420.

———— (2008) 'Our epidemiological footprint: the circulation of avian flu, SARS, and HIV/AIDS in the world economy', *Review of International Political Economy*, 15: 116–130.

Evans, J., Hein, J. and Jones, P. (2008) 'Mobile methodologies: theory, technology and practice', *Geography Compass* 2: 1266–1285.

Evans-Pritchard, E. E. (1956) *Nuer religion*, Oxford: Clarendon Press.

Farish, M. (2003) 'Disaster and decentralization: American cities and the Cold War', *Cultural Geographies*, 10: 125–148.

Farnell, B. (1994) 'Ethno-graphics and the moving body', *Man*, 29: 929.

—— (1996) 'Metaphors we move by', *Visual Anthropology*, 8: 311–335.

—— (1999) 'Moving bodies, acting selves', *Annual Review of Anthropology*, 28: 341–373.

Fiske, J. (1989) *Reading the popular*, Boston, Mass.; London: Unwin Hyman.

Foggin, P. M., Foggin, J. M. and Shiirev-Adiya, C. (2000) 'Animal and human health among semi-nomadic herders of Central Mongolia: brucellosis and the bubonic plague in Ovorhangay Aimag', *Nomadic Peoples*, 4: 148–168.

Fortier, A.-M. (2000) *Migrant belongings: memory, space and identity*, Oxford: Berg.

Foucault, M. (2007) *Security, territory, population: lectures at the College de France, 1977–1978*, Basingstoke: Palgrave Macmillan.

Francis, G., Fidato, A. and Humphreys, I. (2003) 'Airport-airline interaction: the impact of low-cost carriers on two European airports', *Journal of Air Transport Management*, 9: 267–273.

Friedberg, A. (1993) *Window shopping: cinema and the postmodern*, Berkeley: University of California Press.

Frisby, D. (1985) *Fragments of modernity: theories of modernity in the work of Simmel, Kracauer and Benjamin*, Cambridge: Polity.

Fritzsche, P. (1992) *A nation of fliers: German aviation and the popular imagination*, Cambridge, Mass.: Harvard University Press.

Frykman, J. (1996) *Force of habit: exploring everyday culture*, Lund: Lund University Press; Bromley: Chartwell-Bratt.

Fuller, G. and Harley, R. (2004) *Aviopolis: a book about airports*, London: Blackdog.

Fussell, P. (1980) *Abroad: British literary traveling between the wars*, New York; Oxford: Oxford University Press.

Gagen, E. A. (2006) 'Measuring the soul: psychological technologies and the production of physical health in Progressive Era America', *Environment and Planning D*, 24: 827–850.

Game, A. (2000) 'Falling', *Journal for Cultural and Religious Theory*, 1: 1–41.

—— (2001) 'Riding: embodying the centaur', *Body and Society*, 7: 1–12. Gatens, M. (1996) 'Through a Spinozist lens: ethology, difference, power', in Patton, P. (ed.)

237

238

Deleuze: a critical reader, Oxford: Blackwells.

Gatrell, A. C. (2005) 'Complexity theory and geographies of health: a critical assessment', *Social Science and Medicine*, 60: 2661–2671.

Gelder, K. and Jacobs, J. M. (1998) *Uncanny Australia: sacredness and identity in a postcolonial nation*, Carlton South, Vic.: Melbourne University Press.

Geschiere, P. and Meyer, B. (1998) 'Globalization and identity: dialectics of flow and closure – introduction', *Development and Change*, 29: 601–615.

Gibbs, A. (2001) 'Contagious feelings: Pauline Hanson and the epidemiology of affect', *Australian Humanities Review*, December 2001.

Gibson, J. J. (1950) *The perception of the visual world*, Cambridge, Mass.: Riverside Press.

——— (1979) *The ecological approach to visual perception*, Dallas; London: Houghton Mifflin.

Giddens, A. (1985) 'Time, space and regionalisation', in Gregory, D. and Urry, J. (eds.) *Social relations and spatial structures*, Basingstoke: Macmillan.

——— (1990) *The consequences of modernity*, Stanford, Calif.: Stanford University Press.

——— (2000) 'Introduction', in Giddens, A. and Hutton, W. (eds.) *On the edge: living wih global capitalism*, London: Jonathan Cape.

Gilroy, P. (1993) *The black Atlantic: modernity and double consciousness*, Cambridge, Mass.: Harvard University Press.

Goetz, A. R. (2006) 'Transport geography: reflecting on a subdiscipline and identifying future research trajectories', *Journal of Transport Geography*, 14: 230–231.

Goetz, A. (2003) *Up, down, across: elevators, escalators and moving sidewalks*, London: Merrell.

Goffman, E. (1961) *Encounters; two studies in the sociology of interaction*, Indianapolis: Bobbs-Merrill.

——— (1963) *Behavior in public places: notes on the social organization of gatherings*, Free Press of Glencoe: New York; Collier-Macmillan: London.

Gordon, M. (1991) *Good boys and dead girls and other essays*, London: Bloomsbury.

Goss, J. (1999) 'Once-upon-a-time in the commodity world: an unofficial guide to mall of America', *Annals – Association of American Geographers*, 89: 45–75.

Gottdiener, M. (2000) *Life in the air: surviving the new culture of air travel*, Lanham, Md.: Rowman and Littlefield.

Graham, B. J. (1995) *Geography and air transport*, Chichester: John Wiley.

Graham, S. (1998) 'The end of geography or the explosion of place? Conceptualizing space, place and information technology', *Progress in Human Geography*, 22: 165–185.

———— (2002) 'Bulldozers and bombs: the latest Palestinian–Israeli conflict as asymmetric urbicide', *Antipode*, 34: 642–649.

———— (2003a) 'Lessons in urbicide', *New Left Review*: 63–78.

———— (2004a) *The cybercities reader*, London; New York: Routledge.

———— (2004b) 'Vertical geopolitics: Baghdad and after', *Antipode*, 36: 12–23.

———— (2005) 'Software-sorted geographies', *Progress in Human Geography*, 29: 562–580.

Graham, S. and Marvin, S. (1996) *Telecommunications and the city: electronic spaces, urban places*, London; New York: Routledge.

———— (2001) *Splintering urbanism: networked infrastructures, technological mobilities and the urban condition*, London; New York: Routledge.

Great Britain. Department of Transport. (1989) *Roads for prosperity*: HMSO.

Gregory, D. (1985) 'Suspended animation: the stasis of diffusion theory', in Gregory, D. and Urry, J. (eds.) *Social relations and spatial structures*, Basingstoke: Macmillan.   *240*

———— (2004) *The colonial present: Afghanistan, Palestine, Iraq*, London: Routledge.

Gudis, C. (2004) *Buyways: billboards, automobiles, and the American landscape*, New York; London: Routledge.

Hägerstrand, T. (1967) *Innovation diffusion as a spatial process*, University of Chicago Press.

———— (1982) 'Diorama, path and project', *Tijdschrift Voor Economische en Sociale Geografie*, 73: 323–339.

———— (1985) 'Time-geography: focus on the corporeality of man, society, and environment', in Aida, S. (ed.) *The science and praxis of complexity*, Tokyo: United Nations University.

Haggerty, K. D. and Ericson, R. V. (2000) 'The surveillant assemblage', *British Journal of Sociology*, 51: 605–622.

Haggett, P. (1965) *Locational analysis in human geography*, Edward Arnold: London.

Halfacree, K. (1996) 'Out of place in the country: travellers and the "rural idyll"', *Antipode*, 28: 42–71.

Hall, C. M. (2005) *Tourism: rethinking the social science of mobility*, Harlow: Pearson Education.

Hall, P., Hesse, M. and Rodrigue, J.-P. (2006) 'Editorial: reexploring the interface between economic and transport geography', *Environment and Planning A*, 38: 1401–1408.

Hanlon, N., Halseth, G., Clasby, R. and Pow, V. (2007) 'The place embeddedness of social care: restructuring work and welfare in Mackenzie, BC', *Health and Place*, 13: 466–481.

Hannam, K. (2008) 'Tourism geographies, tourist studies and the turn towards mobilities', *Geography Compass*, 2: 127–139.

Hannam, K., Sheller, M. and Urry, J. (2006) 'Editorial: mobilities, immobilities and moorings', *Mobilities*, 1: 1–22.

241   Hannerz, U. (1990) 'Cosmopolitans and locals in world culture', in Featherstone, M. (ed.) *Global culture: nationalism, globalization and world culture*, London: Sage.

Hanson, S. (1998) 'Off the road? Reflections on transportation geography in the information age', *Journal of Transport Geography*, 6: 241–250.

Haraway, D. J. (1991) *Simians, cyborgs and women: the reinvention of nature*, London: Free Association.

Hardt, M. and Negri, A. (2000) *Empire*, Cambridge, Mass.: London: Harvard University Press.

Harkness, R. C. (1973) 'Communication innovations, urban form and travel demand–some hypotheses and a bibliography', *Transportation*, 2: 153–193.

Harrington, C. L. and Bielby, D. D. (2005) 'Flow, home, and media pleasures', *Journal of Popular Culture*, 38: 834–854.

Harrison, P. (2007) '"How shall I say it... :" relating the nonrelational', *Environment and Planning A*, 39: 590–608.

——— (2008) 'Corporeal remains: vulnerability, proximity, and living on after the end of the world', *Environment and Planning A*, 40: 423–445.

Harvey, D. (1985) 'The geo-politics of capitalism', in Gregory, D. and Urry, J. (Eds.) *Social relations and spatial structures*, London: Macmillan, pp. 128–163.

——— (1989) *The condition of postmodernity: an enquiry into the origins of cultural change*, Oxford: Basil Blackwell.

——— (1996) *Justice, nature and the geography of difference*, Cambridge, Mass.: Blackwell.

——— (2003) *Paris, capital of modernity*, New York; London: Routledge.

——— (2005) *Paris, capital of modernity*, London: Routledge.

Havemann, P. (2005) 'Denial, modernity and exclusion: indigenous placelessness in Australia', *Macquarie Law Journal*, 5: 57–80.

242   Hayden, D. (1984) *Redesigning the American dream: the future of housing, work, and family life*, New York: W. W. Norton.

Heidegger, M. (1977) *The question concerning technology, and other essays*, New York;

London: Harper and Row.

Hein, J. R., Evans, J. and Jones, P. (2008) 'Mobile methodologies: theory, technology and practice', *Geography Compass*, 2: 1266–1285.

Held, D. (1995) *Democracy and the global order: from the modern state to cosmopolitan governance*, Cambridge: Polity.

Hetherington, K. (2000a) 'Museums and the visually impaired: the spatial politics of access', *Sociological Review*, 48: 444–463.

——— (2000b) *New age travellers: vanloads of uproarious humanity*, London: Cassell.

——— (2003) 'Spatial textures: place, touch and praesentia', *Environment and Planning A*, 35: 1933–1944.

Highmore, B. (2005) *Cityscapes: cultural readings in the material and symbolic city*, Basingstoke: Palgrave Macmillan.

Hillier, B. and Hanson, J. (1984) *The social logic of space*, Cambridge: Cambridge University Press.

Hillier, B., Penn, A., Hanson, J. and Grajewski, T. (1993) 'Natural movement: or, configuration and attraction in urban pedestrian movement', *Environment and Planning B*, 20: 29.

Hinchliffe, S. and Bingham, N. (2008) 'Securing life: the emerging practices of bio-security', *Environment and Planning A*, 40: 1534–1551.

Hindess, B. (2002) 'Neo-liberal citizenship', *Citizenship Studies*, 6: 127–144.

Hine, J. and Mitchell, F. (2001) 'Better for everyone? Travel experiences and transport exclusion', *Urban Studies*, 38: 319–332.

Hirschauer, S. (2005) 'On doing being a stranger: the practical constitution of civil inattention', *Journal for the Theory of Social Behaviour*, 35: 41–67.

Holley, D., Jain, J. and Lyons, G. (2008) 'Understanding business travel time and its place in the working day', *Time and Society*, 17: 27–46.

Holloway, S. L. (2003) 'Outsiders in rural society? Constructions of rurality and nature – society relations in the racialisation of English gypsy-travellers, 1869–1934', *Environment and Planning D*, 21: 695–716.

——— (2005) 'Articulating Otherness? White rural residents talk about gypsy-travellers', *Transactions – Institute of British Geographers*, 30: 351–367.

Holmes, D. (2004) 'The electronic superhighway: Melbourne's CityLink Project', in Graham, S. (ed.) *The cyber cities reader*, London: Routledge.

Hommels, A. (2005) *Unbuilding cities*, Cambridge, Mass.: MIT Press.

Hounshell, D. A. (1984) *From the American system to mass production 1800–1932: the development of manufacturing technology in the United States*, Baltimore, Md.;

London: Johns Hopkins University Press.

Howe, S. (2003) 'Edward Said: the traveller and the exile', *Open Democracy*, 1. 10. 2003.

Hoyle, B. S. and Knowles, R. D. (1998) *Modern transport geography*, Chichester; New York: Wiley.

Hua, C.-I. and Porell, F. (1979) 'A critical review of the development of the gravity model', *International Science Reviews*, 2: 97–126.

Hubbard, P. (2006) *City*, London: Routledge.

Hutchinson, S. (2000) 'Waiting for the bus', *Social Text*, 63: 107–120.

Hyndman, J. (1997) 'Border crossings', *Antipode*, 29: 149–176.

——— (2000) *Managing displacement: refugees and the politics of humanitarianism*, Minneapolis; London: University of Minnesota Press.

Imrie, R. (2000) 'Disability and discourses of mobility and movement', *Environment and planning A*, 32: 1641–1656.

Ingold, T. (2000) *The perception of the environment: essays on livelihood, dwelling and skill*, London: Routledge.

——— (2004) 'Culture on the ground – the world perceived through the feet', *Journal of Material Culture*, 9: 315–340.

——— (2005) 'The eye of the storm: visual perception and the weather', *Visual Studies*, 20: 97–104.

——— (2007a) 'Earth, sky, wind, and weather', *Journal – Royal Anthropological Institute*, 13: 19–38.

——— (2007b) *Lines: a brief history*, London: Routledge.

Isard, W. (1956) *Location and space-economy: a general theory relating to industrial location, market areas, land use, trade and urban structure*, Cambridge, Mass.: MIT Press.

Iyer, P. (2000) *The global soul: jet lag, shopping malls and the search for home*, London: Bloomsbury.

Jackson, J. B. (1984) *Discovering the vernacular landscape*, New Haven, Conn.: Yale University Press.

Jackson, P., Thomas, N. and Dwyer, C. (2007) 'Consuming transnational fashion in London and Mumbai', *Geoforum*, 38: 908–924.

Jacobs, J. (1962) *The death and life of great American cities*, London: Jonathan Cape.

Jain, J. and Lyons, G. (2008) 'The gift of travel time', *Journal of Transport Geography*, 16: 81–89.

Jancovich, M., Faire, L. and Stubbings, S. (2003) *The place of the audience: cultural geographies of film consumption*, London: British Film Institute.

244

Janelle, D. (1968) 'Central place development in a time-space framework', *Professional Geographer*, 20: 5–10.

———— (1969) 'Spatial reorganization: a model and concept', *Annals of the Association of American Geographers*, 59: 348–364.

———— (1973) 'Measuring human extensibility in a shrinking world', *The Journal of Geography*, 72: 8–15.

Jazeel, T. (2005) 'The world is sound? Geography, musicology and British-Asian sound-scapes', *Area*, 37: 233–241.

Jenks, C. and Neves, T. (2000) 'A walk on the wild side: urban ethnography meets the flâneur', *Cultural Values*, 4: 1–17.

Jensen, B. B. (2004) 'Case study Sukhumvit Line – or learning from Bangkok', in Neilsen, T., Albertsen, N. and Hemmersam, P. (eds.) *Urban Mutations: periodization, scale, mobility*, Aarhus: Forlag.

Jensen, O. B. and Richardson, T. D. (2004) *Making European space: mobility, power and territorial identity*, London: Routledge. 245

Jones, E., Woolven, R., Durodiè, B. and Wessely, S. (2004) 'Civilian morale during the Second World War: responses to air raids re-examined', *Social History of Medicine*, 17: 463–479.

———— (2006) 'Public panic and morale: Second World War civilian responses re-examined in the light of the current anti-terrorist campaign', *Journal of Risk Research*, 9: 57–73.

Jormakka, K. (2002) *Flying Dutchmen: motion in architecture*, Basel; Boston: Birkhäuser.

Kakihara, M. and Sorensen, C. (2002) 'Mobility', *Proceedings of the Annual Hawaii International Conference on System Sciences*: 131.

Kaplan, C. (1996) *Questions of travel: postmodern discourses of displacement*, Durham, NC; London: Duke University Press.

———— (2006) 'Mobility and war: the cosmic view of US "air power"', *Environment and Planning A*, 38: 395–407.

Katz, J. (1999) *How emotions work*, Chicago: University of Chicago Press.

Katz, J. E. and Aakhus, M. (2002) *Perpetual contact: mobile communication, private talk, public performance*, Cambridge: Cambridge University Press.

Kaufmann, V. (2002) *Re-thinking mobility: contemporary sociology*, Aldershot: Ashgate.

Kaufmann, V., Bergman, M. M. and Joye, D. (2004) 'Motility: mobility as capital', *International Journal of Urban and Regional Research*, 28: 745–756.

Keeling, D. J. (2007) 'Transportation geography: new directions on well-worn trails', *Progress in Human Geography*, 31: 217–226.

———(2008) 'Transportation geography – new regional mobilities', *Progress in Human Geography*, 32: 275–284.

Keen, S. (1999) *Learning to fly: trapeze – reflections on fear, trust, and the joy of letting go*, New York: Broadway Books.

Keil, R. and Ali, H. (2007) 'Governing the sick city: urban governance in the age of emerging infectious disease', *Antipode*, 39: 846–873.

Kellerman, A. (2008) 'International airports: passengers in an environment of "authorities"', *Mobilities*, 3: 161–178.

Kelly, R. L. (1992) 'Mobility/sedentism: concepts, archaeological measures and effects', *Annual Review of Anthropology*, 21: 43–66.

Kenyon, S. (2001) 'Tackling transport-related social exclusion: considering the provision of virtual access to opportunities, services and social networks', *New Technology in the Human Services*, 14: 10–23.

——— (2003) 'Understanding social exclusion and social inclusion', *Proceedings Institution of Civil Engineers. Municipal Engineer*, 156: 97–104.

Kenyon, S., Lyons, G. and Rafferty, J. (2002) 'Transport and social exclusion: investigating the possibility of promoting inclusion through virtual mobility', *Journal of Transport Geography*, 10: 207–219.

———(2003) 'Social exclusion and transport in the UK: a role for virtual accessibility in the alleviation of mobility-related social exclusion?', *Journal of Social Policy*, 32: 317–338.

Kern, S. (2003) *The culture of time and space, 1880–1918: with a new preface*, Cambridge, Mass.; London: Harvard University Press.

Kesselring, S. (2006) 'Pioneering mobilities: new patterns of movement and motility in a mobile world', *Environment and planning A*, 38: 269–280.

Kirby, L. (1997) *Parallel tracks: the railroad and silent cinema*, Durham, NC: Duke University Press.

Knowles, R. D. (2006) 'Transport shaping space: differential collapse in time-space', *Journal of Transport Geography*, 14: 407–425.

Knowles, R. D., Shaw, J. and Docherty, I. (2007) *Transport geographies: mobilities, flows and spaces*, Oxford: Blackwell.

Kong, L. and Yeoh, B. S. A. (1997) 'The construction of national identity through the production of ritual and spectacle – an analysis of National Day parades in Singapore', *Political Geography*, 16: 213–239.

Kopomma (2004) 'Speaking mobile: intensified everyday life, condensed city', in Graham, S. (ed.) *The cybercities reader*, London; New York: Routledge.

Kraftl, P. (2007) 'Utopia, performativity, and the unhomely', *Environment and Planning*

D-Society and Space, 25: 120–143.

Kraftl, P. and Horton, J. (2008) 'Spaces of every-night life: for geographies of sleep, sleeping and sleepiness', *Progress in Human Geography*, 32: 509–524.

Kwinter, S. (2001) *Architectures of time: toward a theory of the event in modernist culture*, Cambridge, Mass.: MIT Press.

Laban, R. V. (1960) *The mastery of movement*, London: Macdonald and Evans.

Lakoff, G. and Johnson, M. (1980) *Metaphors we live by*, Chicago; London: University of Chicago Press.

Lassen, C. (2006) 'Aeromobility and work', *Environment and Planning A*, 38: 301–312.

Latham, A. (2003) 'Research, performance, and doing human geography: some reflections on the diary-photograph, diary-interview method', *Environment and Planning A*, 35: 1993–2017.

———— (2008) *The Zen of running*, London: University College London.

Latham, A. and McCormack, D. P. (2004) 'Moving cities: rethinking the materialities of urban geographies', *Progress in Human Geography*, 28: 701–724.

Latour, B. (1993) *We have never been modern*, Cambridge, Mass.: Harvard University Press.

———— (1999) *Pandora's hope: essays on the reality of science studies*, Cambridge, Mass.: Harvard University Press.

Latour, B. and Woolgar, S. (1979) *Laboratory life: the social construction of scientific facts*, Beverly Hills: Sage Publications.

Laurier, E. (2001) 'Why people say where they are during mobile phone calls', *Environment and Planning D*, 19: 485–504.

———— (2004) 'Doing office work on the motorway', *Theory Culture and Society*, 21: 261–277.

Law, J. (1994) *Organizing modernity*, Oxford: Blackwell.

———— (2006) 'Disaster in agriculture: or foot and mouth mobilities', *Environment and Planning A*, 38: 227–240.

Law, R. (1999) 'Beyond "women and transport": towards new geographies of gender and daily mobility', *Progress in Human Geography*, 23: 567–588.

LeBreton, D. (2000) 'Playing symbolically with death in extreme sports', *Body and Society*, 6: 1–12.

————(2004) 'The anthropology of adolescent risk-taking behaviours', *Body and Society*, 10: 1–16.

Lee, J. and Ingold, T. (2006) 'Fieldwork on foot: perceiving, routing, socialising', in Coleman, S. and Collins, P. (eds.) *Locating the field: space, place and context in*

248

anthropology, Oxford: Berg.

Lefebvre, H. (2004) *Rhythmanalysis: space, time and everyday life*, London; New York: Continuum.

Lewis, N. (2000) 'The climbing body, nature and the experience of modernity', *Body and Society*, 6: 58–80.

Leyshon, A., Matless, D. and Revill, G. (1995) 'The place of music', *Transactions Institute of British Geographers*, 20: 423–433.

Licoppe, C. (2004) '"Connected" presence: the emergence of a new repertoire for managing social relationships in a changing communication technoscape', *Environment and Planning D*, 22: 135–156.

Licoppe, C. and Inada, Y. (2006) 'Emergent uses of a multiplayer location-aware mobile game: the interactional consequences of mediated encounters', *Mobilities*, 1: 39–61.

Lindqvist, S. (2007) *Terra nullius: a journey through no one's land*, New York; London: New Press.

Livingstone, K. (2004) 'The challenge of driving through change: introducing congestion charging in central London', *Planning Theory and Practice*, 5: 490–498.

Lloyd, P. E. and Dicken, P. (1977) *Location in space: a theoretical approach to economic geography*, London: Harper and Row.

Lofgren, O. (1999) 'Border crossings: the nationalization of anxiety', *Enthnologica Scandinavia*, 29: 5–27.

249 Lorimer, H. (2005) 'Cultural geography: the busyness of being "more-than- representational"', *Progress in Human Geography*, 29: 83–94.

Lorimer, H. and Lund, K. (2004) 'Performing facts: finding a way over Scotland's mountains', *Sociological Review*, 52: 130–144.

Lowe, K. (2007) *Inferno: the devastation of Hamburg, 1943*, London: Viking.

Lucretius (1951) *The nature of the universe*, London: Penguin.

Lui, R. (2004) 'The international government of refugees', in Larner, W. and Walters, W. (eds.) *Global governmentality: governing international spaces*. London: Routledge.

Luke, T. and Ó Tuathail, G. (2000) 'Thinking geopolitical space: the spatiality of war, speed, and vision in the work of Paul Virilio', in Crang, M. and Thrift, N. (eds.) *Thinking Space*, London: Routledge.

Lupton, D. (1999) 'Monsters in metal cocoons: "road rage" and cyborg bodies', *Body and Society*, 5: 57–72.

Lury, C. (1997) 'Objects of travel', in Rojek, C. and Urry, J. (eds.) *Touring cultures: transformations of travel and theory*, London: Routledge.

Lyon, D. (2002) 'Surveillance studies: understanding visibility, mobility and the phenetic fix', *Surveillance and Society*, 1: 1–7.

—— (2003a) *Surveillance after September 11*, Cambridge; Malden, Mass.: Polity.

—— (2003b) *Surveillance as social sorting: privacy, risk, and digital discrimination*, London; New York: Routledge.

—— (2007) *Surveillance studies: an overview*, Cambridge; Malden, Mass.: Polity.

Lyons, G., Jain, J. and Holley, D. (2007) 'The use of travel time by rail passengers in Great Britain', *Transportation Research Part A Policy and Practice*, 41: 107–120.

Lyons, G. and Urry, J. (2005) 'Travel time use in the information age', *Transportation Research Part A Policy and Practice*, 39: 257–276.

Lyotard, J. F. (1984) *The postmodern condition: a report on knowledge*, Manchester: Manchester University Press.

Macauley, D. (2002) 'Walking the urban environment: pedestrian practices and peripatetic politics', in Backhaus, G. and Murungi, J. (eds.) *Transformations of urban and suburban landscapes: perspectives*, Lexington: Lexington Books.

McCann, E. J. (2008) 'Expertise, truth, and urban policy mobilities: global circuits of knowledge in the development of Vancouver, Canada's "four pillar" drug strategy', *Environment and Planning A*, 40: 885–904.

MacCannell, D. (1992) *Empty meeting grounds: the tourist papers*, London; New York, NY: Routledge.

McCarthy, A. (2001) *Ambient television: visual culture and public space*, Durham, NC: Duke University Press.

McCormack, D. P. (2002) 'A paper with an interest in rhythm', *Geoforum*, 33: 469–485.

—— (2003) 'An event of geographical ethics in spaces of affect', *Transactions Institute of British Geographers*, 28: 488–507.

—— (2004) 'Drawing out the lines of the event', *Cultural Geographies*, 11: 211–220.

Macdonald, I. (2005) '"Urban surfers": representations of the skateboarding body in youth leisure', in Caudwell, J. and Bramham, P. (eds.) *Sport, active leisure and youth cultures*, Leisure Studies Association.

McKay, D. (2006) 'Translocal circulation: place and subjectivity in an extended filipino community', *Asia Pacific Journal of Anthropology*, 7: 265–278.

Mackenzie, A. (2006) 'From cafe to parkbench: wi-fi and technological overflows in the city', in Sheller, M. and Urry, J. (eds.) *Mobile technologies of the city*, London: Routledge.

Mackinder, H. J. (1904 [1996]) 'The geographical pivot', in Agnew, J. A., Livingstone, D. N. and Rogers, A. (eds.) *Human geography: an essential anthology*, Oxford: Blackwell.

250

McLuhan, M. (1964) *Understanding media:the extensions of man*, London: Routledge and Kegan Paul.

McNay, L. (2005) 'Agency and experience: gender as a lived relation', in Adkins, L. and Skeggs, B. (eds.) *Feminism after Bourdieu*, Oxford: Blackwell.

251   McNeill, W. H. (1995) *Keeping together in time: dance and drill in human history*, Cambridge, Mass.: Harvard University Press.

Maffesoli, M. (1996) *The time of the tribes: the decline of individualism in mass society*, London: Sage.

Makimoto, T. and Manners, D. (1997) *Digital nomad*, Chichester: Wiley.

Malbon, B. (1999) *Clubbing: dancing, ecstasy and vitality*, London: Routledge.

Malkki, L. (1992) 'National geographic – the rooting of peoples and the territorialization of national identity among scholars and refugees', *Cultural Anthropology*, 7: 24–44.

Marcus, G. E. (1995) 'Ethnography in/of the world system: the emergence of multi-sited ethnography', *Annual Review of Anthropology*, 24: 95.

——— (1998) *Ethnography through thick and thin*, Princeton, NJ; Chichester: Princeton University Press.

Marshall, Y. M. (2006) 'Introduction: adopting a sedentary lifeway', *World Archaeology*, 38: 153–163.

Martin, E. (1998) 'Fluid bodies, managed nature', in Braun, B. and Castree, N. (eds.) *Remaking reality: nature at the millenium*. London: Routledge.

Marx, G. T. (1999) 'Measuring everything that moves: the new surveillance at work', *Research in Sociology of Work*: 165–190.

Massey, D. (1993) 'Power-geometry and progressive sense of place', in Bird, J. (ed.) *Mapping the futures: local cultures, global change*, London; New York: Routledge.

——— (1994) *Space, place, and gender*, Minneapolis: University of Minnesota Press.

——— (2005) *For space*, London: Sage.

Massumi, B. (2002) *Parables for the virtual: movement, affect, sensation*, Durham, NC: Duke University Press.

Meade, M. S. and Earickson, R. (2000) *Medical geography*, New York; London: Guilford Press.

252   Merleau-Ponty, M. (1962) *Phenomenology of perception*, London: Routledge and Kegan Paul.

Merrifield, A. (2008) *The wisdom of donkeys: finding tranquility in a chaotic world*, New York: Walker and Company.

Merriman, P. (2004) 'Driving places: Marc Augé, non-places, and the geographies of england's MI motorway', *Theory Culture and Society*, 21: 145–168.

—— (2005a) 'Materiality, subjectification, and government: the geographies of Britain's Motorway Code', *Environment and Planning D*, 23: 235–250.

—— (2005b) '"Operation motorway": landscapes of construction on England's M1 motorway', *Journal of Historical Geography*, 31: 113–133.

—— (2006a) '"Mirror, signal, manoeuvre": assembling and governing the motorway driver in late 1950s Britain', *Sociological Review*, 54: 75–92.

—— (2006b) '"A new look at the English landscape": landscape architecture, movement and the aesthetics of motorways in early postwar Britain', *Cultural Geographies*, 13: 78–105.

—— (2007) *Driving spaces*, Oxford: Wiley-Blackwell.

Meyrowitz, J. (1985) *No sense of place: the impact of electronic media on social behavior*, New York: Oxford University Press.

Michael, M. (2000) 'These boots are made for walking.... mundane technology, the body and human-environment relations', *Body and Society*, 6: 107–126.

Milbourne, P. (2007) 'Re-populating rural studies: migrations, movements and mobilities', *Journal of Rural Studies*, 23: 381–386.

Miller, D. (2001a) *Car cultures*, Oxford: Berg.

——(2001b) *The dialectics of shopping*, Chicago; London: University of Chicago Press.

Miller, D., Jackson, P. and Thrift, N. (1998) *Shopping, place and identity*, London: Routledge.

Mitchell, K. (2001) 'Transnationalism, neo-liberalism, and the rise of the shadow state', *Economy and Society*, 30: 165–189.

Mitchell, W. J. (1995) *City of bits: space, place, and the infobahn*, Cambridge, Mass.; London: MIT Press.

—— (2004) *M++ the cyborg self and the networked city*, London: MIT Press.

Mocellin, J. and Foggin, P. (2008) 'Health status and geographic mobility among semi-nomadic pastoralists in Mongolia', *Health and Place*, 14: 228 242.

Mokhtarian, P. L. (1990) 'A typology of relationships between telecommunications and Transportation', *Transportation Research Part A policy and Practice*, 24: 231–242.

——(1991) 'Telecommunications and travel behavior', *Transportation*, 18: 287–289.

——(2005) 'Travel as a desired end, not just a means', *Transportation Research Part A Policy and Practice*, 39: 93–96.

Morgan, J. (2000) 'To which space do I belong? Imagining citizenship in one curriculum subject', *The Curriculum Journal*, 11: 55–68.

Morgan, N. and Pritchard, A. (2005) 'Security and social "sorting": traversing the

253

surveillance-tourism dialectic', *Tourist Studies*, 5: 115–132.

Morley, D. (2000) *Home territories: media, mobility and identity*, London; New York: Routledge.

Morrill, R. L. (1970) 'Shape of diffusion in space and time', *Economic Geography*, 46: 259–268.

Morris, M. (1988) 'At Henry Parkes Motel', *Cultural Studies*, 2: 1–47.

Morse, M. (1990) 'An ontology of everyday distraction: the freeway, the mall, and television', in Mellencamp, P. (ed.) *Logics of television: essays in cultural criticism*, Bloomington: Indiana University Press.

Mumford, L. (1964) *The highway and the city*, London: Secker and Warburg.

Nash, C. (2000) 'Performativity in practice: some recent work in cultural geography', *Progress in Human Geography*, 24: 653–664.

Nead, L. (2000) *Victorian Babylon: people, streets, and images in nineteenth-century London*, New Haven, Conn.: Yale University Press.

Nemeth, J. (2006) 'Conflict, exclusion, relocation: skateboarding and public space', *Journal of Urban Design*, 11: 297–318.

Neumayer, E. (2006) 'Unequal access to foreign spaces: how states use visa restrictions to regulate mobility in a globalized world', *Transactions – Institute of British Geographers*, 31: 72–84.

Niffenegger, A. (2004) *The time traveler's wife*, London: Random House.

Normark, D. (2006) 'Tending to mobility: intensities of staying at the petrol station', *Environment and Planning A*, 38: 241–252.

Norton, P. D. (2008) *Fighting traffic: the dawn of the motor age in the American city*, Cambridge, Mass.: MIT.

Nyamnjoh, F. B. (2006) *Insiders and outsiders: citizenship and xenophobia in contemporary Southern Africa*, London: Zed.

O'Connell, S. (1998) *The car and British society: class, gender and motoring 1896–1939*, Manchester: Manchester University Press.

Obrador, P. (2003) 'Being-on-holiday: tourist dwelling, bodies and place', *Tourist Studies*, 3: 47–66.

Ohmae, K. (1990) *The borderless world: power and strategy in the interlinked economy*, London: Collins.

Oliver, M. (1990) *The politics of disablement*, London: Macmillan Education.

Olsson, G. (1965) *Distance and human interaction: a review and bibliography*, Philadelphia, PA.: Regional Science Research Institute.

—— (1991) *Lines of power/limits of language*, Minneapolis: University of Minnesota

Press.

Ong, A. (1999) *Flexible citizenship: the cultural logics of transnationality*, Durham, NC: Duke University Press.

———— (2006) *Neoliberalism as exception: mutations in citizenship and sovereignty*, Durham, NC; London: Duke University Press.

Packer, J. (2006) 'Becoming bombs: mobilizing mobility in the War of Terror', *Cultural Studies*, 20: 378–399.

Paglen, T. and Thompson, A. C. (2006) *Torture taxi: on the trail of the CIA's rendition flights*, Hoboken, NJ: Melville House.

Parks, L. (2005) *Cultures in orbit: satellites and the televisual*, Durham, NC: Duke University Press.   *255*

Pascoe, D. (2001) *Airspaces*, London: Reaktion.

———— (2003) *Aircraft*, London: Reaktion.

Paterson, M. (2000) 'Car culture and global environmental politics', *Review of International Studies*, 26: 253–270.

Peck, J. (2003) 'Geography and public policy: mapping the penal state', *Progress in Human Geography*, 27: 222–232.

Phelan, P. (1993) *Unmarked: politics of performance*, London: Routledge.

Pinder, D. (2004) 'Meanders', in Harrison, S., Pile, S. and Thrift, N. (eds.) *Patterned ground: entanglements of nature and culture*, London: Reaktion.

Pink, S. (2007) 'Walking with video', *Visual Studies*, 22: 240–252.

———— (2008) 'An urban tour: the sensory sociality of ethnographic place-making', *Ethnography*, 9: 175–196.

Pirie, G. H. (2003) 'Cinema and British Imperial Civil Aviation, 1919–1939', *Historical Journal of Film Radio and Television*, 23: 117–132.

Plaut, P. O. (1997) 'Transportation–communications relationships in industry', *Transportation Research Part A Policy and Practice*, 31: 419–429.

Plows, A. (2006) 'Blackwood roads protest 2004: An emerging (re)cycle of UK ecoaction?' *Environmental Politics*, 15: 462–472.

Porter, T. (1997) *The architect's eye: visualization and depiction of space in architecture*, London: E. and F.N. Spon.

Pratt, M.-L. (1986) 'Fieldwork in common places', in Clifford, J. and Marcus, G. E. (eds.) *Writing culture: the poetics and politics of ethnography*, Berkeley; London: University of California Press.

Prince, H. (1977) 'Time and historical geography', in Carlstein, T., Parkes, D. and Thrift, N. J. (eds.) *Making sense of time*, New York: London.

Pritchard, E. E. (1949) *The Sanusi of Cyrenaica*, Oxford University Press: London.

Probyn, E. (1996) 'Queer Belongings: The Politics of Departure', in Grosz, E. and Probyn, E. (eds.) *Sexy bodies: the strange carnalities of feminism,* London: Routledge.

—— (2004) 'Teaching bodies: affects in the classroom', *Body and Society*, 10: 21–44.

Rabinbach, A. (1990) *The human motor: energy, fatigue, and the rise of modernity*, New York: Basic Books.

Raguraman, K. (1997) 'Airlines as instruments for nation building and national identity: case study of Malaysia and Singapore', *Journal of Transport Geography*, 5: 239–256.

Rajan, S. C. (2006) 'Automobility and the liberal disposition', *Sociological Review*, 54: 113–129.

Ravenstein, E. (1889) 'The laws of migration', *Journal of the Royal Statistical Society*, 52: 241–305.

Reason, J. (1974) *Man in motion: the psychology of travel*, London: Weidenfeld and Nicolson.

Relph, E. (1976) *Place and placelessness*, London: Pion.

Reville, G. and Wrigley, N. (2000) 'Introduction', in Reville, G. and Wrigley, N. (eds.) *Pathologies of Travel*, Amsterdam: Rodopi.

Roberts, S., Secor, A. and Sparke, M. (2003) 'Neoliberal geopolitics', *Antipode*, 35: 886–897.

Robertson, S. (2007) 'Visions of urban mobility: the Westway, London', *Cultural Geographies*, 14: 74–91.

Robins, K. (2000) 'Encountering globalization', in Held, D. and McGrew, A. G. (eds.) *The global transformations reader: an introduction to the globalization debate*, Cambridge: Polity Press.

Robinson, J. and Mohan, G. (2002) *Development and displacement*, Milton Keynes: Open University in association with Oxford University Press.

Robinson, M. D. (1998) 'Running from William James' bear: a review of preattentive mechanisms and their contributions to emotional experience', *Cognition and Emotion*, 12: 667–696.

Rose, N. (1996) *Inventing our selves: psychology, power, and personhood*, Cambridge; New York: Cambridge University Press.

Routledge, P. (1994) 'Backstreets, barricades, and blackouts – urban terrains of resistance in Nepal', *Environment and Planning D-Society and Space*, 12: 559–578.

—— (1997a) 'The imagineering of resistance: Pollok Free State and the practice of postmodern politics', *Transactions of the Institute of British Geographers*, 22: 359–

376.

———— (1997b) 'A spatiality of resistance: theory and practice in Nepal's revolution of 1990', in Pile, S. and Keith, M. (eds.) *Geographies of Resistance,* London: Routledge.

Rumford, C. (2006) 'Theorizing borders', *European Journal of Social Theory*, 9: 155–170.

———— (2008) 'Introduction: citizens and borderwork in Europe', *Space and Polity*, 12: 1–12.

Said, E. W. (1978) *Orientalism*, Routledge and Kegan Paul: London.

———— (1993) *Culture and imperialism*, London: Chatto and Windus.

Saldanha, A. (2007) *Psychedelic white: Goa trance and the viscosity of race*, Minneapolis: University of Minnesota Press.

Salomon, I. (1985) 'Telecommunications and travel – substitution or modified mobility', *Journal of Transport Economics and Policy*, 19: 219–235.

———— (1986) 'Telecommunications and travel relationships – a review', *Transportation Research Part A-Policy and Practice*, 20: 223–238.

Salter, M. B. (2003) *Rights of passage: the passport in international relations*, Boulder, Co.: Lynne Rienner.

———— (2004) 'Passports, mobility, and security: how smart can the border be?', *International Studies Perspectives*, 5: 71–91.

———— (2006) 'The global visa regime and the political technologies of the international self: borders, bodies, biopolitics', *Alternatives*, 31: 167–189.

———— (2007) 'Governmentalities of an airport: heterotopia and confession', *International Political Sociology*, 1: 49–66.   *258*

———— (ed.) (2008) *Politics of/at the airport*, Minneapolis, University of Minnesota.

Santos, G. (2005) 'Urban congestion charging: a comparison between London and Singapore', *Transport Reviews*, 25: 511–534.

Sauer, C. (1952) *Agricultural origins and dispersals*, New York: The American Geographical Society.

Saville, S. J. (2008) 'Playing with fear: parkour and the mobility of emotion', *Social and Cultural Geography*, 9: 891–914.

Scharff, V. (2003) *Twenty thousand roads: women, movement, and the West*, Berkeley; London: University of California Press.

Schivelbusch, W. (1986) *The railway journey: the industrialization of time and space in the 19th century*, Berkeley: University of California Press.

———— (2004) *The culture of defeat: on national trauma, mourning, and recovery*, London: Granta.

Scott, J. C. (1998) *Seeing like a state: how certain schemes to improve the human condition have failed*, New Haven, NJ: Yale University Press.

Seamon, D. (1979) *A geography of the lifeworld: movement, rest and encounter*, London: Croom Helm.

—— (1980) 'Body-subject, time-space routines, and place-ballets', in Buttimer, A. and Seamon, D. (eds.) *The human experience of space and place*, New York: St. Martin's Press.

Sennett, R. (1970) *The uses of disorder: personal identity and city life*, New York: Knopf.

—— (1990) *The conscience of the eye: the design and social life of cities*, New York: Knopf: Distributed by Random House.

—— (1998) *The corrosion of character: the personal consequences of work in the new capitalism*, New York; London: Norton.

Serres, M. (1982) *The parasite*, Baltimore Md.: Johns Hopkins University Press.

—— (1995a) *Angels, a modern myth*, Paris: Flammarion.

259 —— (1995b) *Genesis*, Ann Arbor: University of Michigan Press.

Serres, M. and Latour, B. (1995) *Conversations on science, culture, and time*, Ann Arbor: University of Michigan Press.

Shanks, M. and Tilley, C. (1993) *Re-constructing archaeology: theory and practice*, London: Routledge.

Sheller, M. (2004a) 'Automotive emotions: feeling the car', *Theory Culture and Society*, 21: 221–242.

—— (2004b) 'Mobile publics: beyond the network perspective', *Environment and Planning D*, 22: 39–52.

—— (2008) 'Gendered Mobilities: epilogue', in Uteng, T. P. and Cresswell, T. (eds.) *Gendered mobilities*, Aldershot: Ashgate.

Sheller, M. and Urry, J. (2000) 'The city and the car', *International Journal of Urban and Regional Research*, 24: 737–757.

—— (2003) 'Mobile transformations of "public" and "private" life', *Theory culture and society*, 20: 107–126.

—— (2004) *Tourism mobilities: places to play, places in play*, London: Routledge.

Shields, R. (1990) 'The logic of the mall', in Riggins, S. H. (ed.) *The socialness of things: essays on the socio-semiotics of objects*, University of Toronto Press: Canada, Berlin.

—— (1991) *Places on the margin: alternative geographies of modernity*, London: Routledge.

Shields, R. and Tiessen, M. (2006) 'New Orleans and other urban calamities', *Space and Culture*, 9: 107–109.

Simmel, G. and Wolff, K. H. (1950) *The sociology of Georg Simmel*, Glencoe, Ill.: Free Press.

Skeggs, B. (2004) *Class, self, culture*, London: Routledge.

Smith, M. P. (2001) *Transnational urbanism: locating globalization*, Malden, Mass.: Blackwell.

—— (2005) 'Transnational urbanism revisited', *Journal of Ethnic and Migration Studies*, 31: 235–244.

Soden, G. (2003) *Falling:how our greatest fear became our greatest thrill: a history*, New York: W. W. Norton.

Solnit, R. (2000) *Wanderlust: a history of walking*, New York: Viking.

—— (2003) *River of shadows:Eadweard Muybridge and the technological wild west*, New York: Viking.

Sparke, M. (2004) 'Passports into credit cards', in Migdal, J. (ed.) *Boundaries and Belonging*, Cambridge: Cambridge University Press.

Spinney, J. (2006) 'A place of sense: a kinaesthetic ethnography of cyclists on Mont Ventoux', *Environment and Planning D*, 24: 709–732.

Steel, C. (2008) *Hungry City*, London: Chatto and Windus.

Stewart, J. Q. (1950) 'The development of social physics', *American Journal of Physics*, 18: 239–253.

Stewart, J. Q. and Warntz, W. (1959) 'Some parameters of the geographical distribution of population', *Geographical Review*, 49: 270–273.

Stewart, K. (2007) *Ordinary affects*, Durham, NC; London: Duke University Press.

Stouffer, S. A. (1940) 'Intervening opportunities: a theory relating mobility and distance', *American Sociological Review*, December: 845–867.

Strathern, M. (1991) *Partial connections*, Rowman and Littlefield.

Swyngedouw, E. (1993) 'Communication, mobility and the struggle for power over space', in Giannopoulos, G. and Gillespie, A. (eds.) *Transport and communications in the new Europe*, London: Belhaven.

Tester, K. (1994) *The flâneur*, London: Routledge.

Thacker, A. (2003) *Moving through modernity: space and geography in modernism*, Manchester: Manchester University Press.

Tharakan, S. (2002) *The nowhere people: responses to internally displaced persons*, Bangalore: Books for Change.

Thomas, D., Holden, L. and Claydon, T. (1998) *The motor car and popular culture in the 20th century*, Aldershot: Ashgate.

Thrift, N. (1983) 'On the determination of social action in space and time', *Environment*

260

261

and planning D: Society and Space, 1: 23–57.

——— (1990) 'Transport and communications 1730–1914', in Butlin, R. A. and Dodgshon, R. A. (eds.) *An historical geography of England and Wales*, 2nd ed. London: Academic Press.

——— (1996) 'Inhuman geographies: landscapes of speed, light and power', in Thrift, N. (ed.) *Spatial formations*, London: Sage.

——— (1997) 'The Still Point: resistance, expressive embodiment and dance', in Pile, S. and Keith, M. (eds.) *Geographies of resistance*, London: Routledge.

——— (1999) 'Steps to an ecology of place'. in Massey, D. B., Allen, J. and Sarre, P. (eds.) *Human geography today*, Cambridge: Polity Press.

——— (2000a) 'Afterwords', *Environment and Planning D – Society and Space*, 18: 213–255.

——— (2000b) 'Still life in nearly present time: the object of nature', *Body and society*, 6: 34–57.

——— (2004a) 'Driving in the city', *Theory Culture and Society*, 21: 41–59.

——— (2004b) 'Remembering the technological unconscious by foregrounding knowledges of position', *Environment and Planning D*, 22: 175–190.

——— (2006) 'Space', *Theory, Culture and Society*, 23: 139–146.

Thrift, N. and French, S. (2002) 'The automatic production of space', *Transactions Institute of British Geographers*, 27: 309–335.

Thukral, E. G. (1992) *Big dams, displaced people: rivers of sorrow rivers of change*, New Delhi; London: Sage.

Tiessen, M. (2006) 'Speed, desire, and inaction in New Orleans: like a stick in the spokes', *Space and Culture*, 9: 35–37.

Toffler, A. (1970) *Future shock*, London: Random House.

Tolia-Kelly, D. (2008) 'Motion/emotion: picturing translocal landscapes in the nurturing ecologies research project', *Mobilities*, 3: 117–140.

Tolia-Kelly, D. P. (2004) 'Materializing post-colonial geographies: examining the textural landscapes of migration in the South Asian home', *Geoforum*, 35: 675–688.

——— (2006) 'Mobility/stability: British Asian cultures of landscape and Englishness', *Environment and Planning A*, 38: 341–358.

Tomkins, S. S. and Demos, E. V. (1995) *Exploring affect: the selected writings of Silvan S. Tomkins*, Cambridge: Cambridge University Press.

Tomlinson, J. (1999) *Globalization and culture*, Chichester: Polity Press.

Torpey, J. C. (2000) *The invention of the passport: surveillance, citizenship, and the state*,

Cambridge England; New York: Cambridge University Press.

Toynbee, A. (1977) *Mankind and Mother Earth*, London: Book Club.

Toynbee, P. (2000) 'Who's afraid of global culture?', in Giddens, A. and Hutton, W. (eds.) *On the edge: living with global capitalism*, London: Jonathan Cape.

Tuan, Y.-F. (1974) 'Space and place: humanistic perspective', *Progress in Human Geography*, 6: 233–246.

—— (1975) 'Images and mental maps', *Annals of the Association of American Geographers*, 65: 205–213.

—— (1977) *Space and place: the perspective of experience*, London: Edward Arnold.

—— (1978) 'Space, time, place: a humanistic perspective', in Carlstein, T., Parkes, D. and Thrift, N. (eds.) *Timing space and spacing time, Vol. 1*, London: Arnold.

Turnbull, D. (2002) 'Performance and narrative, bodies and movement in the construction of places and objects, spaces and knowledges: the case of the Maltese megaliths', *Theory Culture and Society*, 19: 125–144.

Turner, A. and Penn, A. (2002) 'Encoding natural movement as an agent-based system: an investigation into human pedestrian behaviour in the built environment', *Environment and Planning B*, 29: 473–490.

Turton, D. (2002) 'Refugees and "other forced migrants": Towards a unitary study of forced migration', in Robinson, J. and Mohan, G. (eds.) *Development and displacement*, Milton Keynes: Open University in association with Oxford University Press.

Ullman, E. L. (1957) *American commodity flow: a geographical interpretation of rail and water traffic based on principles of spatial interchange*, University of Washington Press: Seattle.

Urlich, D. U. (1970) 'Introduction and diffusion of firearms in New Zealand 1800–1840', *Journal of the Polynesian Society*, 79: 399–410.

Urry, J. (1990) *The tourist gaze: leisure and travel in contemporary societies*, London; Newbury Park: Sage.

—— (2000) *Sociology beyond societies: mobilities for the twenty first century*, London; New York: Routledge.

—— (2002) 'Mobility and proximity', *Sociology – the Journal of the British Sociological Association*, 36: 255–274.

—— (2003) *Global complexity*, Cambridge, UK: Polity.

—— (2004) 'Connections', *Environment and Planning D – Society and Space*, 22: 27–37.

—— (2007) *Mobilities*, London: Sage.

Uteng, T. P. and Cresswell, T. (2008) *Gendered mobilities*, Aldershot: Ashgate.

263

Van Den Abbeele, G. (1992) *Travel as metaphor: from Montaigne to Rousseau*, Minneapolis: University of Minnesota Press.

Van Houtum, H. and Van Naerssen, T. (2002) 'Bordering, ordering and othering', *Tijdschrift Voor Economische En Sociale Geografie*, 93: 125–136.

Vannini, P. (2002) 'Waiting dynamics: bergson, virilio, deleuze, and the experience of global times', *Journal of Mundane Behaviour*, 3.

Verstraete, G. (2001) 'Technological frontiers and the politics of mobilities', *New Formations*, 26–43.

Vesely, D. (2004) *Architecture in the age of divided representation: the question of creativity in the shadow of production*, Cambridge, Mass.: MIT Press.

Vidal de la Blache, P., Martonne, E. D. and Bingham, M. T. (1965) *Principles of human geography*, London: Constable.

Vigar, G. (2002) *The politics of mobility: transport, the environment, and public policy*, London: Spon Press.

Virilio, P. (2005) *Negative horizon: an essay in dromoscopy*, London: Continuum.

Wacquant, L. C. J. D. (2004) *Body and soul: notebooks of an apprentice boxer*, Oxford; New York: Oxford University Press.

Wajcman, J. (1991) *Feminism confronts technology*, Cambridge: Polity.

Walters, W. (2002a) 'Deportation, expulsion, and the international police of aliens', *Citizenship Studies*, 6: 265–292.

—— (2002b) 'Mapping Schengenland: denaturalizing the border', *Environment and Planning D*, 20: 561–580.

—— (2006) 'Border/control', *European Journal of Social Theory*, 9: 187–203.

Wark, M. (1994) *Virtual geography: living with global media events*, Indianapolis: Indiana University Press.

Watts, L. and Urry, J. (2008) 'Moving methods, travelling times', *Environment and Planning D*, 26: 860–874.

Weizman, E. (2003) 'Strategic points, flexible lines, tense surfaces and political volumes: Ariel Sharon and the geometry of occupation', in Graham, S. (ed.) *Cities, war and terrorism*, Oxford: Blackwell.

—— (2007) *Hollow land: Israel's architecture of occupation*, London: Verso.

Weizmann, E. (2002) 'The politics of verticality', *Open Democracy*, 24/04/2002.

Wellman, B. (2001) 'Physical place and cyberplace: the rise of personalized networking', *International Journal of Urban and Regional Research*, 25: 227–252.

Werbner, P. (1990) *The migration process: capital, gifts and offerings among British Pakistanis*, New York; Oxford: Berg.

——— (1999) 'Global pathways: working class cosmopolitans and the creation of transnational ethnic worlds', *Social Anthropology*, 7: 17–36.

Whatmore, S. (2002) *Hybrid geographies: natures, cultures, spaces*, London; Thousand Oaks, Calif.: Sage.

——— (2003) 'Generating materials', in Pryke, M., Rose, G. and Whatmore, S. (eds.) *Using social theory*, London: Sage.

Whitehead, A. N. (1979) *Process and reality, an essay in cosmology*, New York: Free Press; London: Collier Macmillan.

Whitelegg, J. (1997) *Critical mass: transport environment and equity in the twenty-first century*, London: Pluto.

Wiles, J. (2003) 'Daily geographies of caregivers: mobility, routine, scale', *Social Science and Medicine*, 57: 1307–1325.

Williams, R. (1974) *Television: technology and cultural form*, London: Fontana.

Wohl, R. (1994) *A passion for wings: aviation and the Western imagination, 1908–1918*, New Haven, Conn.: Yale University Press.

——— (2005) *The spectacle of flight: aviation and the Western imagination, 1920–1950*, New Haven, Conn.; London: Yale University Press.

Wolff, J. (1993) 'On the road again: metaphors of travel in cultural criticism', *Cultural Studies*, 7: 224–239.

——— (2006) 'Gender and the haunting of cities (or, the retirement of the *flâneur*)', in D'Souza, A. and McDonough, T. (eds.) *The invisible flaneuse?: gender, public space and visual culture in nineteenth-century Paris*, London: Routledge.

Wollen, P. and Kerr, J. (2002) *Autopia: cars and culture*, London: Reaktion.

Wolmar, C. (2004) 'Fare enough? The capital has led the way in the UK on innovative transport policies, with the controversial congestion charging zone and a successful push to increase bus use', *Public Finance*, 26–28.

Wood, A. (2003) 'A rhetoric of ubiquity: terminal space as omnitopia', *Communication Theory*, 13: 324–344.

Wood, D. and Graham, S. (2006) 'Permeable boundaries in the Software Sorted Society: surveillance and differentiations of mobility', in Sheller, M. and Urry, J. (eds.) *Mobile technologies of the city*, London: Routledge.

Woolley, H. and Johns, R. (2001) 'Skateboarding: the city as a playground', *Journal of Urban Design*, 6: 211–230.

Worster, D. (1992) *Rivers of empire: water, aridity, and the growth of the American West*, Oxford, England; New York: Oxford University.

Wylie, J. (2002) 'An essay on ascending Glastonbury Tor', *Geoforum*, 33: 441–454.

265

266

——— (2005) 'A single day's walking: narrating self and landscape on the South West Coast Path', *Transactions – Institute of British Geographers*, 30: 234–247.

——— (2007) *Landscape*, London: Routledge.

Yantzi, N. M., Rosenberg, M. W. and McKeever, P. (2007) 'Getting out of the house: the challenges mothers face when their children have long-term care needs', *Health and Social Care in the Community*, 15: 45–55.

Yearley, S. (1995) 'Dirty connections: transnational pollution', in Allen, J. and Hamnet, C. (eds.) *A shrinking world?*, Oxford: Open University Press.

——— (2000) 'Environmental issues and the compression of the globe', in Held, D. and McGrew, A. G. (eds.) *The global transformations reader: an introduction to the globalization debate*, Cambridge: Polity Press.

Young, I. M. (1990) *Throwing like a girl and other essays in feminist philosophy and social theory by Iris Marion Young*, Bloomington, Ind.: Indiana University Press.

Zelinsky, W. (1973) *A cultural geography of the United States*, Englewood Cliffs, NJ: Prentice-Hall.

Zipf, G. K. (1949) *Human behavior and the principle of least effort: an introduction to human ecology*, Cambridge, Mass.: Addison-Wesley.

译后记

正如本书所述，大到宇宙星河，小至微观粒子，移动无处不在。人类社会，文化、人口、经济等，都无时无刻不在移动。随着社会经济和交通技术的发展，移动性在地区发展和生活改善中具有越来越重要的作用，同时也带来了各种各样的冲突和压力。从地理学的角度阐述如此复杂的移动性是相当具有挑战性的工作。《移动性》一书隶属于"人文地理学译丛"，对"移动性"这一地理学的基本概念进行了充分诠释，对于地理学研究生理解移动性大有裨益。

在北京师范大学"高等人文地理学"课程建设过程中，我们译出了这本书。这对我们的教学和相关研究是很有价值的。本书的翻译具体分工如下：前言由杨星斗完成，第一章由王梁完成，第二章蔡宏钰完成，第三章由廖家仪完成，第四章由张超完成，第五章由刘正兵完成，第六章由赵韶雅完成，全书的翻译校对工作由我和张超共同完成。

特别感谢尹卫霞编辑及她的同事，她们在该书出版的整个过程中提供了大力支持。她们认真细致的工作提高了本书的出版质量，她们的耐心和专业精神也令人感动。还有许多其他我不认识的同志，如负责校对、排版、印刷和装帧的工作人员，他们都为本书的出版付出了大量辛勤的劳动，这里特别向其表示感谢。

遗憾的是，原书文笔生动，此为译笔难及。本书定有许多不妥乃至错误的地方，诚心地希望读者不吝指教。

戴特奇

北京市版权局著作权合同登记号：图字 01-2017-2671

图书在版编目（CIP）数据

移动性 /（英）彼得·阿迪著；戴特奇译. —北京：北京师范大学出版社，2020.3

（人文地理学译丛 / 周尚意主编）

ISBN 978-7-303-25070-7

Ⅰ. ①移… Ⅱ. ①彼… ②戴… Ⅲ. ①人文地理学 Ⅳ. ① K901

中国版本图书馆 CIP 数据核字（2019）第 182960 号

营　销　中　心　电　话　010-57654738　57654736
北师大出版社高等教育与学术著作分社　http://xueda.bnup.com

YIDONGXING

出版发行：北京师范大学出版社 www.bnup.com
　　　　　北京市西城区新街口外大街 12-3 号
　　　　　邮政编码：100088
印　　刷：北京玺诚印务有限公司
经　　销：全国新华书店
开　　本：787 mm×1092 mm　1/16
印　　张：17.75
字　　数：230 千字
版　　次：2020 年 3 月第 1 版
印　　次：2020 年 3 月第 1 次印刷
定　　价：68.00 元

策划编辑：尹卫霞　　　　　　责任编辑：梁宏宇
美术编辑：李向昕　　　　　　装帧设计：李向昕
责任校对：康　悦　　　　　　责任印制：马　洁

版权所有　侵权必究

反盗版、侵权举报电话：010-57654750
北京读者服务部电话：010-58808104
外埠邮购电话：010-57654738
本书如有印装质量问题，请与印制管理部联系调换。
印制管理部电话：010-57654758